Memory Bank

基本必須 2000語

【最新第5版】
新倫理
問題集

一問一答・論述・資料問題

清水書院

≡ は じ め に ≡

「倫理」という科目について諸君はどのような見方をしているでしょうか。そもそも「倫理」とは"倫"（なかま，人間関係）の"理"（すじみち，法則）で"人間と人間関係における秩序"のことです。〈人間としての在り方生き方〉と言い換えることもできるのですが，教科書には，キリスト教や仏教，ソクラテス，孔子，デカルト等の思想が載っていて，何やら難しそうです。

高校時代，私も「倫理社会」という科目を学びました。現在の「倫理」の前身です。教科書や副教材の冒頭には"人間尊重の精神に基づいて，人間や社会についての思想を深め，倫理的価値に関する理解力や判断力を養い，民主的・平和的国家，社会の形成者として，自己の人格形成に努める態度を養う科目"と記されてありました。受験地獄，学園紛争，集会やデモ，反戦歌，長髪とフォークギター。昭和元禄などと言われもしましたが，戦後20数年，日本全体が青春であったような頃です。そのような時代にあって，この科目は私にとって何か独特で魅力あるものでした。カント，マルクス，ニーチェ等の人物は名前に触れるだけで高度な学問をしている気にさせてくれましたし，何よりも"人間とは何か""人生いかに生きるべきか"という根底のテーマが現実の生活の苦悩や挫折，希望と関わっていたことがその主な理由でありましょう。

「倫理」となった今でも，細部の表現に違いはあっても，基本的な目的については変わりありません。つまり単に人名や用語を覚えるのではなく，扱われる人物や時代を通して各自の人生観，世界観を形成していくことが「倫理」を学習するうえで大切なことなのです。"社会はいかにあるべきか""人間はいかに生きるべきか"を究極の課題とするものです。しかし，自分の枠の中の単なる思いだけでこの課題にあたっては，狭く，小さな，時として独断的なものになってしまいます。そこで必要なのが古今東西の哲学者や宗教家の思想の学習です。それらをマスターすることにより人生観，世界観はより深く，重みのあるものとなるのです。知育偏重の批判がかなり前から叫ばれています。受験勉強に代表される暗記重視の詰め込み学習への反省でしょうが，すべての行為は思索の結果であり，すべての思索は知識によってなされるのです。広く，確実な知識により，思索は真の思索となるのです。

本書は大学受験と日常の学習の補助教材としてつくられたもので，基本的な知識の修得をねらいとしています。仏教では知恵を聞慧，思慧，修慧の三つに分けています。聞慧とは一般に言う知識のこと，思慧とは知識を自分のものとし思索のともなったもの，修慧とは聞慧と思慧が行為として実現したもののことであり，聞慧が思慧，修慧の前提になっているとしております。本書を通じて学力の向上と共に，聞慧から思慧，修慧へと諸君の知恵が発展することを期待します。

（矢倉芳則）

も　く　じ

第1編　青年期と人間としてのあり方生き方　7

第1章　青年期の課題と自己形成

① 人間性の特質／8
② 人間と文化／9
③ 青年期の意義と特色／10
④ 適応と個性の形成／11
⑤ 青年期の課題と現代における青年のあり方／14

第2章　人間としての自覚と生き方

① 自己実現と倫理的自覚／17
② 人生における芸術／19
③ 人生における哲学—古代ギリシャ思想
 1 古代ギリシャの生活と思想／23
 2 神話と自然哲学／23
 3 ソフィスト／25
 4 ソクラテス／26
 5 プラトン／28
 6 アリストテレス／29
 7 ヘレニズム期の思想／31
④ 人生における宗教Ⅰ—キリスト教
 1 ユダヤ教と旧約の世界／35
 2 イエスの思想／36
 3 キリスト教の展開／37
⑤ 人生における宗教Ⅱ—イスラム教
 1 イスラムの教え／42
⑥ 人生における宗教Ⅲ—仏教
 1 インド・アーリア社会とバラモン教／45
 2 ブッダの思想／46
 3 仏教の展開／48
⑦ 中国の思想
 1 古代中国の生活と思想／52
 2 孔子の思想／53
 3 儒家の展開—孟子と荀子／55
 4 朱子学と陽明学／56
 5 老荘思想とその他の思想家／58

| 第2編 | 国際社会に生きる日本人としての自覚　61 |

第1章　日本の風土と外来思想の受容

① 日本思想の源流
　1　日本の風土と文化／62
　2　古代日本人の考え方／62

② 古代の仏教
　1　聖徳太子と奈良仏教／65
　2　最澄と天台宗／66
　3　空海と真言宗／66
　4　平安仏教の特色と浄土教の発達／67

③ 鎌倉仏教
　1　法然／70
　2　親鸞／70
　3　道元／72
　4　日蓮／73

④ 江戸儒学の展開
　1　朱子学と林羅山／77
　2　中江藤樹と陽明学／78
　3　山鹿素行／78
　4　伊藤仁斎／79
　5　荻生徂徠／79

⑤ 国学の思想
　1　国学の成立／82
　2　本居宣長／83

⑥ 民衆の思想と新思想
　1　江戸文芸の思想／86
　2　町人の思想／86
　3　農民の思想／87
　4　洋学と幕末の思想／87

⑦ 日本の近代思想
　1　啓蒙思想／91
　2　自由民権思想／92
　3　伝統思想／93
　4　キリスト教の受容／94
　5　社会主義思想／95
　6　女性解放の思想と大正デモクラシー／96

7　近代文芸の思想／97
　　8　西田幾多郎の思想／99
　　9　和辻哲郎の思想／100
　　10　国家主義の思想／100
　　11　民俗学と現代日本の思想／101

第2章　世界のなかの日本人

　①　平和への道／104
　②　地球と人類社会／105

第3編　現代社会における人間と倫理　106

第1章　現代社会の特質と倫理的課題

　①　現代社会の成立／107
　②　現代社会の特質／109
　③　環境倫理と生命倫理／115

第2章　現代社会を生きる倫理

　①　近代の生誕
　　1　ルネサンスの文芸と思想／118
　　2　宗教改革／120
　②　自然と科学技術
　　1　近代自然科学の成立／125
　　2　ベーコンと経験論／125
　　3　デカルトと合理論／126
　③　人間の尊厳
　　1　モラリスト／130
　　2　市民革命と社会契約説の成立／131
　　3　ホッブズ／131
　　4　ロック／132
　　5　ルソー／133
　　6　啓蒙主義／133
　　7　ドイツ理想主義の成立―カント／135
　④　自己実現と幸福
　　1　ヘーゲル／139
　　2　功利主義―ベンサムとＪ．Ｓ．ミル／140
　　3　実証主義と進化論／141

⑤ 人間存在の地平──実存主義の思想
　　1　実存主義の成立／144
　　2　キルケゴール／144
　　3　ニーチェ／145
　　4　ヤスパース／146
　　5　ハイデッガー／147
　　6　サルトル／148
　　7　その他の実存主義者／149
⑥ 社会参加と奉仕
　　1　空想的社会主義／151
　　2　マルクス主義──マルクスとエンゲルス／152
　　3　マルクス主義の展開／154
　　4　マルクス主義の修正／155
　　5　プラグマティズムの成立／157
　　6　プラグマティズムの大成／158
⑦ 生命への畏敬と新しい倫理
　　1　絶対平和と人類愛の思想／161
　　2　民族独立の思想／162
⑧ 現代社会の新思想
　　1　文明批判と新しい人間観／165
　　2　深層心理の世界／168

付　編　　資　料　問　題　　　　　170

━━ 本 書 の 利 用 に つ い て ━━

1 INTRODUCTION （要点整理）

　各章のはじめに，重要事項を要約してあります。学習にあたり，全体像を押さえ，復習や試験直前の点検にも利用してください。

2 本編 （一問一答）

　現在出版されている教科書，入試センター試験，私大受験問題などから出題頻度が高く，重要と思われる事項・人物・著書・名言等を一問一答形式で出題してあります。授業の予習復習，定期考査や大学・短大や就職の受験勉強に用いてください。解答は各ページの右側に記してありますから，付属のカラーシートを利用して何度も繰り返し，確実に覚えてください。

3 本編 （論述問題）

　各章ごとに一問一答問題のあとに，出題頻度の高い論述問題を載せました。一問一答で得た知識を基礎に論理的・総合的に理解するためのものです。私大・短大や国公立二次試験の論述問題対策にも用いてください。

4 付編 （資料問題）

　本編のあとに出題頻度が高く，重要な原典資料の主な部分をあげ，著者名・作品名・重要事項を記す問題を載せました。私大・短大や国公立大二次試験対策はもちろん，広く一般教養を身に付けるためのものです。

第1章　青年期の課題と自己形成　7

| 第1編 | 青年期と人間としてのあり方生き方 |

第1章　青年期の課題と自己形成◇◇◇◇◇◇◇◇◇◇◇◇◇◇◇◇◇◇◇◇

◆ *INTRODUCTION*　　①　人間性の特質　②　適応と個性の形成
　　　　　　　　　　③　現代における青年のあり方

【人間性の特質】：理性をもつ存在＝ホモ・サピエンス（知性人・叡智人）
　○人間と動物の違い―発達した頭脳をもち，それによる理性の働きによっ
　　　　　　　　　　て，高度な文明を築く。
　○非合理的な人間存在―19世紀後半以降，理性万能の考え方に対する懐疑
　　　ドストエフスキー（露，文学者）『罪と罰』―理性だけではかることので
　　　　　　　　　　　　　　　　　　　きない人間存在の複雑さ
　○中間者としての人間―理性をもつがゆえの尊厳と時に罪を犯す弱さや醜
　　　　　　　　　　　さの両面をもつ存在
　　パスカル（仏，哲学者）―天使でも獣でもない，虚無と全体の中間者

【適応と個性の形成】：自己表現の時期である青年期の不安と特質
　○青年期―自我のめざめ，第二の誕生，心理的離乳，第二反抗期→子ども
　　でも大人でもない精神的に不安定な時期＝マージナル・マン（境界人）
　○適応と防衛機制―欲求不満に対する，意識内部の自己防衛反応

抑　　　圧	不快な記憶を忘れようとする。
合　理　化	自己の失敗を他者のせいにする。すっぱいブドウの論理
同　一　化	他人の外観や特性をまねて満足する。
反動形成	憎んでいる子どもを，その感情に対抗してかわいがる。
補　　　償	子どものいない人がかわりに犬をかわいがる。
昇　　　華	実現できない欲求をより高度な社会的価値のある行為に おきかえ，努力する。
退　　　行	子どもにもどることで，欲求不満から逃れる。

　○性格（パーソナリティ）―ユングによる分類：内向性と外向性

【現代における青年のあり方】：モラトリアム人間と若者文化
　○青年期の課題―アイデンティティ（自己同一性）の確立
　○若者文化―青年特有の既成社会に反発する行動　消極的な姿：三無主義

8 第1編 青年期と人間としてのあり方生き方

【① 人間性の特質】

❶人種や民族を超えて，人間を人間たらしめている本質のことを何というか。

❷人間をどのようにとらえているかという，人間そのものの見方を何というか。

❸人間が他の動物とは異なり，火をあやつり，言葉を使い，道具を発明して文化をつくり上げてきたのは，人間に特有の何の働きによるか。

❹動物が，教育や経験によらずに生まれながらにもっている行動能力，適応能力を何というか。

❺自己の利益や快楽の追求を最優先する主義・立場を何というか。

❻人間の定義の一つで，学問や文化をつくり上げてきた知性の側面を強調したものを何というか。

❼人間を，知性の側面を強調して，ホモ‐サピエンスと命名したスウェーデンの生物学者はだれか。

❽人間の定義の一つで，道具をつくり，道具を使用してものをつくり出す特性を強調したものを何というか。

❾人間を，道具使用や工作の側面を強調して，ホモ‐ファーベルと命名したフランスの哲学者はだれか。

❿人間の定義として，遊びに注目し，遊ぶことから文化が形成されることを強調したものを何というか。

⓫人間を，遊びから文化形成をした側面を強調してホモ‐ルーデンスと命名したオランダの歴史学者はだれか。

⓬人間の定義として，超越者への信仰心をもち，死や来世について思索する側面を強調したものは何か。

⓭人間の定義として，社会を形成したり，他者と共存する側面を強調したアリストテレスの言葉は何か。

⓮人間をことば（シンボル）をあやつる動物と定義したドイツの哲学者はだれか。

⓯個人が他の人々とかかわりあい，相互に影響しあいながら，社会に適応するプロセスを何というか。

⓰個人が自己の能力・適性に即して，周囲に対して行う積極的・能動的な働きを何というか。

❶人間の尊厳

❷人間観

❸理性（知性）

❹本能

❺エゴイズム（利己主義）

❻ホモ‐サピエンス（知性人）

❼リンネ（1707〜78）

❽ホモ‐ファーベル（工作人）

❾ベルクソン（1859〜1941）

❿ホモ‐ルーデンス（遊戯人）

⓫ホイジンガ（1872〜1945）

⓬ホモ‐レリギオスス（宗教人）

⓭「人間はポリス（社会）的動物である」

⓮カッシーラー（1874〜1945）

⓯社会化

⓰個性化

第1章　青年期の課題と自己形成　9

【②　人間と文化】

❶言語・習慣・生活様式・学問・宗教・芸術など人間がつくり上げ，社会全体で共有され，伝達されるものを何というか。

❷文化とほぼ同義であるが，技術の進歩・生産力の増大・社会制度・教育の普及などにより物質的・精神的生活水準が向上した状態を何というか。

❸気候・地形など，そこに住む人間の生活様式や習慣に影響を与える自然環境を何というか。

❹風土と人間との一体的なかかわりのなかで，文化や生活様式の形成を論じた和辻哲郎の著書は何か。

❺『風土』のなかで論じられた東アジア・東南アジアにみられる自然に対して受容的・忍従的な文化を形成させる風土を何というか。

❻『風土』のなかで論じられた西アジア・アフリカにみられる自然や他の部族に対して対抗的・攻撃的な文化や一神教を形成させる風土を何というか。

❼『風土』のなかで論じられたヨーロッパにみられる自然の規則性に合わせて農耕・牧畜を営み，合理的な思考を形成させる風土を何というか。

❽キリスト教に基づく西洋文化に対して，共同体の習俗や規範を重んじる日本文化を論じた著書を何というか。

❾『菊と刀』を著し，日本文化を研究したアメリカの女流文化人類学者はだれか。

❿ベネディクトは『菊と刀』のなかで，神の教えに背くことを判断基準とする西洋文化を何とよんだか。

⓫ベネディクトは『菊と刀』のなかで，集団の和や他者との共存を重んじる日本文化を何とよんだか。

⓬他者との一体感を求め，好意に依存する傾向の強い日本人の性格を心理学者の土居健郎は何とよんだか。

⓭集団のなかでの上下関係が重視され，それにより秩序が保たれている日本社会構造の特色を文化人類学者の中根千枝は何とよんだか。

---

❶文化

❷文明

❸風土

❹『風土』

❺モンスーン型

❻砂漠型

❼牧場型

❽『菊と刀』（『菊と刀―日本文化の型』）

❾ルース＝ベネディクト（1887〜1948）

❿「罪の文化」

⓫「恥の文化」

⓬甘えの構造（甘えの文化）

⓭タテ社会

10　第1編　青年期と人間としてのあり方生き方

⓮自分の属する親しい集団と自分とは直接関係のない人々を区別し，外の人々に対し排他的・閉鎖的な日本人の傾向を示す語を何というか。

⓮ウチとソト

⓯親しい人に対する行為や言動と無関係な人や一般の人に対する表面的・形式的な行為と言動の使い分けをする日本人の傾向を示す語を何というか。

⓯ホンネとタテマエ

【③青年期の意義と特色】

❶身体が著しく成長するとともに，精神面でも親からの自立や社会批判など様々な変化がみられる12，13歳から22，23歳までの時期を何というか。

❶青年期

❷青年期において，性ホルモンの働きにより性的な特徴が著しくなることを何というか。

❷第二次性徴

❸青年期とほぼ同義であるが，第二次性徴とそれにともなう性の目覚めを強調した時期を何というか。

❸思春期

❹青年が社会人として成長するまでの22，23歳から30歳ぐらいまでの時期を何というか。

❹プレ成人期（前成人期）

❺小学校低学年から高学年にかけて，性別や年齢が雑多な集団で遊び仲間を形成する時期を何というか。

❺ギャング‐エイジ

❻子どもでも大人でもなく，その両方の世界に所属していることから，社会のなかで極めて不明確な位置にある青年期の青年を何というか。

❻マージナル‐マン（境界人）

❼青年の特色をマージナル‐マンと表したドイツ出身のアメリカの心理学者はだれか。

❼レヴィン（1890～1947）

❽ある社会において，個人が誕生して成長する段階を移行する際に，それを位置づける儀式を何というか。

❽イニシエーション（通過儀礼）

❾青年の成長過程について「世界のすべてのものと無縁でなくなる」と表現したフランスの思想家はだれか。

❾ルソー（1712～78）

❿人生における青年期の意義を説き，生まれながらの善性を原理とするルソーの物語風教育論とは何か。

❿『エミール』

⓫ルソーが『エミール』のなかで記した語で，身体的誕生に対して青年期の精神的な成長を示す語は何か。

⓫第二の誕生

⓬青年期において，他人とは異なる自分の存在を意識し，自己の人生の意味を考えはじめることを何というか。

⓬自我のめざめ

⓭青年が新しい自己を確立するために，大人の保護や監

⓭心理的離乳

第1章　青年期の課題と自己形成　11

督のもとから離脱していく過程を何というか。

⓮青年期における親の保護から自立しようとする傾向を
心理的離乳とよんだアメリカの心理学者はだれか。

⓯子どもが成長する過程において親や周囲の大人たちに
反抗的になる時期を何というか。

⓰不安や恐怖などの感情により無意識のうちに抑圧され
た心理の集合を何というか。

⓱自分の身体・能力などが他人と比べて劣っていたり，
他人から嫌われていると思うことを何というか。

⓲自分がある点において他人と比べて優れていると思
い，自己満足することを何というか。

⓳成人期の開始時期，青年の社会的自立が遅れている状
況を何というか。

⓴今日的な意味での「子ども期」は中世末期から17世
紀にかけて誕生したとするフランスの歴史学者は誰か。

㉑南太平洋の諸島を調査し，青年期の特色が生得的なも
のではないと説いたアメリカの文化人類学者は誰か。

⓮ホリングワース
　（1886 ～ 1939）

⓯第二反抗期

⓰コンプレックス

⓱劣等感（劣等コ
　ンプレックス）

⓲優越感

⓳青年期の延長

⓴アリエス
　（1914 ～ 84）

㉑M. ミード
　（1901 ～ 78）

【④適応と個性の形成】‥‥‥‥‥‥‥‥‥‥‥‥‥‥‥‥‥‥‥‥‥‥‥‥

❶人間や動物にとって必要不可欠なものを求めようとし
て，それを得るために行動を起こすことを何というか。

❷食欲，性欲，睡眠欲のように，人間に限らず動物一般
にも見られる，身体にかかわる欲求を何というか。

❸人間特有の，自己の個性の実現をはかることや他人に
認められることを願う欲求を何というか。

❹二つ以上の相反する欲求があって，どちらにしてよい
かを決めかねるような場合を何というか。

❺欲求が何らかの理由によって妨げられ，心の緊張度が
高まり不安定になった状態を何というか。

❻欲求不満により生じる苦悩に耐えられる自我の強さの
ことを何というか。

❼環境への不適応により欲求不満が続き，心理的な緊張
感や圧迫感のことを何というか。

❽欲求間の葛藤や欲求不満に対処して，外的世界に対応
できるようにする働きを何というか。

❶欲求

❷第一次欲求（生
　理的欲求）

❸第二次欲求（社
　会的欲求）

❹葛藤（コンフリ
　クト）

❺欲求不満（フラ
　ストレーション）

❻耐性（トレラン
　ス）

❼ストレス

❽適応

12　第1編　青年期と人間としてのあり方生き方

❾ 適応の一つで，試験に失敗した場合，実力をつけて次回は合格するというように，筋道の通った工夫をともなう行動をとることで，欲求を満たすことを何というか。

❾ 合理的解決

❿ 適応の一つで，本来的な欲求を満たさずに，てっとりばやく欲求不満の状態のみを解消する行動をとることを何というか。

❿ 近道反応

⓫ 葛藤や欲求不満に当面したとき，自分を守ろうとして自動的にとられる意識内部の適応の仕方を何というか。

⓫ 防衛機制

⓬ 防衛機制の一つで，不快な記憶を忘れようとすることを何というか。

⓬ 抑圧

⓭ 防衛機制の一つで，「木になるブドウに手が届かなかったきつねが，あのブドウはすっぱいとけちをつける」など自己の失敗や欠点を他人や制度のせいにすることを何というか。

⓭ 合理化

⓮ 防衛機制の一つで，ドラマを見て自分がその主人公になった気分になり，欲求を満足させることを何というか。

⓮ 同一化（同一視）

⓯ 防衛機制の一つで，子どものいない人が子どもの代わりに犬をかわいがるようなことを何というか。

⓯ 代償（補償）

⓰ 防衛機制の一つで，失恋した作家が創作に没頭するように，あきらめきれない欲求を，より高度な社会的価値のある目標におきかえる努力をすることを何というか。

⓰ 昇華

⓱ 代償（補償），昇華のように，ある対象に向けられた敵意や関心などを別な安全な対象に換えて，自我の安定をはかる働きを何というか。

⓱ 置き換え

⓲ 防衛機制の一つで，好きだという感情を素直に表現できないために，好きな子を逆にいじめてしまうようなことを何というか。

⓲ 反動形成

⓳ 防衛機制の一つで，新しく弟妹の生まれた幼児が，母親に甘えたい欲求を満足させるために，赤ちゃんのころの行動に逆戻りするようなことを何というか。

⓳ 退行

⓴ 不安・緊張・危険などの心理的状況を避けようとして，空想や白日夢にふけったり，遊びや気晴らしなど非現実的な世界に逃げ込む働きを何というか。

⓴ 逃避

㉑ 夢判断や自由な連想によって，人間の抑圧された記憶を引き出す精神分析の手法を開発し，深層心理学を確立

㉑ フロイト
（1856〜1939）

第1章　青年期の課題と自己形成　13

した，オーストリアの精神科医とはだれか。

㉒ある人間の行動や思考の特徴的型，環境や他者に働き
かけるときの欲求や行動の統一的型を何というか。

㉓感情や情緒の特徴的な型のことで，遺伝的要素が強い
性質を何というか。

㉔ある人がもっている身体的・精神的な力で，体力・知
力・意志力などの総合的な力を何というか。

㉕性格・気質・能力など，ある人の全体的・統一的・持
続的な特徴を何というか。

㉖パーソナリティとほぼ同義であるが，ある人が他の人
と異なる特徴を強調した語は何か。

㉗フロイトの影響を受けて，精神分析運動の指導者とな
り，人間の性格を関心の向く方向から大きく二つのタイ
プに分類した，スイスの精神科医とはだれか。

㉘内気で繊細な神経をもち，関心が自己の内面に集中す
るようなタイプの性格をユングは何とよんだか。

㉙陽気かつ行動的で，外部の客観的なものに関心が傾く
タイプの性格をユングは何とよんだか。

㉚人間の能動制や目的追求的な点を強調し，成熟した人
格として，自己の拡大，自己の客観視，人生観をもつこ
と，をあげたアメリカの社会心理学者はだれか。

㉛気質が体型に関係しているとして，やせ型（分裂気質）・
ふとり型（躁鬱気質）・筋骨型（てんかん気質）に分類
したドイツの精神科医はだれか。

㉜パーソナリティを類型に分ける理論を何というか。

㉝類型論に対し，いくつかの特性の組み合わせによって
パーソナリティが構成されるという理論を何というか。

㉞向性や神経症傾向が人の行動傾向を特徴づける特性で
あるとして，それらの組み合わせによりパーソナリティ
の差異を考察したイギリスで活躍した心理学者は誰か。

㉟神経症傾向・外向性・経験解放性・協調性・誠実の5
要素により性格が形成されるとする特性論とは何か。

㊱人格の成長に劣等感が欠かすことのできないものであ
るとし，その克服が自己を成長させようとする意志の力
となるとしたオーストリアの精神分析学者はだれか。

㉒性格

㉓気質

㉔能力

㉕パーソナリティ

㉖個性

㉗ユング
（1875 ～ 1961）

㉘内向性

㉙外向性

㉚オルポート
（1897 ～ 1967）

㉛クレッチマー
（1888 ～ 1964）

㉜類型論
㉝特性論

㉞アイゼンク
（1916 ～ 97）

㉟ビッグ・ファイ
ブ

㊱アドラー
（1870 ～ 1937）

14　第1編　青年期と人間としてのあり方生き方

㊲子どもの認識能力が一定の順序をたどって，段階的に到達することを説いたスイスの心理学者はだれか。

㊳自己中心的立場から離れ，他者の視点から客観的なものの見方を身につける過程をピアジェは何とよんだか。

㊴人間の欲求を欠乏欲求から成長欲求まで階層的に位置づけたアメリカの心理学者はだれか。

㊵マズローが説いた欠乏欲求にはどのようなものがあるか。

㊶マズローが説いた成長欲求にはどのようなものがあるか。

㊷主我（自分の視点から見た自己）と客我（他者の視点からの自己）との相互作用により自我が形成されるとしたアメリカの社会心理学者とは誰か。

㊲ピアジェ
（1896 ～ 1980）

㊳脱中心化

㊴マズロー
（1908 ～ 70）

㊵生理的・安全・愛と所属・自尊

㊶創造・価値・自由・自己実現

㊷G.H. ミード
（1863 ～ 1931）

【⑤青年期の課題と現代における青年のあり方】‥‥‥‥‥‥‥‥‥‥‥‥‥‥‥

❶人間が幼児から青年，成人へと成長する過程をいくつかの段階に分けたものを何というか。

❷人間が社会的に健全な形で成長するため，乳幼児期，児童期，青年期等のそれぞれの発達段階で達成しなければならない課題を何というか。

❸青年期の発達課題を4点あげなさい。

❶発達段階

❷発達課題

❸身体的変化への対応，両親や大人からの精神的独立，情緒的安定と社会性，職業観・人生観の確立

❹人生を8の発達段階に分け，それぞれに発達課題があるとし，青年期における課題を明確にしたアメリカの精神分析学者はだれか。

❺自分が過去から一貫して自分であり，他と異なる存在であるという確信を何というか。

❻青年期において，自分は自分であり，真の自分は不変であると意識することを，エリクソンは何とよんだか。

❼集団のなかでの自己の役割を見いだせず，青年が精神的な危機に陥ることを，エリクソンは何と表現したか。

❽青年が，将来の準備期間として，社会における義務の遂行を猶予されたり，免除されたりしていることをエリ

❹エリクソン
（1902 ～ 94）

❺アイデンティティ（自我同一性）

❻アイデンティティの確立

❼アイデンティティの危機

❽モラトリアム

第1章　青年期の課題と自己形成　15

クソンは何と表現したか。

❾自我の発達過程にしたがって人生をいくつかの段階に分けることを何というか。

❿社会集団に所属することを引き延ばしてモラトリアムの状態にとどまっている青年のことを何というか。

⓫周囲に甘やかされて育った青年男性が，大人としての義務遂行を拒否し，子どものままでいようとする現象を，アメリカの心理学者ダン＝カイリーは何とよんだか。

⓬自分主義，自己中心主義のことで，自分のことしか考えない風潮のことを何というか。

⓭物事への関心や感動が薄く，意欲的な行動に欠ける生活状況のことを何というか。

⓮アルバイトなどには意欲的であるが，学業や就職活動などには無気力な学生特有の状態を何というか。

⓯既成の文化への反発等の側面を強くもち，青年特有の内面的なエネルギーによってつくり上げられる，青年独自の考え方や行動様式を何というか。

⓰若者文化が大人文化や既成文化に対して，二次的な側面が強いことを強調して何というか。

❾ライフサイクル

❿モラトリアム人間

⓫ピーターパン - シンドローム

⓬ミーイズム

⓭アパシー - シンドローム

⓮スチューデント - アパシー

⓯若者文化（青年文化，ユース - カルチャー）

⓰下位文化（サブ - カルチャー）

【論述問題】

> **自我の確立とはどういうことか説明せよ。**

　自我とは，周囲の世界に対し，存在する自己自身に関する意識であるが，この意識は統一的なものでなくてはならず，自分自身をみつめ直すものでなくてはならない。その確立は他人から与えられるものではなく，様々な葛藤や困難を克服して自分は～であるという自覚と自信をもつことである。

> **人間形成における欲求の処理とのぞましいあり方について述べよ。**

　現実の生活において，欲求が全面的に満たされることはありえず，欲求不満という不適応状態に陥ることはさけられない。欲求処理能力を身につけるには自我意識を発達させ，正しい自己認識と状況判断の能力・実践力を養わなければならない。

16　第1編　青年期と人間としてのあり方生き方

第2章　人間としての自覚と生き方◇◇◇◇◇◇◇◇◇◇◇◇◇◇◇◇◇◇◇◇◇

◆　*INTRODUCTION*　　①　自己実現と倫理的自覚　②　人生における芸術

【自己実現と倫理的自覚】：人間の尊厳―自己実現と生きる喜び
　○無二の存在としての人生
　　人生の意義―結果ではなく過程にある→かけがえのない人生
　　　人生に対する統一的な見方・考え方―人生観
　　　世界に対する統一的な見方・考え方―世界観
　○人生観・世界観の探求と確立
　　真に豊かな人生―生きる喜びや張り合いに満ちた人生
　　　　　　　　　　理想を求める人生
　　　　　　　　　　個性を生かし，自分らしさを表す人生
　　自己の人生観・世界観の確立→人生の形成
　○自己充実感と自己実現への道
　　人生に対する満足度・充実感→生きがいの発見
　　豊かな人生の過程→自己のあり方・生き方の思索，自己の向上
　　かけがえのない存在としての自己→自己実現の努力

【人生における芸術】：人生における芸術の意義と価値
　○芸術と美
　　芸術―美的価値のあるものの創造とその作品
　　　　　　　絵画，彫刻，建築，音楽，文学，演劇，映画 etc
　　美―うつくしいもの，きれいなもの
　　　　　対象と鑑賞する主体との間の精神的浄化
　　芸術の誕生―人生における感動→自己をみつめ，新しい自己を創造する
　　　　　　　　　　　　　　→感動の表現
　　芸術の意義―精神の向上と人生の指針
　○美の諸相
　　・自然美―自然に内在する美…風景美，人物美など
　　・芸術美―人間が美そのものを意図してつくり上げた作品の中の美
　　　　　　　…絵画，彫刻，建築，音楽，文学，演劇，映画などの作品
　　・機能美―人間の技術が生み出した機能的構成的な美，美そのものでは
　　　　　　　なく付随的なもの…日本刀の反り，自動車や飛行機の体型

第2章　人間としての自覚と生き方　17

【① 自己実現と倫理的自覚】

❶人生に対してもつ全体的・統一的なものの見方・考え方のことを何というか。
❶人生観

❷人生観のなかで，理想をその中心におき，高い価値を想定してそれに向かう立場を何というか。
❷理想主義

❸人生観のなかで，現実を踏まえながら自己の人生をつくりあげようとする立場を何というか。
❸現実主義

❹世界に対してもつ全体的・統一的なものの見方・考え方のことを何というか。
❹世界観

❺世界観のなかで世界の本質が物質であり，一般に神的なものを考えない立場を何というか。
❺唯物論（ゆいぶつろん）

❻世界観のなかで世界の本質が精神や観念であり，一般に神的なものに価値を求める立場を何というか。
❻観念論

❼他に対して自己を主張したり，表現したりする自主性や独立性のことで，特に倫理的な責任を負う自主的決断性を何というか。
❼主体性

❽主体性を喪失して自分自身の生きる方向性を失うことを何というか。
❽自己喪失（そうしつ）

❾主観の要求を満たし，真・善・美・聖などそれぞれの人生観において求めるものを何というか。
❾価値

❿あることを意図したり，あるものへ注意を向けたりする際に，その目標の実現にあたって価値を想定して意識的に向かうことを何というか。
❿志向

⓫自分自身の思考や行為を通して，自分自身がひとりの人間として求められているという意識を何というか。
⓫自己充実感

⓬自己充実感を核心として自分の人生に対する意欲を引き出してくれるものを何というか。
⓬生きがい

⓭自分の人生観・世界観に基づき，個性を生かしながら人生を形成し，自己の存在の尊厳を確立するために努力すること，またはその結果を何というか。
⓭自己実現

⓮自己実現を通して，自分の存在の無二性を自覚するとともに，他者との関わりのなかでの自己の存在について意識することを何というか。
⓮倫理的自覚

⓯古代ギリシャからの伝統的な価値で，学問・道徳・芸術がめざす理念とされているものは何か。
⓯真・善・美

⓰ 古代ギリシャからの価値に加え，キリスト教による宗教的な価値を加えたものを何というか。

⓱ 何が価値であるかということが社会の変化や時代の推移によってさまざまに展開することを何というか。

⓲ 『車輪の下』などの作品を通して人生の苦難が自己実現への道であると説いたドイツの小説家・詩人は誰か。

⓳ 青年期の発達課題として，同世代の男女の洗練された交際を学ぶことや，両親や大人からの情緒的独立などをあげたアメリカの心理学者はだれか。

⓴ 社会の政治的・経済的要因により形成される性格を社会的性格とよび，社会や文化が人間の心理に与える影響を解明したアメリカの心理学者はだれか。

㉑ 社会や文化が個人の心理に与える影響を考え，社会の政治的・経済的条件により形成された性格（生産的性格と非生産的性格）をフロムは何とよんだか。

㉒ ナチスによる迫害体験を基に，自由がもたらす不安や孤独が自由から逃げ出し，服従や所属を求める心理を分析したフロムの著書は何か。

㉓ アウシュヴィッツ収容所の体験から人間を生きる意味を求める存在とし，人生への態度や生きる意味を解明する実存分析を説いたオーストリアの精神医学者は誰か。

㉔ フランクルは人間は何を求める存在であるとしたか。

㉕ 人間を生きる意味を求める精神的存在としてとらえ，人生に対する態度や行動を分析し，生きる意味を解明しようとするフランクルの理論を何というか。

㉖ フランクルがアウシュヴィッツ収容所の体験を記した著書は何か。

㉗ 価値を，快適さ・生命的・精神的・宗教的の四つに分類して，価値倫理学を説いたドイツの哲学者はだれか。

㉘ 人生は各人が追求する価値により形成されるとして，人生や文化のタイプを六つに分類したドイツの哲学者・心理学者はだれか。

㉙ シュプランガーが分類した六つのタイプとは何か。

⓰ 真・善・美・聖

⓱ 価値の多様化

⓲ ヘルマン＝ヘッセ（1877〜1962）

⓳ ハーヴィガースト（1900〜91）

⓴ フロム（1900〜80）

㉑ 社会的性格

㉒ 『自由からの逃走』

㉓ フランクル（1905〜97）

㉔ 生きる意味

㉕ ロゴテラピー論

㉖ 『夜と霧』

㉗ シェーラー（1874〜1928）

㉘ シュプランガー（1882〜1963）

㉙ 理論型・経済型・審美型・社会型・権力型・宗教型

第2章　人間としての自覚と生き方　19

【②　人生における芸術】

❶美的価値のある対象を創造する活動とその作品の総称で，本来は技術的活動を意味するものを何というか。

❷芸術の対象となる価値観念で，うつくしいもの，きれいなことを何というか。

❸芸術が究極的に表現するものは何か。

❹芸術の人生における意義とはどういうことか。

❺芸術作品を味わい，楽しみ，理解することで，感覚・感性と知性で総合的に理解，評価することを何というか。

❻芸術の一部門で，視覚・触覚に訴え，平面的・空間的に美を表現するものを何というか。

❼絵画，彫刻，工芸，建築のように平面や空間に形で美を表現する芸術を何というか。

❽音楽や文学のように時間の流れのなかで作者の精神や美を表現する芸術を何というか。

❾文学，美術，音楽といった芸術に加え，人間の動きを素材とする芸術を総称して何というか。

❿総合芸術にあてはまるものはなにか。

⓫自然に存在する事物や人物のなかに見いだされる美を何というか。

⓬人間が美そのものの表現を目的として作品のなかに見いだされる美を何というか。

⓭人間の技術が生み出した機能的構成的美を何というか。

⓮視覚や聴覚，触覚など感覚に訴える美を何というか。

⓯崇高，荘厳，悲壮など精神に訴える美を何というか。

⓰14世紀にイタリア諸都市で始まり，15世紀から16世紀にかけて全盛となった古典文芸の復興運動を何というか。

⓱16世紀から17世紀の初頭にかけて成立した，洗練された技巧と複雑な構成，非現実的色彩を特色とする美術様式を何というか。

⓲17世紀から18世紀にかけての，ルネサンスの端正な

❶芸術

❷美

❸人生の感動や新しい創造

❹精神の向上や人生の指針

❺鑑賞

❻美術

❼造型芸術

❽時間芸術

❾総合芸術

❿演劇，映画

⓫自然美

⓬芸術美

⓭機能美（技術美）

⓮感覚美

⓯精神美

⓰ルネサンス

⓱マニエリスム

⓲バロック派

20 第1編 青年期と人間としてのあり方生き方

作風とは異なる躍動的劇的表現を特色とする美術様式と音楽傾向を何というか。

⑲バロック派の後，18世紀初頭にフランスで成立した美術様式で優美で繊細な表現を特色とし，宮廷文化の一支柱となったものを何というか。

⑳17世紀のフランス，18世紀のイギリス・ドイツに成立した哲学・文学・音楽・美術の思潮・様式で，ギリシャ・ローマの古典文化を理想とした調和と均整の形態，人間精神の尊重を特色としたものは何か。

㉑18世紀末から19世紀にかけてヨーロッパの主流となった哲学・文学・音楽・美術の思潮・様式で，個性，感情を尊重し，自由な傾向を特色としたものは何か。

㉒19世紀の中期，ヨーロッパで成立した文学・美術の思潮・様式で客観性を重んじ，現実を厳しくみつめ，人生や社会の真実を表すことを目的としたものは何か。

㉓19世紀の後半，フランスに成立した美術・音楽・文学の様式と傾向で，事物を客観的に捉えるものではなく，瞬間的，主観的な印象の表現を特色とするものは何か。

㉔20世紀初頭のフランスに起こった絵画運動で野獣主義と訳され，内面の表現を目的としたものは何か。

㉕フロイトの影響を受け，無意識や夢の世界の表現を目的とした非理性的・非現実的・創造的な表現を特色とした美術様式を何というか。

㉖複数の視点から見た像を一元的に描いたり，分割したりする手法をとった20世紀初頭の絵画運動は何か。

㉗バロック派を代表するオランダの画家で，「夜警」などで知られる画家はだれか。

㉘バロック派を代表するスペインの画家で，「ブレダの開城」などで知られる画家はだれか。

㉙バロック派音楽の代表で「マタイ受難曲」などで知られるドイツの音楽家はだれか。

㉚バロック派音楽の大成者で「水上の音楽」などで知られるドイツの音楽家はだれか。

㉛『若きウェルテルの悩み』や『ファウスト』で知られるドイツの最大の小説家・詩人とはだれか。

⑲ロココ派

⑳古典主義（古典派，クラシシズム）

㉑ロマン主義（ロマン派，ロマンティシィズム）

㉒写実主義（リアリズム）

㉓印象主義（印象派）

㉔フォービズム

㉕シュールレアリズム（超現実主義）

㉖キュビズム（立体派）

㉗レンブラント（1606～69）

㉘ベラスケス（1599～1660）

㉙バッハ（1685～1750）

㉚ヘンデル（1685～1759）

㉛ゲーテ（1749～1832）

第2章　人間としての自覚と生き方　21

❸❷ゲーテとともにドイツ文学を代表する巨匠で『群盗』や『ウィリアム＝テル』で知られる詩人とはだれか。
❸❷シラー
（1759 〜 1805）

❸❸古典主義絵画の代表者で「ナポレオンの戴冠」などの作品で知られるフランスの画家とはだれか。
❸❸ダビッド
（1748 〜 1825）

❸❹古典派音楽の代表者で「時計」などで知られる「交響曲の父」と呼ばれるオーストリアの音楽家はだれか。
❸❹ハイドン
（1732 〜 1809）

❸❺古典派音楽の頂点に立つ天才で,「フィガロの結婚」「魔笛」などで知られ, 歌劇, 交響曲, 歌曲などあらゆる分野にすぐれた作品を残した音楽家はだれか。
❸❺モーツァルト
（1756 〜 91）

❸❻モーツァルトとならぶ古典派音楽の巨匠で「運命」「田園」「第九」などで知られる音楽家とはだれか。
❸❻ベートーヴェン
（1770 〜 1827）

❸❼フランス古典主義文学の三大劇作家とはだれか。
❸❼コルネイユ, ラシーヌ, モリエール

❸❽フランスロマン派美術の指導的存在で「民衆を率いる自由の女神」などで知られる画家はだれか。
❸❽ドラクロア
（1798 〜 1863）

❸❾近代歌曲の創始者とされ,「冬の旅」や「未完成」などで知られるドイツロマン派の音楽家はだれか。
❸❾シューベルト
（1797 〜 1828）

❹⓪楽劇の創始者で「ニーベルングの指輪」などで知られるドイツロマン派の音楽家はだれか。
❹⓪ワーグナー
（1813 〜 83）

❹❶フランス自然主義の代表者で「晩鐘」など農民の生活を題材とした画家はだれか。
❹❶ミレー
（1814 〜 75）

❹❷フランス印象派の巨匠で,「扇を持つ女」など人物画や女性の肖像画に多くの傑作を残す画家はだれか。
❹❷ルノワール
（1841 〜 1919）

❹❸近代彫刻の完成者で内面の感情や生命の躍動を表現し「考える人」で知られる彫刻家はだれか。
❹❸ロダン
（1840 〜 1917）

❹❹「ゲルニカ」などの作者で, 現代美術の巨匠はだれか。
❹❹ピカソ
（1881 〜 1973）

【論述問題】

> 芸術の人生における意義とは何か。

　芸術はその作品が表現する感動や美, 思想や心情, 生き方を通して, 私たちの精神をより美しく, 豊かにし, 人生の指針となる意義をもつ。

22　第1編　青年期と人間としてのあり方生き方

◆　*INTRODUCTION*　③　人生における哲学—古代ギリシャ思想

【神話の世界】　：明るく，人間的・世間観
　○オリンポス神話
　○ホメロス・ヘシオドス

【自然哲学】　：万物のアルケーの探求と合理的思考の成立
　○タレス・アナクシマンドロス・アナクシメネス・ピタゴラス・デモクリトス

【ソフィスト】　：フィシスからノモスへ——価値の相対主義と主観主義
　○プロタゴラス——「人間は万物の尺度」　○ゴルギアス
　○後期ソフィスト——詭弁

【ソクラテス】　：無知の知から愛知（フィロソフィア）へ
　○"汝自身を知れ"→無知の知→問答法→魂への配慮⇒愛知
　○ソクラテスの死⇒"善く生きること"の実践

【プラトン】　：真実在はイデアである——理想主義
　○イデア論
　　　イデア界　…真実在——永遠
　　↑　　　……エロース
　　　現象界　…仮象
　○四元徳——知恵・勇気・節制・正義　○理想国家＝哲人政治

【アリストテレス】　：真実在は現実の個物にある——現実主義
　○存在論
　　　形相　→　個物　←　質料
　○最高善＝幸福＝徳のある生き方⇒テオリア，中庸の徳
　○"人間は社会的動物"→正義と友愛

【ヘレニズムの思想】　：幸福とは個人の心の在り方——世界市民主義
　○ストア派——ゼノン，理性的禁欲，アパテイア
　○エピクロス派——エピクロス，精神的快楽，アタラクシア

第2章　人間としての自覚と生き方　23

【1　古代ギリシャの生活と思想】

❶ギリシャ人の自称で，ギリシャ神話におけるギリシャ人の祖・ヘレンの子孫という意味の語は何か。
❷ギリシャ人が自分たち以外の異民族を称した語は何か。
❸ギリシャ人の生活・文化・宗教の基本単位で，独立した都市国家を何というか。
❹ポリスの中心部にあり，神殿が建てられ，祭政の中心となった丘を何というか。
❺アクロポリスのふもとに位置し，市民の政治・経済・宗教・文化・生活活動の中心となった広場を何というか。
❻元来は「民衆の力，支配」という意味で古代アテネにおいてB. C. 5世紀を中心に行われた市民参加の政治体制を何というか。
❼古代アテネの民主制における最高機関を何というか。
❽古代ギリシャ人の自然観・宇宙観を表すことばで，原初，何もない混沌（こんとん）とした状態のことを何というか。
❾カオスに対して，古代ギリシャ人が用いた，秩序・調和・宇宙などを意味する語を何というか。
❿後に，学校（スクール）の語源となり，ギリシャで余暇を意味した語を何というか。
⓫ギリシャ語で，元来「眺めること」を意味し，事物を理性的，客観的に探究する態度を何というか。
⓬哲学の語源で，ギリシャ語で「知を愛する」ことを意味し，実利に関わりなく，真理を真理として尊び，探究する態度を何というか。
⓭古代ギリシャ人が理想とした善美の調和された人格や生活のことを何というか。

❶ヘレネス
❷バルバロイ
❸ポリス
❹アクロポリス
❺アゴラ
❻デモクラティア（民主制）
❼民会
❽カオス
❾コスモス
❿スコレー
⓫テオリア（観想（かんそう））
⓬フィロソフィア
⓭カロカガティア

【2　神話と自然哲学】

❶宇宙の創造，国や民族の起原などを神や英雄を中心に述べた伝承・説話などを何というか。
❷ギリシャ神話に登場する神々の主なものを総称して何というか。
❸古代ギリシャにおいて，オリンピアの神域で行われた祭典を何というか。

❶神話（ミュトス）
❷オリンポスの12神
❸オリンピアの祭典

24　第1編　青年期と人間としてのあり方生き方

❹古代ギリシャのオリンピアの祭典の競技会で，近代に入って，国際的規模で復活されたものを何というか。

❹オリンピック

❺ギリシャ神話における大神で，神々の王，雷電の神を何というか。

❺ゼウス

❻ギリシャ神話における理想の男性神で，太陽・音楽・予言の神を何というか。

❻アポロン

❼ギリシャ神話における理想の女性神で，美と愛の神を何というか。

❼アフロディーテ

❽アポロンと対極をなし，ローマ時代にはバッカスと呼ばれた酒の神を何というか。

❽ディオニソス

❾実在は必ずしも明確でないが，B. C. 9世紀ごろに神話の集大成ともいうべき作品を書いたギリシャの叙事詩人はだれか。

❾ホメロス（？〜？）

❿ホメロスがトロイ伝説をもとに英雄・アキレウスを主人公として語った叙事詩を何というか。

❿『イリアス』

⓫ホメロスの作品で，トロイ戦争の英雄オデュッセウスの漂流と帰国の話からなる叙事詩を何というか。

⓫『オデュッセイア』

⓬ホメロスと並ぶギリシャの叙事詩人で『労働と日々』の作者はだれか。

⓬ヘシオドス（？〜？）

⓭ヘシオドスの作品で，神々の系譜と宇宙の生成を神話的に表現したものは何か。

⓭『神統記』

⓮神話に描かれる神々の超自然的な力や意思により世界と人間の出来事や運命が決定するとした世界観は何か。

⓮神話的世界観

⓯世界の成立や人生の出来事の背後にある法則や原理を理性によって論理的に探究する世界観を何というか。

⓯合理的世界観

⓰古代ギリシャにおいて，神話的解釈を排し，合理的な解釈で世界の根本原理を探求した人を何というか。

⓰自然哲学者

⓱ミュトス（神話）に対するギリシャ語で，理性・論理・ことばなどを表すものを何というか。

⓱ロゴス

⓲自然哲学者が探究した万物の始源・原理を何というか。

⓲アルケー

⓳イオニアのミレトスの人で自然哲学の祖とされる人物はだれか。

⓳タレス（624？〜546？B.C.）

⓴アルケーについてのタレスの有名なことばは何か。

⓴「万物のアルケーは水である」

㉑タレスに続き，万物のアルケーは"無限なもの（ト-

㉑アナクシマンド

第2章　人間としての自覚と生き方　25

アペイロン）"であるとした人物はだれか。

㉒万物のアルケーを空気であるとした人物はだれか。

㉓タレス・アナクシマンドロス・アナクシメネスの三人を何とよぶか。

㉔数学者としても知られ，万物のアルケーを数であるとした哲学者はだれか。

㉕万物のアルケーを火であるとし，事物の運動・変化に関心をはらった人物はだれか。

㉖ヘラクレイトスの名言として知られ，運動・変化について記したことばは何か。

㉗「有るものは有り，無いものは無い」のことばで知られ，運動・変化を否定した人物はだれか。

㉘パルメニデスの後継者で運動・変化を否定する"パラドクス"で有名な人物はだれか。

㉙パルメニデスを中心とし，存在の不変・不動を主張した学派は何か。

㉚万物のアルケーを土・水・火・風の四原理とした人物はだれか。

㉛万物のアルケーを原子（アトム）であるとし，その組み合わせにより，万物は生成されるとした人物はだれか。

㉜デモクリトスによって説かれた理論を何というか。

ロス
（610？〜546？B.C.）
㉒アナクシメネス
（？〜525B.C.）
㉓ミレトス学派（ミレトスの三哲人）
㉔ピタゴラス
（B.C. 6世紀頃）
㉕ヘラクレイトス
（535？〜475？B.C.）
㉖「万物は流転する（パン‐タ‐レイ）」

㉗パルメニデス
（544？〜501？B.C.）
㉘エレアのゼノン
（490？〜430？B.C.）
㉙エレア学派

㉚エンペドクレス
（490？〜430？B.C.）
㉛デモクリトス
（460？〜370？B.C.）
㉜原子（アトム）論

【3　ソフィスト】

❶ギリシャ語で"知恵者"を意味し，B.C. 5世紀ごろ，アテネを中心に政治的知識や技術を教えた職業教師の一団を何というか。

❷ソフィストが教えた政治上の技術は何か。

❸古代ギリシャにおいて自然を意味した語を何というか。

❹自然に対立して，人為を意味する語を何というか。

❺B.C. 5世紀ころに活躍したソフィストの代表者で，真理や価値の絶対性を否定し，個々人の主観を尊重した

❶ソフィスト

❷弁論術・修辞学
❸ピュシス
❹ノモス
❺プロタゴラス
（500？〜430？B.C.）

26　第1編　青年期と人間としてのあり方生き方

人物はだれか。

❻プロタゴラスが述べた有名なことばで，個人の主観的判断が真理を決定するという意味のものは何か。

❼プロタゴラスと並ぶソフィストの代表者で，真理の認識について，懐疑的な立場をとった人物はだれか。

❽ソフィストの思想全体に共通する立場で，真理や価値判断は絶対的なものではないという考え方を何とよぶか。

❾真理や価値の判断基準は客観的なものではなく，個人の主観であるとする考え方を何というか。

❿何が善か，何が正かではなく，いかにそのように思わせるかを主眼とした，後期ソフィストに著しい弁論を何というか。

❻「人間は万物の尺度である」

❼ゴルギアス（483？〜375？B.C.）

❽相対主義

❾主観主義

❿詭弁

【4　ソクラテス】……………………………………………………………………

❶B. C. 5世紀のアテネの哲学者で，無知の自覚から愛知の精神によって魂をより善いものにしようと説いた人物はだれか。

❷アポロン神のお告げのことで，ソクラテスの活動の契機となったことで有名な託宣を何というか。

❸デルフォイのアポロン神の神託で，ソクラテスに関するものとして有名なことばは何か。

❹デルフォイのアポロン神の神殿にある格言で，人間の自己認識をすすめ，ソクラテスの思想の中核となったことばは何か。

❺ソクラテスの思想の出発点となったもので，真の知は無知を自覚することから始まるとの意を含んだ語は何か。

❻ソクラテスは，無知である自分を何と称したか。

❼ギリシャ語で"神的な力・霊的なもの"を意味し，ソクラテスの行動を規制したものは何か。

❽相手との対話により真理に達するソクラテスの方法を何というか。

❾ソクラテスは問答法のことをとくに何とよんだか。

❿ソクラテスはなぜ問答法を助産術とよんだか。

❶ソクラテス（470？〜399B.C.）

❷デルフォイの神託

❸「万人の中で一番賢いのはソクラテスである」

❹「汝自身を知れ」

❺無知の知

❻愛知者

❼ダイモニオン

❽問答法

❾助産術

❿真理を教えるのではなく，相手が

第2章　人間としての自覚と生き方　27

真理に達する手助けをするから

⓫自らを無知であるとし，問答によって知者であるはずの相手が実は無知であることに気づかせるソクラテスの方法を何というか。

⓫エイロネイア（アイロニー）

⓬元来，ギリシャ語で卓越性，すぐれていることを意味し，ソクラテスが追究したものは何か。

⓬アレテー（徳）

⓭ソクラテスは，人間にとってのアレテーとは結局のところ，何のアレテーであるといったか。

⓭プシュケー（魂）

⓮魂をより善きものにしようとすることをソクラテスは何とよんだか。

⓮魂への配慮（気配り）

⓯ソクラテスは人間にとって大切なことは，ただ生きるのではなく，何であるとしたか。

⓯善く生きること

⓰真の徳とは徳について知ることから始まり，真の知とは実践知であることを何というか。

⓰知徳合一，知行合一

⓱徳は知によって裏付けられるものであるとするソクラテスの知性尊重の立場を何というか。

⓱主知主義

⓲真の幸福とは徳のある生き方，つまり，善く生きることであるという考え方を何というか。

⓲福徳一致

⓳告発されたソクラテスがアテネ市民に対して，自分の信ずることと生き方を述べた作品は何か。

⓳『ソクラテスの弁明』

⓴獄中のソクラテスが，なぜ自分が死を選ぶかを友人に語った作品は何か。

⓴『クリトン』

㉑ソクラテスが死にのぞんで，魂の不滅について語った作品は何か。

㉑『ファイドン』

㉒ソクラテスを主人公とした対話篇の作者はだれか。

㉒プラトン

㉓ソクラテスの影響を受けたアンティステネス，アリスティッポス，エウクレイデスらによってつくられた学派を何というか。

㉓小ソクラテス学派

㉔小ソクラテス学派のうち，アンティステネスを中心とし，禁欲を重んじた人々を何というか。

㉔キュニコス派

㉕小ソクラテス学派のうち，アリスティッポスを中心とし，快楽を重んじた人々を何というか。

㉕キュレネ派

㉖小ソクラテス学派のうち，エウクレイデスを中心とし，弁論術を重んじた人々を何というか。

㉖メガラ派

28 第1編 青年期と人間としてのあり方生き方

【5 プラトン】

❶師・ソクラテスの課題を受け，不変の真実在や国家のあり方などを説いた人物はだれか。

❷アイディアの語源で，プラトンが永遠の真実在であり，個々の事物，事象の原型・理想であるとしたものは何か。

❸イデアは何により知ることができるか。

❹感覚の世界で，現実の生滅変化する世界を何というか。

❺プラトンが，最高のイデア，イデアのイデアとしたものは何か。

❻イデアが現実の個物のなかにある，そのあり方を何というか。

❼元来，ギリシャ神話の恋の神で，プラトンが，イデアにあこがれる魂のはたらきとしたものを何というか。

❽人間の魂が，故郷であるイデア界を思い出し，真理を認識しようとすることを何というか。

❾プラトンがイデア界を太陽の光に満ちた外界，現実界を光のない洞窟に喩えたことを何というか。

❿プラトンは魂をその働きから三つに分類したが，それらは何か。

⓫理性の徳を何というか。

⓬気概の徳を何というか。

⓭欲望の徳を何というか。

⓮知恵・勇気・節制が調和されて成立する徳とは何か。

⓯知恵・勇気・節制・正義をまとめて何というか。

⓰プラトンによれば知恵を担当する階級は何か。

⓱プラトンによれば勇気を担当する階級は何か。

⓲プラトンによれば節制を担当する階級は何か。

⓳プラトンによればそれぞれの階級の人がそれぞれの徳を充足させることにより何が成立したとするか。

⓴哲学者が統治者となるか，統治者が哲学するかによってうまれる政治をプラトンは何とよんだか。

㉑登場人物たちの対話によりテーマを展開するプラトンの作品の形式を何というか。

㉒多くの登場人物たちによってエロースについて語られるプラトンの著書は何か。

---

❶プラトン（427～347B.C.）

❷イデア

❸知性（知的直観）

❹現象界

❺善のイデア

❻分有

❼エロース

❽アナムネーシス（想起）

❾洞窟の比喩

❿理性，気概，欲望

⓫知恵

⓬勇気

⓭節制

⓮正義

⓯四元徳

⓰統治者

⓱防衛者（軍人）

⓲生産者

⓳理想国家

⓴哲人政治（哲人王の政治）

㉑対話篇

㉒『饗宴』

第2章　人間としての自覚と生き方　29

㉓イデア論と理想国家，哲人政治が述べられるプラトンの著書は何か。

㉓『国家』

㉔プラトンがアテネ郊外に開いた学園を何というか。

㉔アカデメイア

㉕プラトンのイデアを起源とし，価値として，理想を重視する考え方を何というか。

㉕アイデアリズム（理想主義）

【6　アリストテレス】

❶プラトンに師事しつつも，師のイデア論を批判し，現実主義的な存在論や倫理学を説いた人物はだれか。

❶アリストテレス（384〜322B.C.）

❷アリストテレスの母国はどこか。

❷マケドニア

❸アリストテレスに師事し，後に世界帝国をつくりあげたマケドニアの王はだれか。

❸アレクサンドロス大王

❹アリストテレスの存在論の概念で，プラトンのいうイデアに相当し，事物に内在し，そのものたらしめている本質を何というか。

❹エイドス（形相）

❺アリストテレスが，エイドスとともに事物を構成し，事物の素材であるとしたものを何というか。

❺ヒュレー（質料）

❻本来あるべきものの可能性としての状態のことで，できあがった彫刻に対する彫刻の素材にたとえられるものを何というか。

❻デュナミス（可能態）

❼デュナミスに対立する概念で，事物のあるべき現象の状態のことで，彫刻の素材に対するできあがった彫刻にたとえられるものを何というか。

❼エネルゲイア（現実態）

❽アリストテレスが説いた事物や物事を形成する素材，概念・定義，運動変化やはたらき，目的といった四つの原因や根拠を何というか。

❽質料因・形相因始動因・目的因

❾アリストテレスの分類した二つの徳のうち，理性を働かせる徳を何というか。

❾知性的徳

❿アリストテレスは最高善とは何であるとしたか。

❿幸福

⓫アリストテレスにより，知性的徳が最も純粋な形で真理探究へと向かう理想の状態は何か。

⓫テオリア（観想）の生活

⓬純粋に理性的な知恵ではないが，アリストテレスが，テオリアに必要不可欠とした徳とは何か。

⓬思慮（フローネシス）

⓭アリストテレスが知性的徳とは区別した徳で，感情・欲望にかかわる倫理的徳を何というか。

⓭習性的（倫理的）徳

30 第1編 青年期と人間としてのあり方生き方

⓮習性的徳は何によって身につくか。

⓯習性的徳を成立させる原理となるもので，例えば，おく病と向こうみずの間としての勇気のように，両極端を避けた程度の良さを何というか。

⓰人間存在のもつ社会性を強調したアリストテレスの有名なことばは何か。

⓱アリストテレスは，ポリス的存在として身に付けるべき徳を，秩序と公正の観点から何であるとしたか。

⓲アリストテレスは秩序やポリスの法を守るという観点から分類した正義を何とよんだか。

⓳アリストテレスは日常生活における公正の観点から分類した正義を何とよんだか。

⓴アリストテレスが分類した正義のうちの一つで，当事者の能力や功績によって，財貨などを分け与えることを何というか。

㉑配分的正義に対し，各人の能力・功績などにかかわらず，平等に与えられることを何というか。

㉒アリストテレスが，ポリス的人間として，正義とともに重視した互いの親愛の情を何というか。

㉓アリストテレスは，公共の利益を主眼とした政治形態を三つに分類したが，それらは何か。

㉔君主制，貴族制，共和制が，私利私欲に走ると，それぞれ，どのような堕落形態となるか。

㉕アリストテレスが設立した学園は何か。

㉖アリストテレスのつくりあげた学派を何というか。

㉗アリストテレスが事物の存在のあり方について述べた著書を何というか。

㉘アリストテレスが，徳や中庸について述べた著書を何というか。

㉙アリストテレスが，ポリスのあるべき姿や，政治の諸形態について述べた著書は何か。

㉚プラトンに代表されるアイディアリズムに対し，事物や社会について，現実を重視する立場を何というか。

⓮エートス（習慣）

⓯メソテース（中庸）

⓰「人間はポリス（社会）的動物である」

⓱正義

⓲全体的正義

⓳部分的正義（公正の正義）

⓴配分的正義

㉑調整的正義

㉒フィリア（友愛）

㉓君主制，貴族制，共和制（民主制）

㉔僭主制，寡頭制，衆愚制

㉕リュケイオン

㉖ペリパトス（逍遙）学派

㉗『形而上学』

㉘『ニコマコス倫理学』

㉙『政治学』

㉚リアリズム（現実主義）

第2章 人間としての自覚と生き方　31

【7　ヘレニズム期の思想】

❶ギリシャ文化の総称をユダヤ・キリスト教文化に対して何というか。

❷アレクサンドロス大王の東方遠征（または死）以後，ローマ帝国の成立に至るまで，ギリシャ文化が東方世界に流布した時代を何というか。

❸ヘレニズム時代のポリスの崩壊と世界国家を意味することばを何というか。

❹本来はポリスを失った人という意味であるが，転じて世界市民を表す語を何というか。

❺世界市民主義と訳され，国家や民族の枠を超えて，人間一般の立場に立つ考え方を何というか。

❻ヘレニズム時代の懐疑派にみられた，判断中止のことで，確実な判断はできないとすることを何というか。

❼ヘレニズム時代の代表的思想家で，理性により情欲を抑えることに幸福を見いだした人物はだれか。

❽ゼノンによりつくられた学派を何というか。

❾ゼノンの立場はその傾向から一般に何とよばれるか。

❿ストア派によれば，世界を支配している普遍的原理は何か。

⓫ストア派が説く理想のあり方で，外的欲望などに惑わされない心の状態を何というか。

⓬ストア派の人々が，理性に従って生きることを強調した生活信条は何か。

⓭共和制ローマの政治家で，『国家論』を著したストア派の思想家はだれか。

⓮古代ローマのストア派の哲学者で，ネロ帝により自殺を強いられた『幸福論』の作者はだれか。

⓯奴隷から自由人となり，『語録』『提要』で知られる後期ストア派の哲学者はだれか。

⓰ローマ五賢帝の一人で，エピクテトスと交流をもちストア派の思想に傾倒した人物はだれか。

⓱マルクス＝アウレリウスが記した著作は何か。

---

❶ヘレニズム

❷ヘレニズム時代

❸コスモポリス

❹コスモポリタン（コスモポリテース）

❺コスモポリタニズム

❻エポケー

❼キプロスのゼノン（336〜264B.C.）

❽ストア派

❾理性的禁欲主義

❿世界理性

⓫アパテイア（不動心，無情念）

⓬「自然に従って生きる」

⓭キケロ（106〜43B.C.）

⓮セネカ（4？B.C.〜65）

⓯エピクテトス（60〜138）

⓰マルクス＝アウレリウス（121〜180）

⓱『自省録』

32　第1編　青年期と人間としてのあり方生き方

⓲ヘレニズム時代の代表的思想家で，人生の目的は快楽で，その充足こそ幸福であるとした人物はだれか。

⓳エピクロスによりつくられた学派を何というか。

⓴エピクロスの立場は，一般に何と呼ばれるか。

㉑エピクロスが説く理想のあり方で，永続的精神的快楽であるところの満足した心の状態を何というか。

㉒エピクロス派の人々の生活信条を表したもので，アタラクシアを乱すものへの参加を戒めたことばは何か。

㉓エピクロス派がアタラクシアとともに理想の境地とした，満ち足りる状態を何というか。

㉔『万有について』の作者で知られるローマ時代の詩人哲学者はだれか。

㉕プラトン哲学を継承し，神秘主義思想やストア哲学を取り入れ，3～6世紀に成立した哲学を何というか。

㉖すべてのものは超越的な一者（ト-ヘン）から流出すると説いた新プラトン主義の哲学者は誰か。

⓲エピクロス
（342?～271B.C.）

⓳エピクロス派

⓴精神的快楽主義

㉑アタラクシア
（平静心）

㉒「隠れて生きよ」

㉓アウタルケイア
（自足）

㉔ルクレティウス
（94?～55B.C.）

㉕新プラトン主義
（派）

㉖プロティノス
（204～270）

【論述問題】

> **ソクラテスの「無知の知」が愛知の出発点となったことについて論じなさい。**

　ソクラテスは，「ソクラテスが一番賢い。」というデルフォイの神託の真意を確かめるため，賢者といわれている人々を訪ね，彼らが，善美について何も知らないことに気づいた。彼は，何も知らないということを知っている自分の方が彼らよりも賢いと思い，神が自分に与えた使命は，無知の知を自覚し，アテナイの人々に真に大切なものは何かを伝えることであるとした。デルフォイには"汝自身を知れ"という格言がある。神ならぬ人間は有限な存在であり，無知である。だからこそ，無知を自覚して，知を愛し求めることにより，善く生きることができるのである。

> **ソクラテスの死の意義を述べよ。**

　ソクラテスの究極の課題はただ生きることではなく「善く生きること」であった。裁判ののち，ソクラテスには二つの道があった。脱走して生きることと脱走せずに死ぬことである。脱走は不正である。してみると脱走して生

きることは善く生きることにはならない。ソクラテスは死に代えても守らねばならぬものと人間としての生き方をアテナイの人々に示したのである。

プラトンのイデアとはどういうものか。

プラトンは現象界を仮象として真実在はイデアであるとした。イデアはそれ自体完全なもので，知性でとらえられるものである。イデアの特色は一つは観念であり，超感覚的なものである。もう一つは理想であり，イデアは我々が日常いだいている価値や理念の理想的なもの，典型である。例えば，「AはBより美しい」という判断があった場合，そこには「Aの方がBよりも美の理想（典型）に近い」という判断があるからである。その理想（典型）こそイデアである。

アリストテレスの徳について説明せよ。

アリストテレスは徳を知性的徳と習性的徳に分けて考えた。知性的徳とは理性をはたらかせる徳で，テオリアがその理想的形態である。習性的徳とは知性が感情や意志にはたらきかけて，習慣により形成される日常生活の徳である。その習性的徳を成立させる原理が中庸である。

プラトンとアリストテレスの思想の違いについて述べよ。

プラトンは真実在をイデアとよび，イデアの世界が真実で現実の世界は仮象であるとし，二元論を説く一方で基本的には現実を否定する。アリストテレスはイデアを独立したものとは考えず，真実在は現実の個物のなかにあるとし，二元論を否定して，現実中心の立場に立つ。

ヘレニズム思想の成立過程について述べよ。

アレクサンドロス大王の世界帝国により，ギリシャの各ポリスは崩壊し，それとともにポリスの市民という意識がうすれ，ポリス倫理も失われた。その結果，人々はコスモポリタン（世界市民）として，各個人の倫理を求めるようになり，現実の政治や社会の問題よりも個人の心のあり方をテーマとするようになった。ストア派やエピクロス派の思想はそのような過程で生まれた。

34　第1編　青年期と人間としてのあり方生き方

◆　*INTRODUCTION*　　④　**人生における宗教Ⅰ―キリスト教**

【ユダヤ教と旧約の世界】　：唯一絶対神への信仰と選民の民族宗教
　〇ユダヤ教の特色
　　唯一神（ヤーウェ）信仰
　　律法主義→十戒
　　選民思想
　　終末観とメシア
　　民族宗教
　　『旧約聖書』―ユダヤ人への信仰と歴史の書

```
                保 護・祝 福
        ┌───┐  ──────────→  ┌──────────────┐
        │ 神 │                │ 人（イスラエル）│
        └───┘  ←──────────  └──────────────┘
                信仰・律法を守る
```

【イエスの思想】　：神への愛と隣人愛
　〇人間　弱く罪深い存在　〇神…広大無辺な愛
　　〈山上の垂訓〉…「心の貧しい人は幸いである」
　　〈黄金律〉…「主なるあなたの神を愛せよ」
　　　　　　　　「あなた自身を愛するようにあなたの隣人を愛せよ」
　〇神の愛（アガペー）…無差別平等の絶対愛
　　　　　　　　　　　　「敵を愛し迫害するもののために祈れ」
　〇ユダヤ教における義の神，裁きの神から愛の神へ
　〇十字架の死…イエスからキリスト（救世主）へ
　〇復活の信仰⇒キリスト教の成立

【キリスト教の展開】　：民族宗教から世界宗教へ
　〇パウロ――"異邦人の使徒"

```
        ┌───┐ ←→ ┌──────┐ ←→ ┌────┐
        │ 神 │     │キリスト│     │人間│
        └───┘     └──────┘     └────┘
```

　　　　　　　原罪観
　　　　　　贖罪…イエスの十字架の死は全人類の罪の贖い
　〇アウグスティヌス――教父哲学，『告白』・『神の国』
　　　　　　　　　　三元徳…信仰・希望・愛
　　　　　　　　　　恩寵・三位一体説
　〇アンセルムス――"スコラ哲学の父"
　〇トマス＝アクィナス――スコラ哲学の大成『神学大全』
　　　　　　　　　　アリストテレス哲学の応用→信仰と理性の一致

第2章　人間としての自覚と生き方　35

【1　ユダヤ教と旧約の世界】

❶イスラエル人の民族的宗教で，キリスト教の母胎となった宗教は何か。

❷ユダヤ教を生んだパレスチナで遊牧を営んだセム語族のイスラエル人の別称は何か。

❸イスラエル人を特別に選び，天や地をつくりあげた創造主であるユダヤ教の唯一神とは何か。

❹イスラエル人だけが，神から特別な恩恵を授かり，救われると解する考え方は何か。

❺ユダヤ教においては神の預言をこの世で実行する王，キリスト教においては人類の罪をあがない，救済をする神の子とは何か。

❻ユダヤ教（キリスト教）の経典で，イエスの出現以前の古い契約の教えと民族の歴史をまとめたものは何か。

❼『旧約聖書』に描かれている神が人間と世界を創造することを何というか。

❽アラビア半島の北西部に位置し，セム語族の国家が興亡したイスラエル人の祖国となる土地とは何か。

❾ユダヤ教で，神が創造した人類の祖（男・女）はそれぞれ何か。

❿古来から信仰厚き人物の典型とされるイスラエル人の伝説上の始祖とはだれか。

⓫選民思想など特定の民だけを救済の対象とする宗教は何とよばれるか。

⓬ユダヤ教で，人々に信仰を徹底させる活動家で，国家の滅亡は信仰の欠如によると説いた人々を何というか。

⓭イスラエル人の国家分裂や集団奴隷になった原因が，信仰の堕落にあると説いた主な預言者を三人答えよ。

⓮ユダヤ教で，神が民族にあたえた宗教と生活のうえの命令を何というか。

⓯イスラエル人の指導者が，シナイ山で神から授かった10カ条の戒律とは何か。

---

❶ユダヤ教

❷ユダヤ人（ヘブライ人）

❸ヤハウェ（ヤーウェ）

❹選民思想

❺メシア（メサイア・キリスト）

❻『旧約聖書』

❼天地創造

❽パレスチナ（カナン）

❾アダム（男）・エバ〈イブ〉（女）

❿アブラハム（B.C.2000年頃）

⓫民族宗教

⓬預言者

⓭イザヤ（B.C.8C）・エレミア（B.C.7～B.C.6C初）・エゼキエル（B.C.6C）など

⓮律法（トーラー）

⓯十戒

36 第1編 青年期と人間としてのあり方生き方

⓰十戒の一つで，7日に一度の聖なる休日とは何か。　⓰安息日

⓱十戒の内容が記録されている『旧約聖書』の中の作品　⓱『出エジプト記』
は何か。

⓲十戒を授かったイスラエル人の指導者とはだれか。　⓲モーセ(B.C.13C？)

⓳神と信者との関係をあらわすことばは何か。　⓳契約

⓴イスラエル人の律法遵守とそれに対する神の救済の約　⓴旧約
束を何というか。

㉑ヘブライ王国の第2代国王で，聖母マリアの夫ヨゼフ　㉑ダビデ（王）
の祖先とされる人物はだれか。　　　（B.C.1000 頃）

㉒ダビデ王の子でヘブライ王国を最盛期に導いた人物は　㉒ソロモン（王）
だれか。　　　　　　　　　　　　（B.C.965？～926？）

㉓紀元前 926 年，ヘブライ王国の分裂後，サマリアを首　㉓（北）イスラエ
都とし，その北部に領土をもった国は何か。　　　　ル王国

㉔紀元前 722 年にイスラエル王国を滅ぼし，オリエント　㉔アッシリア
を初めて統一した国は何か。

㉕紀元前 926 年，ヘブライ王国の分裂後，エルサレムを　㉕（南）ユダ王国
首都として，その南部に領土をもった国は何か。

㉖紀元前 586 年にユダ王国を滅ぼした国は何か。　㉖新バビロニア

㉗新バビロニアによるユダ王国の住民の強制移住は，何　㉗バビロン捕囚
とよばれるか。

【2　イエスの思想】

❶ガリラヤ地方のナザレで成長したキリスト教の開祖と　❶イエス
はだれか。　　　　　　　　　　　　　　　（B.C.4？～A.D.30）

❷イエスが生まれたとされる場所はどこか。　❷ベツレヘム

❸ユダヤ教・キリスト教・イスラム教の三つの宗教の聖　❸エルサレム
地で，ヘブライ王国の都でもあった都市はどこか。

❹この世でのよろこばしい知らせのことで，具体的には　❹福音
イエスの語ったことばや行為を何というか。

❺イエスの生涯と彼が語ったことばや行為，教えなどを　❺福音書
使徒などが記録したものは何か。

❻キリスト教で，イエスの説く神と人間との新しい契約　❻『新約聖書』
のことで，この宗教の経典とは何か。

❼イエスの使徒によるキリスト教伝道の記録とは何か。　❼『使徒行伝』

❽イエスの教えの一つで，神の人類に対する絶対的な愛　❽アガペー

第2章　人間としての自覚と生き方　37

とは何か。

❾アガペーの特色としてあげられる主なものは何か。

❾無差別平等の愛，無償の愛，万人への愛，自己犠牲（りんじんあい）

❿「あなた自身を愛するようにあなたの隣人を愛せよ」と説かれた人間同士の愛とは何か。

❿隣人愛

⓫「心を尽くし，精神を尽くし，思いを尽くして，主なるあなたの神を愛せよ。」とイエスにより述べられたこの愛は何か。

⓫神への愛

⓬隣人愛・神への愛などのイエスの福音を人々が信じることによって救われるという教えは何か。

⓬神の義

⓭人間が神とイエスの教えに背く行為を何というか。

⓭罪

⓮罪深い人類が，自らの罪を自覚して神の救いを求めることとは何か。

⓮悔い改め

⓯「マタイによる福音書」第5章にあるもので，イエスが丘陵上で行った説教で，「心貧しい人々は幸いである。天国はかれらのものである。」ではじまる教えとは何か。

⓯山上の垂訓（すいくん）

⓰人間の罪に対する裁きがあり，そのとき神が正しい者を救う考えとは何か。

⓰終末観（最後の審判）

⓱イエスが批判したユダヤ教の儀式化・形式化した戒律尊重の立場は何か。

⓱律法主義（戒律主義）

⓲厳しい戒律の教えを説いたユダヤ教の一派とは何か。

⓲パリサイ人（派）

⓳パリサイ派とともにイエスと弟子を迫害した儀式尊重主義のユダヤ教の一派は何か。

⓳サドカイ人（派）

⓴そこにおいてイエスが人類の罪をつぐない，刑死し，キリスト教の象徴となったものは何か。

⓴十字架（じゅうじか）

㉑イエスが十字架に処せられたといわれる，頭蓋骨の異名のあるエルサレムの丘とは何か。（ず　がいこつ）

㉑ゴルゴタ

㉒イエスが十字架にかけられたことにより，人類の罪がつぐなわれたとする考えとは何か。

㉒贖罪（しょくざい）

㉓隣人への愛を説く戒めは近代以降，何とよばれたか。

㉓黄金律（おうごんりつ）

【3　キリスト教の展開】••

❶キリスト教信仰の根幹で，イエスが十字架にかけられ

❶復活

38 第1編 青年期と人間としてのあり方生き方

たのち，3日後に甦ったとされることを何というか。

❷イエスの福音を信じて熱心に布教する宣教師を何というか。　❷使徒

❸他の宗教の信仰を捨てて，キリスト教等に宗教を改めることを何というか。　❸回心

❹砂漠でイエスの声を聞き，キリスト教に回心し，のちローマ帝国へこの宗教を伝道した人物はだれか。　❹パウロ（？〜64？）

❺パウロのことばで表され，アウグスティヌスにより確立したキリスト教の三元徳とは何か。　❺「信仰，希望，愛」

❻十二使徒の一人で，イエスを救世主（キリスト）と認めた，初代ローマ教皇とされる人物はだれか。　❻ペテロ（？〜67？）

❼イエスを救世主と信ずる信者の組織は何か。　❼教会

❽ペテロが中心的指導者となった教会は何か。　❽エルサレム教会

❾使徒パウロ・ペテロらが，イエスこそが救世主であると説き，布教活動を行った紀元30年〜2世紀後半ころの初期のキリスト教を何というか。　❾原始キリスト教

❿特定の民族や地域を超えて世界的に普及し，各地に多くの信者をもつ宗教を何というか。　❿世界宗教

⓫キリスト教徒の公式の場で決定された教えは何か。　⓫教義

⓬キリスト教の正しい教義の確立を図った古代教会の指導者を何というか。　⓬教父

⓭人類の祖先といわれるアダムとイブが禁断の木の実を食べたことによる，人類が生まれながらに背負っている罪とは何か。　⓭原罪

⓮紀元313年，ミラノ勅令を出した皇帝はだれか。　⓮コンスタンチヌス帝(280?〜337?)

⓯神と子イエスと聖霊とは，本来神から生じた一つのものであるという説は何か。　⓯三位一体説

⓰三位一体の考え方を示した人物はだれか。　⓰アタナシウス（293？〜373）

⓱イエスは神の子ではなく，人間であると唱えた人物とはだれか。　⓱アリウス（250？〜336）

⓲アタナシウスの説を正統とし，アリウスの説を異端と判断した紀元325年に開催された宗教会議とは何か。　⓲ニカイア（ニケーア）の公会議

⓳三位一体説を正統とした「普遍」を意味するローマ帝　⓳ローマ-カト

第2章　人間としての自覚と生き方　39

国のキリスト教を何というか。

❷⓪カトリック教会の最高指導者は何とよばれるか。

❷①教皇を最高指導者とする，ローマ帝国に普及した教会は何か。

❷②ローマ‐カトリック教会の教義の確立に努力した偉大な教父とはだれか。

❷③罪深い人間にまでも与えられる神の無償の愛，超自然的な愛のことで，アウグスチヌスによれば，原罪から人間を救う唯一のものとは何か。

❷④神の愛や神への愛，隣人愛をラテン語で何というか。

❷⑤アウグスチヌスの代表的著書を二つあげよ。

❷⑥キリスト教の教義を体系的に研究する学問とは何か。

❷⑦人間の理性によって信仰を合理的に説明した中世キリスト教哲学者とはだれか。

❷⑧トマス＝アクィナスが大成したアリストテレス哲学を範としたキリスト教哲学とは何か。

❷⑨スコラ哲学が神学の下位に位置づけられた有名なことわざとは何か。

❸⓪トマスは自然の事物を認識する理性を何とよんだか。

❸①トマスは神の啓示による信仰を何とよんだか。

❸②トマス＝アクィナスの著作とは何か。

❸③東ローマ（ビザンチン）皇帝レオ3世による726年の聖像破壊令を契機に，843年東ローマ帝国に誕生したキリスト教会とは何か。

❸④東ローマ帝国皇帝が教皇を兼任する立場を何というか。

❸⑤「非合理だから私は信じる」と述べ，哲学によるキリスト教の理論化を嫌った教父とはだれか。

❸⑥「知らぬがために我信ずる」と述べ，神の存在の証明を試みたカンタベリー大司教とはだれか。

❸⑦理性と信仰を切り離して考え，スコラ哲学を発展させた人物とはだれか。

❸⑧哲学を神学から解放させ，唯名論の立場を貫いたスコラ哲学者とはだれか。

❸⑨神人合一を人間的極地とし，汎神論（はんしんろん）を説いたドイツの神秘主義思想家とはだれか。

リック教
❷⓪教皇（法王）（ほうこう）
❷①ローマ‐カトリック教会
❷②アウグスチヌス（354〜430）
❷③恩寵
❷④カリタス
❷⑤『告白』『神の国』
❷⑥神学
❷⑦トマス＝アクィナス(1225〜74)
❷⑧スコラ哲学
❷⑨「哲学は神学の侍女」
❸⓪自然の光
❸①神の光
❸②『神学大全』
❸③ギリシャ正教会
❸④皇帝教皇主義
❸⑤テルトゥリアヌス（160？〜220？）
❸⑥アンセルムス（1033〜1109）
❸⑦スコトゥス（1266？〜1308）
❸⑧オッカム（1300？〜49？）
❸⑨エックハルト（1260？〜1327）

40　第1編　青年期と人間としてのあり方生き方

❹『知ある無知』などを著し，人間性肯定や合理的精神など近代につながる思想を説いたスコラ哲学者は誰か。

❹ニコラウス＝クザーヌス（1401～64）

【論述問題】

選民思想とはどういう思想か述べよ。

　古代ユダヤ人の宗教思想で，ユダヤ人のみが神によって選ばれた民で，神は必ず救世主（メシア）を地上に遣わして救ってくれると信じるもの。

アガペーとは，どういう愛か説明せよ。

　キリスト教で説かれる神の人間に対する無差別・平等な愛。イエスは，神とは愛の神を意味するとし，人間に対しても隣人愛の尊さを説き，二つの愛を重視した。

三位一体（さんみいったい）の理論を説明せよ。

　父なる神と子なるイエス，そして聖霊は，本来神から発生したもので，三つの位格は本来一つとアタナシウスにより説かれたもの。

原罪とは何か述べよ。

　神の創造した最初の人類であるアダムとイブが，禁断の木の実を口にして，天国から地上に追放された。その子孫である人類が生まれたときから背負っている根源的罪のこと。

パウロによれば，イエス＝キリストの贖罪（しょくざい）とはどのようなことか。

　アダムとイブの堕罪により全人類は本来的に罪を負い，原罪が根本悪としてある。律法の遵守によって償われることは有限な人間にとっては不可能なことであり，神はその救いのためにキリストをつかわした。イエス＝キリストの十字架の死は全人類の原罪からの贖罪であり，人はキリストを信じることにより神の救いにあずかる。

第2章　人間としての自覚と生き方　41

◆ ***INTRODUCTION***　⑤　人生における宗教Ⅱ——イスラム教

【イスラム教の成立】：政治・宗教・軍事一体のイスラム帝国
　○ムハンマド（マホメット）——40歳の時，自らを預言者と自覚
　　　　　　　　　　　　　↓
　　メッカには360体の偶像が安置↔唯一神信仰から偶像を否定
　　　　　　　　　　　　　↓
　　　　　メッカのクライシュ族による迫害
　　　　　　　　　　　　　↓
　622年…ヒジュラ（聖遷）⇒メディナに教団国家を建設（イスラム暦元年）
　　　　　　　　　　　　　↓
　　　　3度にわたるイスラム教徒によるジハード（聖戦）
　　　　　　　　　　　　　↓
　630年…ムハンマドがメッカを征服⇒メッカを聖地に⇒イスラム帝国

【イスラム教の教義】：アッラーの神への絶対帰依
　　　　　　　　　　　　┌─唯一神＝アッラー
　○イスラム＝絶対服従←┤
　　（イスラーム）　　　　└─啓典＝クルアーン（コーラン）
　　↓
　○イスラム教徒（ムスリム）の義務＝行為による信仰の表明
　　　　　　　　　┌─六信（イーマーン）…アッラー，天使（マラーイカ），
　　　　　　　　　│　啓典（クトゥブ），預言者（ルスル），来世（アービラ），
　　　　　　　　　│　天命（カダル）
　　六信五行──┤
　　　　　　　　　│
　　　　　　　　　└─五行（イバーダート）…信仰告白，礼拝，断食，喜捨，巡礼
　　　├─現世…教友愛を基本としたムスリムのウンマを建設
　　　└─来世…最後の審判の日に救われて天国に迎えられる

【イスラム教の分裂】：スンニー派とシーア派

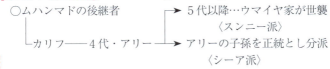

42　第1編　青年期と人間としてのあり方生き方

【1　イスラムの教え】

❶7世紀ごろ，アラビアの預言者によって創始された唯一絶対の人格神を信ずる世界宗教を何というか。

❷絶対的服従を意味するアラビア語とは何か。

❸イスラム教の創始者はだれか。

❹イスラム教における唯一絶対の神を何というか。

❺ムハンマドがアッラーから受けた啓示，戒律，祭儀に関する規定，説教などを集めた114章からなるイスラム教の中心聖典を何というか。

❻イスラム教徒のことをアラビア語で何というか。

❼正義の実現と一層の拡大，発展といった使命をもっているムスリムの共同体をアラビア語で何というか。

❽ムスリムの信仰のことをアラビア語で何というか。

❾ムスリムがアッラーに対して信仰を表明する行為のことをアラビア語で何というか。

❿偶像崇拝を否定したことによる迫害から逃れるため，ムハンマドは622年にメッカからマディーナ（メディナ）に移住したが，これを何というか。

⓫ヒジュラの年，622年を元年とするイスラム教の暦を何というか。

⓬のちにイスラム教の重要な特色の一つとなるもので，メッカのクライシュ族との3度にわたる戦いのことをムスリムは何とよんだか。

⓭ムスリムの義務とは何か。

⓮六信とは，具体的に何を信じることか。

⓯五行の一つで，「アッラーの他に神はなく，ムハンマドは神の使徒である」と証言することを何というか。

⓰五行の2番目に位置する，アッラーとの精神的交流の主要な方法のことを何というか。

⓱イスラム暦9月のラマダーン月に，1か月間行わなけ

---

❶イスラム教
（イスラーム，回教）

❷イスラム

❸ムハンマド
（マホメット）
（570？～632）

❹アッラー

❺クルアーン
（コーラン）

❻ムスリム

❼ウンマ

❽イーマーン

❾イバーダート

❿ヒジュラ〈ヘジラ〉（聖遷）

⓫ヒジュラ暦（イスラム暦）

⓬ジハード（聖戦）

⓭六信五行

⓮アッラー・天使・啓典・預言者・来世・天命

⓯信仰告白（シャハーダ）

⓰礼拝（サラート）

⓱断食（シャーム）

第2章　人間としての自覚と生き方　43

ればならない五行3番目の義務は何か。

❶五行の4番目に位置する，ムスリムの収入資産と貯蓄の両方に課せられる一種の救貧税を何というか。　❶喜捨（ザカート）

❶五行の5番目に位置する，アッラーへの絶対的帰依の精神を具現化する行為を何というか。　❶巡礼（ハッジ）

❷ユダヤ教，キリスト教でも説かれた世界の終末に下される神の裁きを何というか。　❷最後の審判

❷イスラム教で目標とされた正しい人間関係で，民族や貧富の差を越えてムスリム同士が助け合う精神のことを何というか。　❷友愛

❷ムハンマドの死後，彼の代理人としてウンマを統治した人々のことを何というか。　❷カリフ

❷イスラム教における三大聖地とはどこのことか。　❷メッカ・マディーナ（メディナ）・エルサレム

❷クルアーンとムハンマドのスンナ（確定された慣行）を信仰の基礎とするイスラムの一派を何というか。　❷スンニー派

❷ムハンマドのいとこで，女婿でもあるアリーとその子孫を正統なウンマの指導者の後継者であると信じ，彼らに忠誠を誓うイスラムの一派を何というか。　❷シーア派

❷イスラムの聖地メッカの中心にあり，ムスリムの巡礼と礼拝の対象となっている神殿とは何か。　❷カーバ神殿

❷イブン＝シーナーともよばれ，イスラム哲学の完成者で，『医学典範』などを著した哲学者・医学者はだれか。　❷アヴィセ（ケ）ンナ（980〜1037）

❷イブン＝ルシュドともよばれ，優れたアリストテレス研究者で，スコラ哲学に影響を与えた哲学者はだれか。　❷アヴェロエス（1126〜98）

【論述問題】

イスラム教におけるキリスト教との類似点及び相違点について述べよ。

　唯一神信仰，神の前における平等，信仰による死後救済という点は類似しているが，神と人間との媒介者としてのメシア，キリストを認めず，徹底した平等主義から僧侶階級を設けていない点と社会制度や政治・経済までもが宗教によって規定されている点は独特である。

44   第1編　青年期と人間としてのあり方生き方

◆ *INTRODUCTION*   ⑥ 人生における宗教Ⅲ──仏教

【インド・アーリア社会とバラモン教】：カーストと梵我一如
　　○アーリア人のインド侵入→農耕社会の成立─カースト制
　　○バラモン教…自然崇拝の多神教→輪廻転生からの解脱の宗教
　　　　　　　　『マヌ法典』『ヴェーダ』
　　○ウパニシャッドの哲学…バラモン教の哲学的深化
　　　　　　　　　　　梵我一如→輪廻転生からの解脱

【ブッダの思想】：知恵と慈悲による悟りの教え
　　○ブッダ＝真理に目覚めた人
　　　　※ガウタマ＝シッダルタ（釈迦，釈尊）
　　　　〈仏教〉
　　　　バラモン教，カースト制批判→平等主義・真理探求

```
┌─────────────────────────────────────────┐
│ 四法印…一切皆苦，諸行無常，諸法無我，涅槃寂静      │  認識
│ 縁起…すべての存在は相互依存                    │  ⇒  ┌─────┐
│ 四諦…苦諦，集諦，滅諦，道諦（八正道，中道）        │     │ 悟り │
│ 八正道                                      │  実践 └─────┘
│ 五戒                                        │
└─────────────────────────────────────────┘
```

【仏教の展開】：南伝と北伝─個人の悟りと慈悲・救済
　　○ブッダの死後→仏典結集→部派仏教 ┬ 上座部 → 小乗仏教
　　　　　　　　　　　　　　　　　　　└ 大衆部 ┬ 大乗仏教
　　　　　　　　　　　　　　　　　在家信者 ┘

	方　　針	目　　的	理想像	傾　　向	伝　　播
小乗仏教	教えを守る	個人の悟り	阿羅漢	理論，戒律	東南アジア
大乗仏教	精神を尊重	衆生の救済	菩薩	実践，慈悲	中国・日本

第 2 章　人間としての自覚と生き方　45

【 1　インド・アーリア社会とバラモン教】……………………

❶紀元前 1000 年ごろ，ガンジス川流域に移住し，農耕をはじめた民族は何か。

❷アーリア人の社会で支配の手段とされ，司祭階級を最高の権威とする厳格な身分制度を何というか。

❸カースト制度における主な四つの階級は何か。

❹祭式信仰を重んじた古代インドの宗教を何というか。

❺バラモンの権威を強調し，王法，司法などの内容を軸に社会生活全般にわたるインドの古代法典とは何か。

❻バラモン教の聖典を何というか。

❼祭儀が複雑化し，その祭儀に関することがらや，哲学的思索を集大成した四つの『ヴェーダ』とは何か。

❽『ヴェーダ』のなかで秘密の教えともされている古代インドの哲学を何というか。

❾古代インド哲学では宇宙の根本原理を何とよんだか。

❿古代インド哲学では個体の根本原理を何とよんだか。

⓫宇宙の根本原理と個体の根本原理が一体になることを何というか。

⓬行為と行為の結果のことを何というか。

⓭人間が前世・現世・来世の三世界に苦悩の生死を車輪のごとく繰り返すことを何というか。

⓮行為（業）の善悪により，その人間の幸不幸や運命が定められるとする考えを何というか。

⓯衆生がそれぞれの行為（業）によって，そこに行って住むことになるという地獄・餓鬼・畜生・修羅・人間・天上の世界を総称して何というか。

⓰悟りをひらき，煩悩の世界からのがれて安楽に至ることを何というか。

⓱「勝者」の意味で，一切の欲望に打ち勝った者を意味する宗教とは何か。

⓲不殺生主義を貫き，マハーヴィラと尊称されたジャイナ教の開祖はだれか。

❶アーリア人（尊貴族）

❷カースト制度（四種姓）

❸バラモン・クシャトリア・バイシャ・スードラ

❹バラモン教

❺『マヌ法典』

❻『ヴェーダ』

❼リグ・サーマ・ヤジュル・アタルヴァ

❽ウパニシャッド哲学（奥義書）

❾ブラフマン（梵）

❿アートマン（我）

⓫梵我一如

⓬カルマ（業）

⓭輪廻転生（サンサーラ）

⓮因果応報

⓯六道

⓰解脱

⓱ジャイナ教（ジナ教）

⓲ヴァルダマーナ（549 ～ 477B.C.）

46 第1編 青年期と人間としてのあり方生き方

（ニ ガ ン タ ＝
ナータプッタ）

⓲ビシュヌ神やシヴァ神を祭る現在のインドの中心宗教
を何というか。

⓲ヒンドゥー教

【2　ブッダの思想】••

❶バラモンの権威や祭式の考え方を批判し，永遠の真理
を追究した宗教を何というか。

❶仏教

❷仏教の開祖で，悟りを得るために29歳で出家したカ
ピラ城の王子とはだれか。

❷ブッダ(仏陀・ゴー
タマ ＝ シッダッ
タ・釈迦・釈尊)
(563？～483B.C.)

❸ブッダの出身部族名は何か。

❸釈迦族

❹ブッダが出家する動機となったのは何か。

❹四門出遊

❺人生の真の安楽を得るために行う厳しい修行法を何と
いうか。

❺苦行

❻仏教では現実の世界を支配している法則（真理）を何
とよんだか。

❻ダルマ（法）

❼ブッダがベナレス郊外で行った最初の説法を何という
か。

❼初転法輪

❽この世の一切の存在は，一つとして独立するものはな
く，相互に「縁って起る」とする考え方を何というか。

❽縁起(十二縁起)

❾人生の苦の原因に関する知識が極端に暗いことを何と
いうか。

❾無明

❿すべての存在を構成する五つの領域（色・受・想・行・
識）を何というか。

❿五蘊

⓫すべての煩悩をなくし，高い悟りの境地に達すること
を何というか。

⓫ニ ル ヴ ァ ー ナ
(涅槃)

⓬仏教における四つの基本的真理を何というか。

⓬四法印

⓭四法印のなかで「人生で経験することはすべて苦であ
る」という考え方を何というか。

⓭一切皆苦

⓮四法印のなかで「存在するすべてのものは一瞬ともと
どまることがなく変化する」という考え方を何という
か。

⓮諸行無常

⓯四法印のなかで「存在するすべてのものは永遠不変の
実体はない」という考え方を何というか。

⓯諸法無我

第2章　人間としての自覚と生き方　47

⓰四法印のなかで「苦を脱した心静かな境地」を何とよ
んだか。

⓱ブッダの教えの核心となった四つの真理とは何か。

⓲四諦のなかで「現実の人生の真相は苦である」という
真理を何というか。

⓳四諦のなかで「苦の原因は煩悩にある」という真理を
何というか。

⓴四諦のなかで「煩悩を滅した涅槃が理想の境地である」
という真理を何というか。

㉑四諦のなかで「苦を滅するための修行法は八正道にほ
かならない」という真理を何というか。

㉒生・老・病・死のように，人生で避けることのできな
い苦しみを何というか。

㉓四苦のほかに，愛するものと別れるような苦しみを何
というか。

㉔怨み憎んでいるものに会う苦しみを何というか。

㉕求めるものが得られない苦しみを何というか。

㉖心身から生じる苦しみを何というか。

㉗四苦から出発し，愛別離苦，怨憎会苦，求不得苦，五
蘊盛苦へと発展していく苦しみの総称を何というか。

㉘苦しんだり悩んだりする原因の盲目的な欲望のことを
何というか。

㉙煩悩のなかで最も大きい三つの欲望とは何か。

㉚「むさぼり」・「怒り憎しみ」・「心の迷い」の三つをそ
れぞれ何というか。

㉛迷いの根本であって，自己中心的な見方から離れない
ことを何というか。

㉜快楽の生活と苦行の生活の両極端をさけた正しい道を
仏教では何というか。

㉝涅槃に至るための正しい修行の方法で，快苦の両極端
をすてた八つの中道の実践を何というか。

㉞ブッダの弟子たちによってまとめられた仏教最古の聖
典を何というか。

㉟ブッダの教えを正しく実践するために日常生活におい
て守るべき五つの戒律とは何か。

⓰涅槃寂静

⓱四諦（四聖諦）

⓲苦諦

⓳集諦

⓴滅諦

㉑道諦

㉒四苦

㉓愛別離苦

㉔怨憎会苦

㉕求不得苦

㉖五蘊（陰）盛苦

㉗四苦八苦

㉘煩悩（渇愛）

㉙三毒（三煩悩）

㉚貪・瞋・癡

㉛我執

㉜中道

㉝八正道（八聖道）

㉞『スッタニパー
タ』

㉟不殺生戒・不偸
盗戒・不邪淫戒・

48　第1編　青年期と人間としてのあり方生き方

❸我執にとらわれる心を捨てて，他人に楽を与え，苦を取り去ってやる平等的な立場の仏教の愛を何というか。

❸ブッダの在世中から没後の分裂していた時期までの仏教を何というか。

不妄語戒・不飲酒戒

❸慈悲

❸原始仏教

【3　仏教の展開】

❶ B.C. 3世紀ころ，仏教の保護と布教につとめたマウリヤ朝の王を何というか。

❷アショカ王にならって，B.C. 2世紀中ころ厚く仏教を信奉したクシャーナ朝の王を何というか。

❸ブッダの没後，異説が流れないように弟子たちが仏教に関する資料を集めた事業のことを何というか。

❹ブッダの没後，100年たったころ教団に分裂があらわれ二派に分かれたが，このころの仏教を何というか。

❺部派仏教のなかで，戒律を守ることに重点をおいた一派を何というか。

❻部派仏教のなかで，実践とブッダの精神に重点をおいた一派を何というか。

❼自己の悟りを目的として，おもにミャンマー（ビルマ）・タイなど南方に伝わった仏教を何というか。

❽一切衆生の救済を目的として，おもに中国・日本など北方に伝わった仏教を何というか。

❾最高の悟りを得たものを小乗仏教ではどのようによんだか。

❿「仏となる資格を備えたもの」という意味で，一切の衆生の救済をめざした大乗仏教の理想像を何というか。

⓫大乗仏教で強調される立場で，自己の悟りを求める（自利）よりも，他者の救済をめざすあり方を何というか。

⓬一切の衆生は仏陀となる可能性（仏性）をそなえているので成仏できるものであるという。これを大乗仏教では何とよんだか。

⓭三宝の一つで，真理探究を目的にブッダのもとに集

❶アショカ王（268～232B.C.）

❷カニシカ王

❸仏典結集

❹部派仏教

❺上座部

❻大衆部

❼小乗（南伝）仏教・ヒナヤーナ

❽大乗（北伝）仏教・マハヤーナ

❾阿羅漢

❿菩薩

⓫利他

⓬一切衆生悉有仏性

⓭サンガ（僧伽）

第2章　人間としての自覚と生き方　49

まった人たち（平等な共同体）のことを何というか。

❹存在するあらゆる事物は，何一つ固定的な実体をもた
ないという大乗仏教の根本思想を何というか。

❺「空」の考え方を哲学的にまとめあげた大乗仏教最高
の思想家はだれか。

❻すべての存在が固定的・実体的な本性をもたず他の条
件により成立するという竜樹の理論を何というか。

❼「空」の思想を展開し，大乗仏教に大きな影響を与え
た竜樹の著書は何か。

❽存在するものはすべて意識の所産であるという大乗仏
教の思想を何というか。

❾大乗仏教の中心思想である「唯識」をまとめあげた思
想家はだれか。

⓴無着（アサンガ）の弟で，「唯識」の考え方を「唯識
二十論」にまとめあげた思想家はだれか。

㉑仏教の経典を中国語訳（漢訳）して知られる仏僧はだ
れか。

㉒大乗仏教において求道者にさだめられている六つの実
践徳目を何というか。

㉓六波羅蜜のなかで，他に財を与え安心を与える実践徳
目を何というか。

㉔六波羅蜜のなかで，戒律を守り自己反省を促す実践徳
目を何というか。

㉕六波羅蜜のなかで，様々な苦しみに耐え忍ぶ実践徳目
を何というか。

㉖六波羅蜜のなかで，修行に努め，努力を続ける実践徳
目を何というか。

㉗六波羅蜜のなかで，何事にも惑わされず精神を統一し，
真理を得る実践徳目を何というか。

㉘六波羅蜜のなかで，真実の知恵によって迷いを取り除
こうとする実践徳目を何というか。

㉙有と無の両極端から離れているものを中道というが，
これを竜樹は何ということばで理論化したか。

㉚迷いの身であっても発心さえすれば仏となることがで
きると説いた大乗仏教の思想を何というか。

❹空

❺竜樹（ナーガールジュ
ナ）(150？～250？)

❻無自性

❼『中論』

❽唯識の思想

❾無着（アサンガ）
(310 ～ 390)

⓴世親（ヴァスバ
ンドゥ）

㉑鳩摩羅什（クマラジー
ヴァ)(344 ～ 409)

㉒六波羅蜜

㉓布施

㉔持戒（受戒）

㉕忍辱

㉖精進

㉗禅定

㉘智恵

㉙中論

㉚即心是仏（即心
即仏）

50　第1編　青年期と人間としてのあり方生き方

㉛ブッダの直接の教え（経），教団の戒律（律），弟子たちによる教え（論）などをあわせて何というか。

㉜7世紀ころインドにおもむき仏教の最高学府とよばれるナーランダ学院で仏教の研究をした唐の仏僧はだれか。

㉛三蔵

㉜玄奘三蔵（げんじょうさんぞう）
（602～664）

【論述問題】

> バラモン教と仏教の教えについて簡単に比較せよ。

　バラモン教が，バラモンを最高位とするカースト制度によって身分階級を明確化しているのに対して，仏教では，慈悲行と八正道の実践によって一切の衆生は救われると説き，カースト制度を否定して平等主義を強調した。

> ブッダの根本思想について説明せよ。

　人生は苦であり，すべては無常・無我であるという真理を認識するところに苦しみから解放される悟りがある。そのためには快楽と苦行の中道である八正道を実践しなければならない。

> 仏教の説く「慈悲」と，キリスト教の説く「アガペー」の意味を説明し比較せよ。

　「慈」とは楽しみを与えること。「悲」とは苦しみを取り除くことを意味する。「アガペー」は，恵まれていないものへの愛，敵をも愛する博愛を意味するのに対し，「慈悲」は，それをさらに広げ「生きとし生けるものすべてを愛する」という徹底的な愛を意味する。

> 大乗仏教と南伝（小乗）仏教の特色について比較せよ。

　大乗仏教ではあらゆる人間の救済をめざし，空の思想を根本とし，慈悲の心，利他行を中心として説かれているが，南伝仏教では個人主義，戒律主義，出家主義を基本としている点に大きな相違がある。また，大乗仏教では万人の救済を願い慈悲を実践する菩薩を理想として，他者を救うことが自己への悟りにつながるとするが，南伝仏教では，世俗をはなれてひたすら修行と研究にいそしむことにより自己の悟りを得ようとする。

◆ *INTRODUCTION*　⑦　中国の思想

【古代中国の生活と思想】：敬天，礼制から諸子百家の思想へ
　○周代の思想…敬天，礼制→封建社会の倫理
　○春秋戦国時代…乱世→諸侯の富国強兵政策→治世の方策と思想→諸子百家

【孔子の思想】：儒家（儒教）―君子の道―統治者の精神的理論的支柱
　○道…人倫の道，仁と礼の実践，徳治主義
　○仁…心の在り方＝愛，忠，信，孝悌，克己，忠恕（真心と思いやり）
　○礼…外への表れ＝礼，中庸

【儒家の展開】：性善説と性悪説
　○孟子――仁義，王道，性善説＝四端四徳
　　　　　五倫（親，義，別，序，信）
　○荀子――礼治，性悪説

【朱子学と陽明学】：宋代，明代の儒学―格物致知と致良知
　○朱子学…朱子―理気二元論，性即理，格物致知，居敬窮理
　○陽明学…陸象山→王陽明―心即理，致良知，知行合一

【老荘思想】：儒学家批判　大道廃れて仁義あり
　　　　　　　　被支配者・一般庶民の生活指針
　○道…宇宙（万物）の根源＝無・無名
　　老子―無為自然，柔弱謙下，小国寡民
　　荘子―万物斉同，心斎坐忘，真人

【その他の思想】
　○墨家〈墨子〉兼愛・非攻・節用
　○法家〈韓非子〉法治主義
　○名家〈公孫竜〉素朴な論理学
　○兵家〈孫子〉兵法
　○陰陽家〈鄒衍〉五行
　○縦横家〈張儀・蘇秦〉外交
　○農家〈許行〉君民並耕

52 　第1編　青年期と人間としてのあり方生き方

【1　古代中国の生活と思想】

❶宇宙の最高主宰者で，周王朝の支配を正当化した中国の古代思想の中心概念は何か。

❷天の思想を根本とし，周王朝など古代の統治者について書かれた中国最古の歴史書を何というか。

❸周の封建制度の治者階級の基盤であった宗族の間で守るべきルール（氏族結合のきずな）を何というか。

❹紀元前770〜221年，周の王室が周辺の異民族の侵入を避けて洛邑（洛陽）に東遷してから秦の中国統一にいたる過渡期の約550年間を何時代というか。

❺春秋時代末から戦国時代にかけて次々に現れた思想家と諸学派を総称して何というか。

❻王朝交替の形式で，平和的に政権を譲り渡すことと，武力で君子が政権を握ることを何というか。

❼天を主宰する神のことを何というか。

❽天帝の命をうけて，人民を統治するという，支配を正当化する意思のことを何というか。

❾天の命をうけて有徳な君子が天の代行者として政治を行う王朝国家の最高位者のことを何というか。

❿宇宙万物の生成・変化・消長を陰と陽の二つの原理によって解釈する考え方を何というか。

⓫陰陽の二気は万物を生み，この陰陽の変化により人間の日常生活に欠くことのできない五つの元素が循環すると説く考え方を何というか。

⓬宇宙万物の現象を，陰陽二気と五行の変化によって説く学派を何というか。

⓭有徳者が天命をうけて皇帝になること（天命が改まること）を何革命というか。

⓮統治者・為政者の立場にたち，国家権力の精神的理論的支柱をなす社会秩序の確立をめざした中国思想の正統的役割を果たした学派を何というか。

⓯儒家を批判し，社会全体の福祉を重視して，戦争を否定し，勤労と節約を説いた学派を何というか。

⓰諸子百家の一人で名は翟，戦国時代の人。人間の差別を否定し，無差別平等を説いた墨家の祖はだれか。

---

❶天

❷『書経』

❸宗法

❹春秋戦国時代

❺諸子百家

❻禅譲，放伐

❼天帝

❽天命

❾天子

❿陰陽説

⓫陰陽五行説

⓬陰陽家

⓭易姓革命

⓮儒家

⓯墨家

⓰墨子
（470？〜390？B.C.）

第2章　人間としての自覚と生き方　53

❶墨子の根本思想で，自他の別なく無差別平等な愛は結果的に自己の利益となり，国家の利益となるという考え方を何というか。

❶兼愛交利
　（兼愛説）

❶墨子の思想で，政治の目的は人々の幸福にあるが戦争は人々に何の利益も幸福ももたらさないとする（侵略）戦争否定の考え方を何というか。

❶非攻

❶墨子の思想で，人々を幸福にするには，浪費をせず節約し，すすんで実利をとるという考え方を何というか。

❶節用

❷人為を否定し，個人の安心立命と自然にかなった人間や社会のあり方を目的とした学派を何というか。

❷道家

❷社会秩序の規範としての法による信賞必罰を励行し，のちに秦の始皇帝に採用され，天下統一に貢献した学派を何というか。

❷法家

❷名（名称・概念）と実（形・本質）との関係を明らかにしようとした論理的学派で，結果的には詭弁に陥った，公孫竜の「白馬は馬にあらず」に代表される学派を何というか。

❷名家

❷戦争・戦略・戦術について実体験にもとづく法則を導いた孫子の兵法に代表される学派を何というか。

❷兵家

❷戦国時代に弁舌たくみに諸国の為政者にとりいり，合従策・連衡策などの外交政策を説いた学派を何というか。

❷縦横家

❷戦国時代に楚の許行が神農の教えとして，人々の自給自足の生活と，君主も民とともに平等に農耕すべきとする君民並耕の社会を主張した学派を何というか。

❷農家

【2　孔子の思想】………………………………………………

❶名は丘，字は仲尼。周王を理想として社会秩序の回復をめざし，為政者の踏み行うべき道を説いた春秋時代の思想家はだれか。

❶孔子
　（551？～479？BC）

❷孔子の教えを中心とする中国の正統思想を何というか。

❷儒家（儒教）

❸孔子の思想の中心で，人間愛を意味し，その根本を家族の親愛の情とする心の正しいあり方を何というか。

❸仁

❹孔子の中心思想で，一切の行為の規範で，仁の徳が外にあらわれた，客観的な形を意味することを何というか。

❹礼

❺徳目（道徳の基準）の一つで，正しい道の実践，行動

❺義

の正しさを何というか。

❻ 周王や諸侯の世襲の家臣で，役人であるとともに知識人でもあった人たちを総称して何というか。

❻ 士大夫

❼ 徳目の一つで，子の親への敬愛の情にもとづく行為を何というか。

❼ 孝

❽ 徳目の一つで，まごころから人に接し，人を欺かないこと，嘘偽りのないことを何というか。

❽ 信

❾ 徳目の一つで，良心に照らして自分を欺かず，まごころをつくすことを何というか。

❾ 忠

❿ 徳目の一つで，他人の立場に立って，心から理解する思いやりのことを何というか。

❿ 恕

⓫ 自己反省して自分を欺かず，そのまごころで他人の心を思いやることを何というか。

⓫ 忠恕

⓬ 儒教の根本徳目で，親子・兄弟間の血縁に基づく自然発生的な親愛の情のことを何というか。

⓬ 孝悌

⓭ 徳目の一つで，自己のわがままをおさえ，私利私欲をおさえることを何というか。

⓭ 克己

⓮ 仁について説いたもので，私利私欲をおさえ，行為の形式としての礼にしたがうことを何というか。

⓮ 克己復礼

⓯ 徳目の一つで，身を慎み，謙虚にしたがうことを何というか。

⓯ 恭順

⓰ 為政者が，仁の徳を修め，道徳と礼によって，国を治めるという儒家の政治思想を何というか。

⓰ 徳治主義

⓱ 自らが道徳的修養により人格を高め，その徳によって民衆を教化し導くことを何というか。

⓱ 修己治人

⓲ 徳の実現に不可欠な過不足のない状態を何というか。

⓲ 中庸

⓳ 儒教の徳治主義を説くことばで，徳（仁）によって身を修めてはじめて家庭がととのい，家庭をととのえることができてはじめて天下を平らかにすることができるとする，政治の究極の目的を何というか。

⓳ 修身・斉家・治国・平天下

⓴ 儒教における道徳のある人格者のことで，道を求めて実践にはげむ理想的人間像を何というか。

⓴ 君子

㉑ 孔子の思想の核心で，孔子の具体的・実践的な言行を弟子たちが記録しまとめたもので，儒教の根本教典となっているのは何か。

㉑ 『論語』

第2章　人間としての自覚と生き方　55

㉒人倫の根本に仁をおき，孔子の説いた仁を忠恕と解釈
して発展させた弟子はだれか。

㉓孝の思想を述べたもので，孝の具体的実践内容・意義
が述べられている曾子の著作は何か。

㉔孔子の仁の思想の中心を中庸（かたよることのない中
の徳）として人倫の正しい道とし，『中庸』を著した曾
子の弟子（孔子の孫）はだれか。

㉒曾子
（550〜？ B.C.）

㉓『孝経』

㉔子思
（483〜402B.C.）

【3　儒家の展開──孟子と荀子】‥‥‥‥‥‥‥‥‥‥‥‥‥‥

❶魯の隣国・鄒に生まれ，孔子の「仁」の思想を継承発
展させ，儒学を大成したのはだれか。

❷孟子の中心思想で，人間が生まれながらにして心にそ
なえたもので，人に対する同情心，残酷なことのできな
い心で，孔子の克己復礼の克己にあたり，社会生活のな
かで実現するときの客観的な基準にあたるのは何か。

❸人間の本性は善であり，不善（悪）は後天的な要素に
よるとする孟子の思想を何というか。

❹仁義の徳をもって民衆の幸福をはかる道徳的な政治を
何というか。

❺武力や権力による政治を意味し，王道政治に対するの
は何か。

❻天子の姓が易（か）わることで，人望を失った君主が
天命により政権を交替させられることを何というか。

❼孟子の性善説の根幹をなす四端の一つで，他人の不幸
を哀れむ，忍びない心を何というか。

❽孟子の性善説の根幹をなす四端の一つで，悪事を恥じ
憎む心を何というか。

❾孟子の性善説の根幹をなす四端の一つで，目上の者に
へりくだり，譲る心を何というか。

❿孟子の性善説の根幹をなす四端の一つで，善悪を正し
く判断する心を何というか。

⓫性善説にもとづき，惻隠の心，羞悪の心，辞譲の心，
是非の心が実現されて生ずるとする孟子の強調した徳を
何というか。

⓬孟子は人間関係を，父子・君臣・夫婦・長幼・朋友の

❶孟子
（372？〜289？B.C.）

❷仁義

❸性善説

❹王道（政治）

❺覇道（政治）

❻易姓革命

❼惻隠の心

❽羞悪の心

❾辞譲の心

❿是非の心

⓫四徳
（仁・義・礼・智）

⓬親・義・別・序・信

56　第1編　青年期と人間としてのあり方生き方

五つにまとめ，それぞれの関係で踏み行うべき義務を五倫としたが，この人間生活の道徳的秩序をそれぞれ何というか。

⓭孟子が説いた四徳に前漢の董仲舒が加えた個人的徳目を何というか。

⓭五常（仁・義・礼・智・信）

⓮孟子のことばで，道徳にかなった行いであれば，天地にみなぎる正しい勇気によって，何にも屈しない気分が心を満たす。これを何というか。

⓮浩然の気

⓯五倫，五常を修得し，浩然の気を養い続ける理想的人間像を孟子は何とよんだか。

⓯大丈夫

⓰孔子の「礼」の思想を継承発展させ，社会の秩序を維持するために，「仁」を客観化した「礼」にもとづくことを主張したのはだれか。

⓰荀子
（298 ? ～238 ? B.C.）

⓱人間の本性は悪であり，作為をつんで善にいたらなければならないとする荀子の根本思想を何というか。

⓱性悪説

⓲私利私欲を礼により矯正し，社会秩序を保つことが必要であるとする，性悪説にもとづく荀子の政治思想を何というか。

⓲礼治主義

⓳荀子において強調され，礼により社会秩序を維持し，音楽により人心を和らげ，人と社会とを教化することを何というか。

⓳礼楽 （説）

【4　朱子学と陽明学】

❶宇宙の根本原理である理（太極）と，存在界を構成する気との二元によって，万物の現象を説明しようとする説で，程伊川により主張された考えは何か。

❶理気二元論

❷南宋の儒学者で，その思想の特色は主知主義に立ち，程伊川の理気二元論を受け継ぎ，それを体系化したのはだれか。

❷朱子（朱熹）
（1130 ～ 1200）

❸前漢の儒学者董仲舒によりさだめられたもので『易経』『書経』『詩経』『礼記』『春秋』をいい，漢の武帝のときに儒学の発展をはかるにあたって，漢代から重要な経典となったものを何というか。

❸五経

❹五経に失われた『楽経』を加えて何というか。

❹六経

❺漢代に編集された儀礼についての解説と礼についての

❺『礼記』

第2章　人間としての自覚と生き方　57

理論を示した五経の一つは何か。

❻朱子の思想の中心で，自分の知をきわめようと思えば物についての理をきわめなければならないとする考え方で，四書の一つ『大学』にあることばは何か。

❼朱子の説いた修養法の一つで，雑念を交えず，心を引き締めて，理につつしみ従うことを何というか。

❽朱子の思想の中心で，心を統一して自己本来の性に立ち帰り，宇宙万物の理をきわめ，心の本来の姿（徳）を発揮（完成）することを何というか。

❾理としての心の本性で，生得的な道徳性を何というか。

❿南宋の儒学者朱子により開かれた学問で，宋の周敦頤・程明道・程伊川などの思想を継承し，それ以前の儒学を刷新し集大成した新儒学を何というか。

⓫性や理を思想の核心とするが，宋代に大成されたので宋学ともいう。周敦頤から二程子（程明道・程伊川）に継承され，朱子により完成された程朱の学と，陸象山から王陽明に連なる陸王の学との二系統を含むものを何というか。

⓬人間の心の本体である性は天地自然の理そのものに通じるという朱子学の存在論・倫理観を何というか。

⓭儒教の根本経典で，宋の程伊川が『礼記』のなかから『大学』『中庸』の二編を抜きだし，これに『論語』『孟子』を加えたものを何というか。

⓮『春秋』にもとづき君臣関係を正すために，臣下として守るべき節操と本分を明確にし，天下の倫理的秩序の安定確立をはかることを何というか。

⓯天地万物のなかで秩序の調和を保ちながら，生々として流れる生命力で，気に対する理ではなく，陰陽の消長を自己のなかに含む一元的なものとする考え方で程明道により主張された考えは何か。

⓰気は一つであるがゆえに内に変化の契機をもち，具体的な形をとるとする考え方を何というか。

⓱朱子と同時代で北宋の程明道の思想と学問を受け継いだ南宋の儒学者はだれか。

⓲心は理そのものであり，すべての真理は心のなかにあ

❻格物致知

❼持敬（居敬）

❽居敬窮理

❾本然の性

❿朱子学

⓫性理学

⓬性即理

⓭四書

⓮大義名分論

⓯理一元論

⓰気一元論

⓱陸象山
（1139 ～ 92）

⓲理気一元論

58　第1編　青年期と人間としてのあり方生き方

るとする考え方で，朱子の二元論に対するのは何か。

⑲心のあるべき究極の理想を強調し，人欲の消滅した心の状態を何というか。

⑳明代の儒学者・政治家で，陸象山の「心即理」を継承し，江戸時代の日本の思想に影響を与えたのはだれか。

㉑知（認識）と行（実践）は同じものであり不可分であるとする王陽明の実践主義を示す思想を何というか。

㉒人間の心の奥底にある先天的な善悪是非の判断力，論理的な感受性，行為の自律的な規範を何というか。

㉓人間の内面に先天的に備わっている良知のままに生きることを何というか。

㉔明の王陽明が陸象山の思想を継承し発展させた学問で朱子学に対するものを何というか。

⑲心即理

⑳王陽明
　（1472 〜 1529）

㉑知行合一

㉒良知

㉓致良知

㉔陽明学

【5　老荘思想とその他の思想家】

❶儒家と並び中国思想を代表し，人知や作為を否定してあるがままのあり方や生き方を説く学派は何か。

❷春秋時代の思想家とされる道家の祖はだれか。

❸作為を捨て，ありのままの自然に従って生きよとする老子の中心思想は何か。

❹宇宙の根本原理・万物の根源で，一切のものがそこから生じ，そこに帰るとする老子の中心思想を何というか。

❺有を有たらしめるもので，道の別の名ともいえる絶対的・無限定的なものを何というか。

❻老子の理想とした社会で，小さな国の少ない人口で，閉鎖的な自給自足の村落共同体を何というか。

❼無為自然にもとづく生き方で，常に人の下手にでて人と争わない態度を何というか。

❽仁義などの道徳は道が廃れたために人為的に生じたもので，道は無為自然であるという意味のことばは何か。

❾水のように柔弱で争わず，どのような形にもなり，自然のままにあることが善いとすることばは何か。

❿争いの否定を説く伊文，道徳的な先入観からの脱却を説く慎到など，戦国時代の斉の都の稷門下で活躍した思想家たちを何というか。

❶道家

❷老子（B.C.5C？）
❸無為自然

❹道（タオ）

❺無（無名）

❻小国寡民

❼柔弱謙下

❽「大道廃れて仁義あり」

❾「上善は水の如し」
❿稷下の道家

第2章　人間としての自覚と生き方　59

⓫戦国時代の宋の思想家で，老子の思想を継承し，老荘と併称され道家を形成する人物はだれか。

⓬人間としての本性をまっとうし，相対的な是非の判断を去り，天地自然と一体となった自由で虚心な境地を保つことを何というか。

⓭人為を捨て，ひたすら運命の流れのままに身を委ねて生きよとする荘子の理想とした人間像を何というか。

⓮社会的名声・評価から自由になり，天地自然と一体となった境地に遊ぶ生き方を何というか。

⓯ものごとの是非善悪の判断はすべて相対的であり，宇宙万物の道からみれば，万物はすべて一体で差別がないとする荘子の中心思想を何というか。

⓰心を慎み，いながらにしてすべてのことを忘れるとする人間最高の境地へ至る修養法を何というか。

⓱中国の民間宗教で，儒教・仏教とともに三大宗教の一つに数えられるものは何か。

⓲道教の教えの中心で，不老長生を説き老荘思想と結びついた思想は何か。

⓳人間の本性は悪であるため，法や刑罰により人民を統治し国を治めるとする法家の政治思想を何というか。

⓴社会秩序の規範としての法を説き，それに基づく中央集権国家の実現を理想とした法家思想の大成者はだれか。

㉑武帝につかえ，春秋公羊学を修め，儒教の国教化の基礎をきずいた前漢の儒学者はだれか。

㉒三国時代魏，晋のころ，政争をさけ，老荘の虚無を喜び，儒教の礼節を排し，清談にふけった人たちを何というか。

⓫荘子
（370？〜300？B.C.）

⓬全性保真

⓭真人（至人）

⓮逍遙遊

⓯万物斉同

⓰心斎坐忘

⓱道教

⓲神仙思想

⓳法治主義

⓴韓非子
（？〜233B.C.）

㉑董仲舒
（176〜104B.C.）

㉒竹林の七賢人

【論述問題】

　孔子の「仁」について述べよ。

　孔子の思想の核心である「仁」は，人と人のあいだに自然に備わった慈しみ，思いやりの感情で，すべての徳の根本であり，孝悌・愛・克己復礼などの意味で，弟子たちに示された。曾子は，これを忠恕と規定し，真心と思い

やりであるとした。

孟子の性善説とはどういうことか。説明せよ。

孟子は，人間はすべて本来的に良知良能という善なる本性をもち，惻隠，羞悪，辞譲，是非といった思いやりや悪をにくむ心，他人にゆずる心や正しい判断力をもっている。それらを正しく導き，充実させると仁・義・礼・智の四徳が実現する。

孔子の考えは，孟子・荀子にどのように受け継がれたか。

孔子において，心のあり方としての仁，その仁が外にあらわれた客観的なものとして礼が考えられていたが，それぞれ，仁を重視した孟子においての性善説，礼を重視した荀子における性悪説となって展開した。

儒家と道家の説く「道」について比較せよ。

儒家の説く「道」とは，「学問の道」や「政治の道」など，人間の踏み行うべき「道」であり，その思想の中心に，「仁」と「礼」の徳目をおき，これらを実践してこそ，円満な社会生活が営まれると主張した。

道家の説く「道」とは，「宇宙の根源」を仮に名付けていうものである。これは，人智で計り知ることができないもので「無」ともよばれる。人間がこの世の中で，いかほどのことをしても，それは小さなことである。「道」は作為がなく（無為），自らそうなっている（自然）ので，人間も「無為自然」に生きることが賢明な生き方で，ここから円満なよい社会が生まれる。

老子の説く「無為自然」の考えを儒家の立場と比較して述べよ。

道家によれば仁・義などの実践道徳は人為・作為的な立場で混乱の因となるので人為を排し自然のままに生きることを主張した。自然に生きることは，道に従って生きることであり，この道は宇宙の原理，万物の根源として説かれ，儒家の人倫の道と対比的である。

無為自然とはこのような道にかなうあり方のことであり，ありのままの自然な姿で生きることである。道徳は究極には人為的で相対的であるが，無為自然は時代や地域，それぞれの価値を超越した普遍の生き方である。

第1章　日本の風土と外来思想の受容　61

| 第2編 | 国際社会に生きる日本人としての自覚 |

第1章　日本の風土と外来思想の受容◇◇◇◇◇◇◇◇◇◇◇◇◇

◆ *INTRODUCTION*　①　日本思想の源流

【 日本の風土と文化 】：農耕定住社会の倫理——協調性と現世主義
○風土気候——感性の敏活化，直視的情緒的思考を育成
○集団志向——家族主義的倫理観—共同体（水稲耕作）
○心情の純粋性—私心を捨てほがらかで透きとおった心
○文化の重層性—意識構造の複雑化
○神について—八百万の神々の存在，人格神

	日　　本	ヨーロッパ
倫　理　観	主情的・感覚的 （心情の純粋さ）	客観的・主知的・理性的 （テオリアの精神）
人間関係	自他の感情の融和 （わたくしの心の否定）	個人中心に自他の分離
生活態度	やわらぎ・こまやかさ・淡白と反面の不徹底不合理	意志的・積極的・合理的
神・人・自然について	現世的・自然主義的で三者の融合一本化	現実的・人間的で三者は分離対立

【 古代日本人の考え方 】：清明心と美的倫理観
○清き明き心——浄明心，善心，赤心，明心，うるわしき心
　（清明心）　　人との和合（他者との心情の融合）
　　　　　　㊜きたなき心，暗き心，不善心，黒心，邪心，濁心など
○よしあし——快は「よし」，不快は「あし」

62　第2編　国際社会に生きる日本人としての自覚

【1　日本の風土と文化】

❶季節的・恒常的に生じる自然現象，例えば太陽・月・暴風などを神格化し，人々の生活のなかで守護神とされたものを何というか。

❷自然現象や動植物などのあらゆるものに精霊が宿り，霊魂があることを認める原始宗教にみられる精霊崇拝を何というか。

❸シャーマン（みこ）の媒介により神霊界と人間の交信ができるとする原始的な宗教を何というか。

❹古代社会に多くみられる，祭りの神と国の政治とが一致していることを何というか。

❺日本神話で，神々の住む天上の国を何というか。

❻日本神話で，死者の行くべき暗黒で不潔な（地下）世界のことを何というか。

❼日本神話で，生きとし生けるものの住む現実の国（日本のこと）を何というか。

❽天武天皇が稗田阿礼に誦み習わせ，太安万侶が712年に元明天皇の詔により撰録した歴史書で，神代から推古天皇までの歴史を記したものは何か。

❾舎人親王らが720年に編集した日本最古の勅撰の歴史書で，神代から持統天皇までの歴史を記したものは何か。

❿地名の由来・産物・伝承などを記したもので，奈良時代に中央政府が諸国から提出させた地方誌を何というか。

⓫古代の社会のあり方，人々のものの考え方を知るうえで貴重な資料となっている，奈良時代に編集された日本最古の歌集は何か。

❶自然神

❷アニミズム

❸シャーマニズム

❹祭政一致

❺高天原（たかまがはら）
❻黄泉国（よみのくに）

❼葦原中国（あしはらのなかつくに）

❽『古事記』

❾『日本書紀』

❿『風土記』

⓫『万葉集』

【2　古代日本人の考え方】

❶この世に姿を現している身体をもった神のことで，天皇を尊んでいう神のことを何というか。

❷天皇の祖先神として奉られている日本神話の中心をなす女神はだれか。

❸原始・古代にかけて，日本人の生活のなかで畏敬の対象となるものをすべて神としてあがめ，恐れたが，これら多数の神々を何というか。

❶現神（現御神）（あきつかみ・あきつみかみ）

❷天照大神（あまてらすおおみかみ）

❸八百万神（やおよろずのかみ）

第1章　日本の風土と外来思想の受容　63

❹古代の血縁関係を主とする氏の祖先として祭った神を何というか。

❺自分の生まれた土地を守護する神を何というか。

❻神話において悪徳として否定された自分勝手な心を何というか。

❼古代日本人の道徳の中心で，私心のない明るい心のことで，神話において理想とされた他の人たちと融和して生きる心のもちかたを何というか。

❽須佐之男命が高天原で犯した罪で，農耕を妨げたり，祭礼を汚したりする罪のことを何というか。

❾殺生や性的タブーを犯したりして，外部から人間に付着して生活を脅かす罪のことを何というか。

❿日常生活と違って特別にきたないもの（病気など），不浄とされたものを何というか。

⓫海水や清流によって身体的・精神的けがれを洗い落とし清めることで，清明心を得ることを何というか。

⓬自分の犯した罪や身体に着いたけがれを払い退けることを何というか。

⓭罪やけがれのある心のことで，清明心の反対の心を何というか。

⓮清らかで澄みきった清流のようなすがすがしいことで月の光・川の流れの美しさを表現するのは何か。

⓯神々の恵みを願ったり感謝するために，祝詞や供物などにより尊敬や感謝をささげることを何というか。

⓰日本人の古来からの信仰の根幹にあるもので，死んだ祖先は神になるとして祭り，崇拝することを何というか。

❹氏神（うじがみ）

❺産土神（うぶすながみ）

❻私心

❼清明心（せいめいしん）（清き明き心）（きよあか）

❽天津罪（あまつつみ）

❾国津罪（くにつつみ）

❿穢（けがれ）

⓫禊（みそぎ）

⓬祓（はらい）

⓭きたなき心

⓮さやけし

⓯祭祀（さいし）（祭り）

⓰祖先崇拝

【論述問題】

清明心について述べよ。

　古代日本人が最も大切にしていた心のあり方，道徳の根本であり，天地にも人にも恥じない，私心・利欲心のない純粋な心のありようをいう。この考え方は『古事記』にすでにみられ，現代になるまで一貫して日本人のあり方の理想である。素直，純粋，明朗なども清明心の表れである。

64　第2編　国際社会に生きる日本人としての自覚

◆ *INTRODUCTION*　② 古代の仏教

【 聖徳太子と奈良仏教 】　：国家仏教——政治的統一理念としての仏教
　○聖徳太子の仏教理解
　　　国家統一の政治的・道徳的原理としての仏教——『十七条憲法』
　　　凡夫の自覚と教学研究——『三経義疏』
　　　→国家仏教としての仏教受容
　○奈良時代…聖武天皇以降の仏教政策
　　　南都六宗（三論・成実・法相・華厳・倶舎・律）の成立
　　　教学研究・鎮護国家・朝廷と貴族中心・国家仏教→政治的結びつき

【 最澄と空海 】　：平安初期の仏教——一乗思想と即身成仏
　○山岳仏教・国家守護・密教→仏教独自の世界構築
　○最澄——天台宗，比叡山延暦寺
　　　一乗思想…"一切衆生悉有仏性"→万人救済の大乗仏教
　　　『山家学生式』・『顕戒論』
　○空海——真言宗，高野山金剛峯寺
　　　三密→即身成仏→大日如来との一体化
　　　大日如来を中心とした宇宙論→曼荼羅
　　　密教（東密）
　　　『三教指帰』・『即身成仏義』・『十住心論』

【 末法思想と浄土教の発達 】　：宿世，罪障一来世志向と無常観の王朝時代
　○末法思想…仏陀入滅を基点とした下降的歴史観（正法・像法・末法）
　　　源信——『往生要集』
　　　　　"厭離穢土・欣求浄土"…現世否定と来世志向
　　　空也——民衆の教化
　　　無常観の深まりと救済への道→浄土教
　　　文学作品…無常の世と罪障の自覚
　　　　　　　　『源氏物語』—文学に表れた王朝の精神→"あはれ"
　　　　　　　　『栄華物語』

第1章　日本の風土と外来思想の受容　65

【1　聖徳太子と奈良仏教】

❶天皇中心の中央集権体制の確立を推進し，国家建設の
理念として仏教を受容し，和の実現を目指した飛鳥時代
の政治家はだれか。

❷聖徳太子以前の仏教受容は一般的にどのような傾向で
あったか。

❸聖徳太子が，仏教と儒教の精神に基づいて，国家統一
の理念と官吏の心得について著したとされるものは何か。

❹『十七条憲法』の第1条で聖徳太子が説いた人間とし
て最も大切な精神のあり方は何か。

❺『十七条憲法』のなかで，篤く敬えとされているもの
は何か。

❻三宝とは何か。

❼『十七条憲法』で説かれた，人間はみな平凡な存在で
あることを示したことばは何か。

❽聖徳太子のことばとして知られ，この世は仮りで仏こ
そ真実であるという意味のものは何か。

❾聖徳太子が著したとして知られる，法華・勝鬘・維摩
の大乗経典の注釈書は何か。

❿奈良時代の六学派。三論・法相・成実・華厳・倶舎・
律を総称して何というか。

⓫全国各地に国分寺・国分尼寺をつくり，奈良に東大寺
を建立し，仏教政策を推進した天皇はだれか。

⓬仏教に帰依していることを示すために，聖武天皇は自
らを何と称したか。

⓭奈良仏教の特色の一つであり，仏教により国政を安定
させ，生活を向上させるという考えを何というか。

⓮僧侶としての正式な資格を得る所を何というか。

⓯幾多の苦難ののち，失明しながらも来日して，戒律を
伝え，唐招提寺を開いた中国の高僧はだれか。

⓰諸国を巡り，民間に仏教を広め，貧民救済や土木事業
にも貢献した奈良時代の僧侶はだれか。

⓱寺院に属さずに，ひとり隠遁して修行したり，民間布
教したりした僧を何というか。

❶聖徳太子
　（574 〜 622）

❷美術的関心

❸『十七条憲法』

❹和

❺三宝

❻仏・法・僧

❼凡夫

❽「世間虚仮，唯
　仏是真」

❾『三経義疏』

❿南都六宗

⓫聖武天皇
　（在位 724 〜 749）

⓬三宝の奴

⓭鎮護国家

⓮戒壇

⓯鑑真
　（688 〜 763）

⓰行基
　（668 〜 749）

⓱聖

66 第2編 国際社会に生きる日本人としての自覚

【2 最澄と天台宗】

❶法華経を中心とした一切衆生の仏性と成仏について説いた，伝教大師とよばれる僧侶はだれか。

❷最澄が中国から伝えた宗派は何か。

❸最澄が天台宗を開いた寺はどこか。

❹万人が仏性をもち，仏となる可能性があるとする考え方を何というか。

❺一乗思想を的確に表現する漢字8文字のことばは何か。

❻人には悟りの本性があり，内に備わっているその本性を直感すれば，悟りに至れるという考え方を何というか。

❼天台宗で最も重んじられた経典は何か。

❽東大寺，下野の薬師寺，筑紫の観音寺から独立し，天台宗の僧に資格を与えるよう最澄が請願したものは何か。

❾「国宝とは何ぞ。宝とは道心なり，……」の句で有名な，天台宗の学生のための教育方針や規則について，最澄が著した書は何か。

❿南都六宗からの論難に対し，大乗戒壇の正当性と大乗戒について述べた最澄の著書は何か。

❶最澄
　（767 ～ 822）
❷天台宗
❸比叡山延暦寺
❹一乗思想
❺一切衆生悉有仏性
❻本覚思想
❼『法華経』
❽大乗戒壇
❾『山家学生式』
❿『顕戒論』

【3 空海と真言宗】

❶弘法大師とよばれ，最澄とともに平安初期の仏教界を代表する僧侶はだれか。

❷空海が中国から伝えた宗派は何か。

❸空海が真言宗を開いた寺はどこか。

❹空海が京都に開いた真言宗の修行道場はどこか。

❺インドのグプタ朝のとき，バラモン教の思想をとり入れて成立した神秘主義的仏教で，真言宗の中心をなすものは何か。

❻密教の秘法であり，病気や災難を除くために仏に祈る呪術的行為を何というか。

❼真言密教における最高の存在で，宇宙の根源であり，すべてを包む仏は何か。

❽神秘的な行により大日如来と一体化し，その身がたちまちにして仏になるという考え方を何というか。

❶空海
　（774 ～ 835）
❷真言宗
❸高野山金剛峯寺
❹東寺
❺密教
❻加持祈禱
❼大日如来
❽即身成仏

第1章　日本の風土と外来思想の受容　67

❾即身成仏に至るための行を何というか。

❿三密のことで，身に印契を結び，口に真言を唱え，意に仏を観ずる行を何というか。

⓫本質・真髄などを表す語で大日如来を中心とした世界観を表す図を何というか。

⓬空海の著書で，出家の理由と儒・仏・道の三教の優劣を論じたものは何か。

⓭大日如来と一体となる即身成仏についての空海の著書は何か。

⓮空海のライフワークともいうべき著書で，大日如来を中心とする悟りに達する 10 の段階を論じたものは何か。

❾三密

❿身・口・意

⓫曼荼羅

⓬『三教指帰』

⓭『即身成仏義』

⓮『十住心論』

【4　平安仏教の特色と浄土教の発達】

❶信仰により，病を治したり，富を得たり，災難から逃れるなど，現実に役立つことを何というか。

❷奈良時代から行われていたもので，日本固有の神道と仏教とが融合したものを何というか。

❸神仏習合思想の代表的なもので，仏が本地であり，神は民衆を教化し救うために，仏が姿をかえて現れたとする考えを何というか。

❹日本においては平安時代に流布し，仏陀の死後，世の中が次第に悪くなるという下降的歴史観を何というか。

❺仏陀入滅後 500（あるいは 1000）年の間，仏陀の教え，修行，悟りすべてが残る時代を何というか。

❻正法ののち，500（あるいは 1000）年の間，仏陀の教えと修行が残る時代を何というか。

❼像法ののち，1 万年続き，仏陀の教えのみが残る時代を何というか。

❽末法思想を背景に，現世から逃れ，来世を志向する信仰を何というか。

❾仏が住むとされる清浄な仏国土を何というか。

❿インドの大乗仏教から生まれ，中国で発達した，来世志向の仏教を何というか。

⓫浄土教における信仰の対象で，極楽浄土で万人の救済を目的とする仏を何というか。

❶現世利益

❷神仏習合

❸本地垂迹説

❹末法思想

❺正法

❻像法

❼末法

❽浄土信仰

❾極楽浄土

❿浄土教

⓫阿弥陀仏（阿弥陀如来）

68　第2編　国際社会に生きる日本人としての自覚

❷浄土教の修行の一つで仏を念ずることを何というか。

❸念仏の一つで，心に仏の姿を想い浮かべて念ずることを何というか。

❹念仏の一つで，ただひたすら仏の名を口に唱える念仏を何というか。

❺恵心僧都とよばれ，平安中期を代表する浄土教の僧侶はだれか。

❻源信の著書で，地獄の諸相と極楽浄土へ往生する教えを説いたものは何か。

❼『往生要集』のなかにある有名な一句で，現世を否定し，来世での極楽往生を祈念することばは何か。

❽平安中期に，諸国を巡り，庶民に念仏を広め，市聖とよばれた僧侶はだれか。

❾阿弥陀信仰とは別の浄土信仰の対象で，兜率天で説法し，仏陀入滅後，56億7千万年の後に，この世に現れると伝えられる菩薩は何か。

❿因果応報観を中心とした日本最古の仏教説話で，景戒の作とされるものは何か。

㉑一条天皇の中宮彰子につかえ，清少納言や和泉式部とともに王朝女流文学を確立した人物はだれか。

㉒紫式部の大作で，主人公光源氏の人生を中心に無常観と人間の罪障，救済をテーマとした物語は何か。

㉓『源氏物語』の中心をなす美的理念で，しみじみとした情感や情趣を表すものを何というか。

㉔平安時代後期に成立し，藤原道長の栄華を中心とし，当時の倫理や宗教観を述べた作品は何か。

❷念仏

❸観想念仏（理観念仏，観念仏）

❹称名念仏（口称念仏，唱名念仏）

❺源信
（942〜1017）

❻『往生要集』

❼「厭離穢土・欣求浄土」

❽空也
（903〜972）

❾弥勒菩薩

❿『日本霊異記』

㉑紫式部
（978？〜1016？）

㉒『源氏物語』

㉓あはれ

㉔『栄華物語』

【論述問題】

末法思想と浄土教の成立について述べよ。

　平安時代の中期になると，古代律令制が崩壊し，地方で反乱がおこり，天災や飢饉も続き，人々は不安におびえた。また，摂関体制の枠からはずれた中下級貴族は現実に失望し，"世の末"，"末の世"を感じた。一方，教説の末法思想は仏陀入滅を基点とした下降歴史観で1052年が元年とされた。教説と現実が一致した人々にとって救いは浄土教信仰に向けられた。

第1章　日本の風土と外来思想の受容　69

◆ *INTRODUCTION*　③　**鎌倉仏教**

【 **成立と特色** 】　：平安末期の戦乱と末法・末世意識の深化
　〇鎮護国家，貴族仏教から個人の悟りと救済，民衆の仏教へ
　〇教理・教学から実践中心へ
　〇造寺・造塔から信仰中心へ

【 **法然** 】：他力易行と万人救済—浄土宗『選択本願念仏集』
　〇専修念仏…ただひたすら，「南無阿弥陀仏」と称名する
　〇末法の世に阿弥陀仏による救いを信ずる➡悪人往生，女人往生

【 **親鸞** 】：絶対他力と悪人正機—浄土真宗『教行信証』
　〇煩悩具足の凡夫の自覚➡絶対他力（阿弥陀仏の絶対的救い）
　　　　　　　　　　　　　　‖報恩感謝の念仏
　　　　　　　　　　　悪人正機➡罪深さの自覚➡阿弥陀仏の絶対的救
　　　　　　　　　　　　　　　　　　　　　　　　　　　　い
　〇自然法爾，同行同朋

【 **栄西** 】：自力難行と公案禅—臨済宗『興禅護国論』
　〇公案禅➡悟り

【 **道元** 】：末法思想の否定と只管打坐—曹洞宗『正法眼蔵』
　〇只管打坐——ただひたすら禅に打ち込む
　　↓禅による悟りではない，禅そのものが悟りである——➡修証一等
　〇身心脱落（身体も精神も一切の執着を離れて悟りの境地に入る）
　　無常無我

【 **日蓮** 】：日本第一の法華経の行者—日蓮宗『立正安国論』
　〇法華経至上主義…「南無妙法蓮華経」の唱題
　〇他宗排撃

70　第2編　国際社会に生きる日本人としての自覚

【1　法　然】………………………………

❶鎌倉新仏教の代表者で，末法時代にふさわしい信仰を求めて旧仏教を批判し，阿弥陀仏の本願による絶対性を確信して悟りを開いたのはだれか。

❷中国浄土教の僧侶で，法然に影響を与えた人物はだれか。

❸平安末期の社会不安や天災のため，末法思想とともに広まった，浄土への往生を望む信仰を何というか。

❹もともとは仏陀に対して心を一つにするという意味だが，浄土教では一般に「南無阿弥陀仏」と唱えることで極楽に往生できると説いた。この唱えを何というか。

❺法然の開いた宗派で，阿弥陀仏の慈悲にすがって念仏を唱えれば一切衆生が救われると説いた宗派は何か。

❻弥陀は一切衆生が救われることを望み，この願いが達せられなければ，自分も仏にならないと誓ったとされるが，これを何というか。

❼法然やこれに続く浄土宗系の修行の方法で，弥陀の本願を信じて，念仏を唱えるだけで救われるとした立場を何というか。

❽法然の示した修行の方法で，寺を建てたり教理の研究をしたりするのではなく，もっぱら仏の名を唱えることが最高の方法であるとしたことを何というか。

❾罪深く，自力では善根を積み得ない凡夫にいたるまで弥陀の本願がおよび，一人残らず救われるとしたことを何というか。

❿身分の高低とか職業の貴賤を問わず，すべての人に救いがおよぶ，弥陀の愛を何というか。

⓫法然の著書で浄土宗の根本理念を展開した，念仏だけが往生のための最良の方法であるとした書物は何か。

❶法然
(1133 ～ 1212)

❷善導

❸浄土信仰

❹念仏

❺浄土宗

❻弥陀の本願

❼他力易行

❽専修念仏

❾一切衆生の救済

❿弥陀の慈悲

⓫『選択本願念仏集』

【2　親　鸞】………………………………

❶鎌倉新仏教の代表者で法然の浄土宗の理念をさらに深め，単なる極楽往生を求める思想から人間罪業救済の教えにまで発展させたのはだれか。

❷親鸞によって創られた宗派。法然の浄土宗の立場をさ

❶親鸞
(1173 ～ 1262)

❷浄土真宗

第1章　日本の風土と外来思想の受容　71

らにおし進め，すべてが弥陀のはからいとする絶対他力
の立場を説いたのは何か。

❸弥陀の本願を信じ，そのため一切の自己のはからいを
捨てて，仏への絶対的な信仰を確立するという他力信仰
を深めた立場を何というか。

❸絶対他力

❹極楽往生のための手段からではなく，自己が救われて
いるという弥陀への感謝の気持ちの念仏を何というか。

❹報恩感謝の念仏

❺他の力を一切かりることなく，すべてが弥陀のはから
いによるとする，絶対他力の立場を何というか。

❺自然法爾

❻煩悩にまみれた自分たちがどんな修行をしたところ
で，生死の迷いを離れることができないと自覚すること
を何というか。

❻悪人の自覚

❼「善人さえ浄土に生まれることができる。ましてや，
悪人が浄土に生まれないわけがない。」と，悪人こそが浄
土に生まれるのに最もふさわしいとした説を何というか。

❼悪人正機（説）

❽親鸞が臨終に語ったことばに「一人いて思い悩むとき，
実は二人して悩んでいる。二人して悩んでいるとき，実
は三人して悩んでいる。」とある。このことを何と表現
したか。

❽同行同朋

❾他力本願を徹底させた立場で，自分から行う善行では
ないとする立場を何と表現したか。

❾非行非善

❿親鸞の著書で，自己が他力念仏の信仰に達した過程を
告白するとともに，悪人救済と他力信仰は弥陀の本願で
あるとしたのは何か。

❿『教行信証』

⓫親鸞の弟子で，師の没後教団の中心となった人物はだ
れか。

⓫唯円
（？〜？）

⓬唯円の著書といわれる，親鸞の言行録を整理したもの
で，悪人正機説や絶対他力，非行非善といった思想を伝
えたものは何か。

⓬『歎異抄』

⓭戦国時代前期に地方信徒を基盤に本願寺教団を強大に
発展させ，『御文』の著者としても知られる僧侶は誰か。

⓭蓮如
（1415〜99）

⓮鎌倉新仏教，浄土宗の一派で遊行宗ともいわれ，平生
をつねに臨終のときと思って称名念仏せよと説いたのは
何宗か。

⓮時宗

⓯鎌倉時代の僧，時宗の創始者。全国を遊行しながら浄

⓯一遍

72 第2編 国際社会に生きる日本人としての自覚

土教を広めた，遊行上人とも捨聖ともよばれている人物はだれか。 | （1239 〜 89）

⓰踊りながら念仏を唱える独特な手法を何というか。 | ⓰踊り念仏

【3　道　　元】

❶鎌倉新仏教の代表者で，1223年入宋して修行。帰朝後に末法思想を批判し，自己をすてて真理に到達できるたった一つの道として坐禅をすすめた人物はだれか。 | ❶道元 （1200 〜 53）

❷達磨を始祖とする中国仏教の一宗派で，日本に伝達されて独自の発展をとげ，特に栄西や道元によって広く全国に信者を得た宗派は何か。 | ❷禅宗

❸静座して精神を統一し，自己の本来の心を見いだし，仏陀と同一の悟りを体験して，仏陀の境地に達する修行を何というか。 | ❸坐禅

❹自己の仏性を信じ，他力本願のように弥陀の慈悲にただすがる立場を否定し，自らへの修行や努力によって悟りを開き，自己を救済することを何というか。 | ❹自力（自力解脱）

❺禅宗の一派で洞山良价を開祖とする中国の一宗派。日本には，道元が1227年に伝え，自力本願をその旨とする宗派は何か。 | ❺曹洞宗

❻道元は法然の念仏易行を「修行による悟り」という視点から批判したが，同時に自力によって仏になりうると説いた。これを何というか。 | ❻聖道門

❼道元の人間観で，人にはみな仏性があり，みな仏法の器であり，自分の力で善根をなすことができるということを何というか。 | ❼自力作善

❽ただひたすら坐禅に打ちこむことをすすめ，念仏や礼拝などの方法を否定した，道元の修行方法を何というか。 | ❽只管打坐

❾苦しみから脱するために，自己中心の考えをのりこえて，一切の我執を捨てさり，結果として，人の仏性が実現されることを何というか。 | ❾身心脱落（とつらく）

❿仏法を修養するためには，修行することと，世間の名利にとらわれるわが身とわが心を捨てて，無我の境地を得ることで，これを何というか。 | ❿自己放下

⓫道元は臨済宗における公案を批判し，坐禅（修）その | ⓫修証一如

第1章　日本の風土と外来思想の受容　73

ものが悟り（証）の姿であるとして，坐禅と悟りが一体　（修証一等）
であるとしたが，これを何というか。

❷曹洞宗における日常の実践として利欲，布施，愛語，　❷慈悲の実践
利行，同事をすすめたが，これを何というか。

❸修行と悟りについての道元の信念で，祖師たちからの　❸仏祖正伝
仏教の真髄を受け継いでいることを何というか。

❹道元の根本思想を展開した著書で，本来は仏が一代に　❹『正法眼蔵』
説いた無上の正法のことを意味し，末法思想の否定や自
力作善，身心脱落が説かれたのは何か。

❺越前（福井県）にある曹洞宗の総本山の寺は何か。　❺永平寺

❻道元が宋に渡ったとき，師事し，只管打坐や修証一如　❻如浄
を学んだ中国曹洞宗の僧侶はだれか。　（1163 〜 1228）

❼曹洞宗の僧。密教・浄土教を学んだが，最終的に道元　❼懐奘
に師事し，弟子となった人物はだれか。　（1198 〜 1280）

❽『正法眼蔵』は95巻の大著で難解であるため，弟子の　❽『正法眼蔵随聞
懐奘が道元の思想をわかりやすく解説した著書は何か。　記』

❾平安末期から鎌倉初期の僧。はじめは天台宗と密教に　❾栄西
ついて学んだが，その後，入宋して禅に触れ，帰国後に　（1141 〜 1215）
禅宗を広めた人物はだれか。

⓴禅宗の一派。臨済義玄を開祖とする中国の一宗派で，　⓴臨済宗
絶対無条件的な人間性が主張された。日本には栄西が伝
えた宗派は何か。

㉑栄西の著書で，比叡山の圧迫に対して，禅宗の使命を　㉑『興禅護国論』
展開し，また禅によって優れた人物を育成し，それが結
果として，鎮護国家に役立つと説いたのは何か。

㉒臨済禅において，師が弟子に悟りを得させるために利　㉒公案
用する方法で，仏祖の難しい問答を何というか。

【4　日　蓮】‥‥‥‥‥‥‥‥‥‥‥‥‥‥‥‥‥‥‥‥‥‥‥‥‥‥‥‥

❶鎌倉新仏教の代表者で，天台宗を学んだが，数ある仏　❶日蓮
典のうち法華経こそ最もすぐれていると確信し「南無妙　（1222 〜 82）
法蓮華経」と唱えて成仏できると説いた人物はだれか。

❷大乗仏教の代表的な経典。中国・日本の仏教の聖典的　❷法華経
基礎をなすもので，般若・維摩・華厳などの主要な経典
を組織づけた経は何か。

74　第2編　国際社会に生きる日本人としての自覚

❸時代は末法の世であり，この世を救うには法華経が唯一であるとした，日蓮による宗派は何か。

❹法華経は諸経のなかの王であるが，この経を信じる者は迫害を覚悟しなくてはならない。このような法華経の迫害に屈することなく信奉する者を何というか。

❺仏教における真理を表現した文字で，これを唱えて信心すれば，だれもが救われ，仏になることができるとする題目は何か。

❻「南無妙法蓮華経」と題目を唱えることで成仏でき，末法の世にあって，衆生を救うにも仏教の真理をすべて満たす7文字を唱えることだとした。これを何というか。

❼悪人・悪法をくじき心服させること。つまり日蓮宗が他宗を排除し，法華経に帰依させることを何というか。

❽日蓮は法華経を最高のものとして，他を否定する立場をつらぬいた。これを何というか。

❾他宗の折伏のために唱えたことばで，「念仏無間，禅天魔，真言亡国，律国賊」を総称して何というか。

❿日蓮は自ら路上に出て，大衆布教活動を行った。こうした方法を何というか。

⓫『法華経』に説かれる，歴史的存在としての釈迦の本質である永遠の仏を何というか。

⓬当時起こった天災や社会不安は仏法の乱れ，つまり真の仏説たる法華経が捨てられているからとして，法華経による国家興隆を説いた日蓮の著書は何か。

⓭日蓮が佐渡へ流罪になったときに書かれた，法華経の行者としての使命と自覚を記した書は何か。

⓮京都賀茂神社の神官で，平安末期から鎌倉期にかけて，隠遁生活のなかで，仏教的理想を追求した文人はだれか。

⓯仏教的無常観を根底とし，「行く河の流れは絶えずしてしかももとの水にあらず」の名文で知られる長明の作品は何か。

⓰作者不詳であるが，源平の争乱を題材にとり，そのなかに仏教的な人生観を表現した軍記物語は何か。

⓱京都の吉田神社の神官の子で，北面の武士から隠遁し，鎌倉末期から南北朝にかけて文人として高名な人物

---

❸日蓮宗（法華宗）

❹法華経の行者

❺「南無妙法蓮華経」

❻唱題

❼折伏

❽他宗排撃

❾四箇格言

❿辻説法

⓫久遠実成の仏

⓬『立正安国論』

⓭『開目抄』

⓮鴨長明（1153〜1216）

⓯『方丈記』

⓰『平家物語』

⓱吉田兼好（1283〜1350？）

はだれか。
⓲動乱期にフランスのモラリストの如く人間と社会について考察した吉田兼好の作品は何か。

⓲ 『徒然草』

【論述問題】

> 鎌倉仏教の成立の背景と特色について述べよ。

　平安末期から鎌倉初期にかけては天災と戦乱がうち続き，教説の末法思想が現実のものとなったという末世の意識が人々に浸透した。特に，戦乱のなかで殺りくをくり返した武士やその惨禍を受けた庶民の間には，魂の救いを求める傾向が深まり，新しい仏教の出現が期待された。その一方で，比叡山の天台本覚門の仏教に満足できない僧侶たちは，それぞれの立場から新しい仏教の確立に努力していた。
　鎌倉仏教の特色としては，それまでの仏教が国家や貴族たちのものに限られていたのに対して一般民衆のものとなり，教理・教学よりも，実践や修行が重んじられたことがあげられる。また現世と来世が対立的にとらえられ，末法思想に対する取り組みがみられたことも特色である。

> 親鸞の「悪人正機説」を説明せよ。

　阿弥陀仏の本当の救いの対象は，自らの力で善行を積む人ではない。なぜなら自力作善の人は阿弥陀仏の力に任せる気持ちに欠ける。それに対し，自己の無力を知り，阿弥陀仏の本願にまかせきっている悪人こそが，極楽往生するのにふさわしいとする説。

> 道元が坐禅を悟りの最高の方法と考えた理由を述べよ。

　真実の自己の発見のため，我執を去り，ひたすら坐禅に打ちこむことを説いた道元は，仏祖も人なり，われも人なりとして，仏祖が静座して悟りを開かれたのだから，自分も同じように静座瞑想によって悟りを得ることができると考えた。

76　第2編　国際社会に生きる日本人としての自覚

◆ *INTRODUCTION*　④　江戸儒学の展開

【 **朱子学と林羅山** 】　：朱子学の日本的展開——官学の思想
　〇封建体制の官学→幕藩体制の合理化，身分秩序の絶対性，
　　　　　　　　　　　　　四書の尊重
　　　　藤原惺窩…江戸儒学の祖，天人合一，明徳の理
　　　　林羅山…上下定分の理，理気二元論，“敬”
　　　　　　　木下順庵・室鳩巣・新井白石
　　　　山崎闇斎…崎門学派，垂加神道，性理の学
　　　　　　　　　佐藤直方・浅見絅斎・三宅尚斎→崎門三傑
　　　　貝原益軒…封建的女性観

【 **中江藤樹と陽明学** 】　：朱子学批判——孝と致良知
　〇中江藤樹…“近江聖人”，日本陽明学の祖
　　　“孝”…天・地，人を貫ぬく原理→“愛”と“敬”
　　　　　　　　　　　　　　　　　　人間関係の根本
　　致良知，良知良能，知行合一
　〇熊沢蕃山・山片蟠桃・富永仲基・佐久間象山・吉田松陰

【 **山鹿素行** 】　：太平の世に武士のあり方—「士道」『聖教要録』
　〇「士道」…為政者としての武士の道
　〇古学…“周公孔子の書を見るべし”→朱子学批判

【 **伊藤仁斎** 】　：誠による仁愛をはじめとする徳の実現—古義学
　　　　　　　　『童子問』
　〇“仁愛”…人間の基本的なあり方
　〇“誠”……人間の心のあり方→徳の実現
　〇古義学…孔子，孟子の思想と文献の研究

【 **荻生徂徠** 】　：経世済民の学としての儒学—古文辞学
　　　　　　　『弁道』『政談』
　〇先王の道…聖人の道→経世済民の道
　〇政治…制度と社会規範の整備・確立
　〇古文辞学…中国古語の研究→孔子の思想

第1章　日本の風土と外来思想の受容　77

【1　朱子学と林羅山】

❶日本の近世儒学の祖で，上流階級の教養としての儒学を発展させた人物はだれか。

❷惺窩の弟子で，彼の推薦をうけて徳川家康に儒学を講じ，以後4代の将軍に仕えた人物はだれか。

❸幕府により代々大学頭に登用された家柄はどこか。

❹羅山の創設した弘文館が湯島に移され，孔子を祭って儒学の殿堂となった。この学舎を何というか。

❺羅山の説く中心的考えで，士農工商の身分制度を正当化する理論とは何か。

❻心の中につねに敬をもつよう心掛ける在り方とは何か。

❼中国の宋の時代に，朱熹によって大成された儒学の一派とは何か。

❽朱子学で重視される徳の一つで，自分の心の中に欲がおこることをおさえ，道にかなうことを求める心の在り方とは何か。

❾孔子の説く精神としての仁が，外面的にあらわれた生活上の規範とは何か。

❿朱子学と神道を結びつけた厳格な修養主義を唱え，崎門学派をつくった人物はだれか。

⓫江戸時代の儒学者山崎闇斎によって提唱され，朱子学を土台として「天道即人道」という天人唯一説を主張し，天皇への絶対的崇拝を説いた神道を何というか。

⓬江戸時代前期の儒学者で加賀藩や幕府に仕え，将軍綱吉の侍講として活躍した人物はだれか。

⓭「奉公・武勇・質実」を根本とする鎌倉時代から江戸時代にかけての封建社会での武士の道徳は何か。

⓮「鍋島論語」ともよばれ，山本常朝が記した江戸中期の武士道の書とは何か。

⓯「正徳の治」とよばれる文治政治を推しすすめた政治家・儒学者はだれか。

⓰イタリア人シドッチを審問し，西洋の歴史・地理，キリスト教などの大意をまとめた白石の西洋研究書とは何か。

⓱摂関政治の時代から家康による江戸幕府創建までの政権の盛衰を記述した白石の史論集とは何か。

❶藤原惺窩
（1561 〜 1619）
❷林羅山
（1583 〜 1657）
❸林家
❹湯島聖堂

❺上下定分の理

❻存心持敬
❼朱子学

❽敬

❾礼

❿山崎闇斎
（1618 〜 82）
⓫垂加神道

⓬木下順庵
（1621 〜 98）
⓭武士道

⓮『葉隠』

⓯新井白石
（1657 〜 1725）
⓰『西洋紀聞』

⓱『読史余論』

78　第2編　国際社会に生きる日本人としての自覚

⓲対馬藩に仕え，朝鮮との外交につとめた江戸中期の儒学者はだれか。

⓳筑前黒田藩に仕え，『養生訓』を著し，朱子学本来の窮理による合理性を重んじた学者はだれか。

⓲雨森芳洲
　（1668 ～ 1755）
⓳貝原益軒
　（1630 ～ 1714）

【2　中江藤樹と陽明学】

❶中国の王陽明が唱えた儒学の一派とは何か。

❷日本の陽明学の祖である江戸前期の儒学者はだれか。

❸藤樹は天子から下は庶民にいたるまで，すべてに通じる徳とは何であるとしたか。

❹孝の具体的な在り方を三つ答えよ。

❺藤樹の説く世界を理解するための根本原理で，善悪の尺度となるものとは何か。

❻知ることは行うことの基礎であり，行うことにより知ることが完成するという陽明学の立場を何というか。

❼人間の日常生活において，孝は何となって表れるか。

❽すべての徳目を統一する根本原理にまで高めて，孝をとらえた考え方は何か。

❾藤樹の問答形式の著述による代表的著書は何か。

❿藤樹は，のちに郷里の近江に帰り，子弟の教育にあたったが，彼のことは何とよばれたか。

⓫藤樹に師事し，のちに岡山藩主の池田光政につかえて，その政治を補佐した儒学者とはだれか。

⓬大坂町奉行の元与力で，天保の飢饉に際し庶民の苦しい状況を訴えようと門弟や農民と共に挙兵した陽明学の実践的学者とはだれか。

❶陽明学
❷中江藤樹
　（1608 ～ 48）
❸孝

❹時，処，位
❺良知

❻知行合一

❼愛敬
❽全孝説

❾『翁問答』
❿近江聖人

⓫熊沢蕃山
　（1619 ～ 91）
⓬大塩平八郎
　（1792 ～ 1837）

【3　山鹿素行】

❶江戸時代の儒学の一派で朱子学・陽明学に反対し，直接に孔子・孟子の道を明らかにしようとした学派は何か。

❷武士道を指導者としての人格形成として説いた江戸前期の古学派の儒学者とはだれか。

❸武士の倫理的自覚と高貴な人格の形成を説いた素行の武士道についての考えを何というか。

❶古学派

❷山鹿素行
　（1622 ～ 85）
❸士道論
　（士道）

第1章　日本の風土と外来思想の受容　79

❹士道に基づき，武士が農工商三民の師として，人倫の
道を究め教え導くことを素行は何とよんだか。

❺儒学を武士の日常に役立つ学問にしようとした素行の
著書は何か。

❹士の職分

❺『聖教要録』

【4　伊藤仁斎】
❶江戸前期の儒学者で，朱子学や陽明学を批判し，京都
堀川に古義堂を開いた人物はだれか。

❷仁斎の唱えた学問で，「論語」，「孟子」の原典にたち
返り，孔・孟の精神を明確にしようとしたものは何か。

❸仁斎の説いた聖人の道の核心は何か。

❹仁斎の説く愛の実践で，私欲のない心のもち方とは何か。

❺仁愛を成り立たせる誠は心に少しも私心が無く自他に
対して偽りのないものであることを何というか。

❻ありのままの自己で他者に対する心を何というか。

❼他者の心情を自分のものとする心を何というか。

❽仁斎が，古義学を確立した著書とは何か。

❾仁斎の説いた論語の注釈書は何か。

❿童子の問いかけに仁斎が返答した自らの思想を体系化
した彼の主著は何か。

⓫人は生まれながらに四端をもち，それを拡充すること
によって，仁義礼智の徳となる考えの格言とは何か。

⓬孟子以来の儒家思想に一貫して重んじられる，人間が
人間であり得るために踏み行う道とは何か。

❶伊藤仁斎
　（1627～1705）

❷古義学

❸仁愛

❹誠

❺真実無偽

❻忠信

❼忠恕

❽『語孟字義』

❾『論語古義』

❿『童子問』

⓫「端は本なり」

⓬五倫（の道）

【5　荻生徂徠】
❶実証的な文献研究により，天下安泰の学としての儒学
を説いた江戸中期の古学派の儒学者とはだれか。

❷荻生徂徠による，聖人の道を研究するために古書研究
を説いた学派とは何か。

❸5代将軍徳川綱吉の側用人で，徂徠を幕府に仕えさせ
た人物はだれか。

❹聖人の道とは，治国平天下の道にほかならないと述べ
た徂徠の主著は何か。

❺世を治め，人民を救うことばは何か。

❶荻生徂徠
　（1666～1728）

❷古文辞学

❸柳沢吉保
　（1658～1714）

❹『弁道』

❺経世済民

80　第2編　国際社会に生きる日本人としての自覚

❻自分の政治は時代に適応する具体的な制度であるという徂徠の説いた政策論とは何か。

❼経世済民の道を実現するための具体的な制度で，礼法と音楽，刑罰と法律や政策を何というか。

❽為政者の権威を高めるために，政治の強化を主張した徂徠のことばとは何か。

❾徂徠が伊藤仁斎や朱子学を批判したときに，六経・先秦の古書・史記・漢書を彼は何とよんだか。

❿荻生徂徠の弟子で，特に経済学を研究し，経世済民の学としての儒学の発展に貢献した人物はだれか。

❻「安天下の道」

❼礼楽刑政

❽「道は先王の道」（先王の道）

❾「君子の言」

❿太宰春台（1680〜1747）

【論述問題】

日本の儒学の展開についての特色を述べよ。

　孔孟からはじまる儒家の教えでは宋代において朱子学，明代において陽明学が成立する。日本では古代に儒教として仏教とともに伝来したものの，本格的に思想として展開したのは江戸時代であり，朱子学は官学とされた。しかし，朱子学は性理学という形而上学的な傾向ももつものであったが，日本では心のあり方として道徳の面が強調された。その後登場した陽明学は本来的に実践の学であったし，古学もその傾向が強い。

日本における古学とはどういうものであるか述べよ。

　日本の儒学が朱子学，陽明学を中心として展開したことに対し，本来の孔子・孟子の思想の原点にかえることを提唱して生まれたもの。山鹿素行・伊藤仁斎・荻生徂徠らがその代表である。

「敬・誠・孝」について説明せよ。

　朱子学の主要徳目で，敬は，理に従った心の在り方で，上下の秩序に従い，分を定める理に従って身を処し，私利私欲をきびしく戒める心をいう（林羅山）。誠は，心を純粋にして，自己に忠実にふるまう在り方をいう（伊藤仁斎）。孝は，上は天子から下は庶民にいたるまで，階級を越えてすべての人びとに通用する実践の道のことである（中江藤樹）。

◆ *INTRODUCTION* ⑤ 国学の思想

【 国学の成立 】 ："大和心（大和魂）"——日本固有の思想と生き方
　　　　　歌学研究
　　　　　朱子学批判と古学の隆盛 ——→ 国学の成立
　　　　　実証的古典研究
　○契沖…国学の祖—『万葉代匠記』←文献研究
　　　　勧善懲悪主義の規範を批判→主情的自然的人間観
　○荷田春満…文献研究から"古道へ"—『万葉集童蒙抄』
　　　　古道論→復古の学，神道論，国家思想
　○賀茂真淵…国学の確立者—『万葉考』
　　　　歌学—文献研究
　　　　　　　　　　　　　　　　→国学の基礎
　　　　祝詞，古典研究→古道の発見
　　　　『万葉集』→"ますらをぶり"，"高く直き心"
　　　　古道…日本古来の天然自然の道

【 本居宣長 】 ：国学の大成——"もののあはれ"と"まごころ"
　○"もののあはれ"…しみじみとした情趣→文芸の本質
　○"もののあはれを知る"…心に感ずべきことに出会ったとき，
　　　　　　　　　　　　　　素直に感動すること→共感性
　　　　　　　　　　　　　　心ある人＝もののあわれを知る人
　　　　　　　　　　　　　　『源氏物語』の人生観と美意識
　○"まごころ"…"漢意（からごころ）"に対するもの
　　　　　　　　生まれながらの心情，ありのままの心→"大和魂"
　○古道…惟神の道→人の道…まごころのままに生きること
　　〈宣長の思想の意義〉
　　　　　人間の感情・欲望の肯定→人間性の発見
　　　　　儒教的・封建的価値観からの解放

【 平田篤胤 】 ：古道から国粋主義へ
　○国学のナショナリズム的側面の強調
　○古道→宗教的信仰，国粋主義，幕末の尊王攘夷思想へ

82　第2編　国際社会に生きる日本人としての自覚

【1　国学の成立】

❶古代日本人の自然神・祖先神崇拝から発展した伝統的祭祀宗教を何というか。

❶神道

❷奈良・平安時代の「神仏習合」によって成立した考え方で，仏が救済のために神の姿をかりて出現したとする説を何というか。

❷本地垂迹説

❸鎌倉末期に伊勢外宮の神官度会家行によって始められ，日本思想の体系化として神主仏従の反本地垂迹説を唱える神道を何というか。

❸伊勢神道

❹神道を儒仏の宗とし，諸教を包容する唯一の神道として室町時代に吉田兼倶によって立てられた神道を何というか。

❹吉田神道

❺江戸時代の中期から発達し，古典の文献学的研究を通して日本古来の精神を明らかにしようとする学問は何か。

❺国学

❻『記紀』や『万葉集』のなかに描かれている日本古来の人間の自然な感情・精神の道を何というか。

❻古道

❼真言宗の僧侶で近世国学の祖とされ，儒教や仏教による解釈をしりぞけて，古典そのものの研究にもとづいて古代の精神を理解しようとした人物はだれか。

❼契沖
（1640 ～ 1701）

❽契沖が『万葉集』を文献学的・実証的に研究して，国学を成立させた注釈書は何か。

❽『万葉代匠記』

❾契沖の万葉学に影響を受け，古語・古典研究による日本古道の探求を主張し，『創学校啓』を著した国学者はだれか。

❾荷田春満
（1669 ～ 1736）

❿遠江国（静岡県）浜松の神官の子として生まれ，荷田春満に師事した人物で，儒仏等の外来思想を排除し日本人の伝統的心情が古代万葉にあるとして国学を学問的に体系づけた江戸中期の国学者はだれか。

❿賀茂真淵
（1697 ～ 1769）

⓫儒教・仏教という外来思想を批判し，日本固有の精神を古代の歌道に求めた賀茂真淵の主著は何か。

⓫『国意考』

⓬古代万葉の世界にあらわされている男性的な雄々しい精神であり，賀茂真淵が理想としたものは何か。

⓬ますらをぶり

⓭「ますらをぶり」に対する心情として女性らしいやさしさを何というか。

⓭たおやめぶり

⓮賀茂真淵が「ますらをぶり」と表現した，万葉人の感

⓮高く直き心

第1章　日本の風土と外来思想の受容　83

じたままを歌いあげる雄々しく素直な心を何というか。

⓯古代日本人がもっていたとされる偽りのない正しく素直な心を何というか。

⓰神道において「清き明き心」がおきかえられたものであり，日本人の基本的徳目として尊重されたものは何か。

⓯清き明き心

⓰正直

【2　本居宣長】

❶契沖の影響を受け賀茂真淵に学んだ国学者で，『古事記』『源氏物語』などを実証的に研究することによって古代日本人のなかに自然な人間性の理想を見いだそうとした国学の大成者はだれか。

❶本居宣長
（1730〜1801）

❷古代の神々によってつくられ受け伝えられた道であり，天皇が天下を治めるための道でもあるとされるものは何か。

❷惟神の道

❸本居宣長によって肯定された人間の自然な感情であり，後天的な理知である「さかしら心」と対比される偽りのない生まれついたままの心を何というか。

❸真心

❹日本文芸の本質であり，真心からの感動として本居宣長が『源氏物語』の研究からみちびき出したものは何か。

❹もののあはれ

❺本居宣長の著した『源氏物語』の注釈書で，文芸の本質としての「もののあはれ」の重要性を説いたものは何か。

❺『源氏物語玉の小櫛』

❻学問，思想から世事にいたるまでの豊富な題材を自己の学問遍歴を交えて述べた本居宣長の随筆は何か。

❻『玉勝間』

❼外来思想である儒教や仏教を学んで感化され，中国の国風や文化に心酔するこころを何というか。

❼漢意

❽国学において尊ばれ，漢意に対するものとして日本民族固有の精神とされるものは何か。

❽大和心
（大和魂）

❾本居宣長が69歳のとき完成させた主著で，日本古来の惟神の道を説いた『古事記』の注釈書を何というか。

❾『古事記伝』

❿本居宣長の影響を受けた江戸後期の国学者で，儒仏および蘭学の知識を神道に取り入れて，神秘的哲学的な神学体系としての神道説を完成し，明治維新に影響を与えた人物はだれか。

❿平田篤胤
（1776〜1843）

⓫儒仏的思想を一切排除し，古代からの日本独自の伝統

⓫復古神道

84　第2編　国際社会に生きる日本人としての自覚

的な神の道を説き明かす神道であり，平田篤胤によって
体系化されたものは何か。

【論述問題】

> 「国学」とはどのような思想か，宣長の説を中心に述べよ。

　江戸時代の中期に儒学の興隆期を迎えたが，これに不満をもつ人びとを中心に，儒・仏に潤色される以前の「日本古代の精神」を古典のなかから発掘しようとする学問である。本居宣長は，『万葉集』に見られる「よくも悪しくも，生まれながらの自然の心」すなわち，「まごころ」と『源氏物語』に見られる「喜怒哀楽にふれて，強く深く感動する心」である「もののあはれ」が古代人の心であると主張した。

> 本居宣長の「もののあはれ」を知るとはどういうことか。

　「もののあはれ」とは，見るもの，聞くものすべてに対するしみじみとした情感であり，喜・怒・哀・楽の感情の発露である。宣長によれば，文芸はこの「もののあはれ」を表現するものであり，人間としての心のあり方の理想とは「もののあはれ」を知る（わきまえを知る）ことである。「もののあはれ」を知るとは，例えば桜の花の散るのをみて，自然の移り変わりを感じ，しみじみとなるような，また不運にみまわれている人に対して，自分も同じ悲しみをもつような共感性のことであり，他者への感情移入のことである。

第1章　日本の風土と外来思想の受容　85

◆ *INTRODUCTION*　⑥　民衆の思想と新思想

【 江戸文芸の思想 】　：浮き世のなかの義理・人情
　　○元禄期…商品経済の発達による町人の台頭⇒本質的平等・人情に即した
　　　　　　　　　　　　　　　　　　　　　　　　　　　自然な生き方
　　　　井原西鶴——浮世草子
　　　　近松門左衛門——人形浄瑠璃

【 町人の思想 】　：武士中心の倫理観からの脱却
　　○石門心学…神道・儒学・仏教を統合した平易な庶民のための教え
　　　　石田梅岩…町人の生き方『都鄙問答』『斉家論』
　　　　　　　　正直と倹約→商人の道→営利追求の肯定
　　　　　　　　知足安分…士農工商は人間としては平等，職分の違い
　　○西川如見…町人の誇りと一夫一婦制の提唱

【 農民の思想 】　：農民の立場から近代的社会観
　　○安藤昌益…階級社会と儒教道徳の批判→万人直耕の農村社会
　　　　　　『自然真営道』
　　　　　　天道…人間は平等・あるべき姿としての直耕
　　　　　　法世（不耕の徒を養う階級社会←儒教道徳）の否定
　　　　　　自然世（直耕食衣の道）の肯定
　　○二宮尊徳…人間生活の根本→農業→勤勉，倹約，蓄財
　　　　　　『報徳訓』
　　　　　　報徳思想
　　○三浦梅園…条理学

【 洋学と幕末の思想 】　：近代化への序曲—蘭学から英学へ
　　　　前野良沢・杉田玄白—『解体新書』　　　平賀源内—エレキテル
　　　　大槻玄沢—『蘭学階梯』　　　　　　　渡辺崋山『慎機論』
　　　　稲村三伯—『ハルマ和解』　　　　　　高野長英『夢物語』
　　　　志筑忠雄—『暦象新書』
　　　　頼山陽—『日本外史』→尊王攘夷運動への影響
　　　　吉田松陰—尊王論者，安政の大獄で刑死
　　　　佐久間象山—“東洋の道徳，西洋の芸術”

86　第2編　国際社会に生きる日本人としての自覚

【1　江戸文芸の思想】

❶日本人の道徳観念で，人が他人との交際の際に踏み行うべき道，それと人間的な情愛を意味する語とは何か。

❷『曾根崎心中』などの世話物，武家物・町人物と数多くの作品を残し，義理と人情の板ばさみに苦しむ人間模様を描いた元禄期の浄瑠璃・歌舞伎作者はだれか。

❸仏教思想に由来し，藤原俊成の和歌や世阿弥の能に代表される静寂のなかの余情美，陰影や奥行きにおける優美などの美意識を何というか。

❹元来はもの悲しさを意味し，千利休の茶道にみられる簡素，枯淡，閑静などの美意識を何というか。

❺芭蕉の俳諧にみられ，わびをさらに精神的境地に取り入れ，孤独や愛惜のなかに生まれる美意識を何というか。

❻「さび」，「しおり」，「かるみ」の理念を確立し，俳諧を芸術として高めた元禄期の俳人とはだれか。

❼芭蕉の俳諧の新境地をきりひらいた紀行文とは何か。

❽浮世草子作家として町人文学を確立した江戸時代元禄期の代表的な作家とはだれか。

❾西鶴の代表作で，町人層の生活の悲喜劇を通して，金銭をめぐる人間の心理を描写したものとは何か。

❶義理・人情

❷近松門左衛門（1653〜1724）

❸幽玄

❹わび

❺さび

❻松尾芭蕉（1644〜94）

❼『奥の細道』

❽井原西鶴（1642〜93）

❾『日本永代蔵』

【2　町人の思想】

❶江戸時代の中期に町人道徳を庶民に理解しやすく説いた学問とは何か。

❷石門心学の祖とはだれか。

❸梅岩の説いた商人の三つの中心的徳目とは何か。

❹商人の営利活動を肯定した梅岩のことばとは何か。

❺梅岩の説く人間の心の本体とは何か。

❻梅岩が商人の道を正当的に説くために用いた町人道徳としての生活態度とは何か。

❼町人道徳を問答の形で説いた梅岩の主著は何か。

❽『華夷通商考』の著書で知られる江戸時代中期の天文

❶石門心学

❷石田梅岩（1685〜1744）

❸「正直，倹約，勤勉」

❹「商人の買利は士の禄に同じ」

❺心性

❻知足安分

❼『都鄙問答』

❽西川如見

第1章　日本の風土と外来思想の受容　87

地理学者で, 町人生活についても述べた人物とはだれか。　（1648 ～ 1724）

【3　農民の思想】

❶農本主義の立場にたって反封建思想を説いた江戸時代中期の思想家はだれか。

❷一切の権力を否定し農業を基本においた無政府で平等な万人直耕の生産社会を理想とする昌益の主著は何か。

❸昌益が説いた農本主義にもとづく階級や貧富のない理想的な社会とは何か。

❹人はすべて農業に従事せねばならず, 衣食住を自給するべきだとする昌益の考えとは何か。

❺昌益の説いた, 階級や差別や搾取からなる人為的な社会で, 万人直耕の存在しない世とは何か。

❻神道・儒教・仏教にもとづく庶民教育と報徳精神を説いた江戸時代後期の実践的農政家はだれか。

❼尊徳の思想の根底にある考え方で, 自然の営みのことをあらわすことばは何か。

❽尊徳の思想の根底にある考え方で, 人間のはたらきをあらわすことばは何か。

❾尊徳の説く, 自分の経済力に応じた, 合理的な生活設計をたてることを何というか。

❿尊徳の説く, 生産の結果, 倹約して生まれた余裕を人びとや将来のために蓄え, 譲ることは何か。

⓫尊徳の説いた思想の核心で, 分度と推譲を支える自分が, 今ここにいるのは他人のおかげによるものであり, その恩に当然報いなければならないとする考えで, 実行に移された思想は何か。

❶安藤昌益

（1703 ～ 62）

❷『自然真営道』

❸自然世

❹万人直耕

❺法世

❻二宮尊徳

（1787 ～ 1856）

❼天道

❽人道

❾分度

❿推譲

⓫報徳思想

【4　洋学と幕末の思想】

❶山脇東洋の著した日本で最初の実証的な解剖書とは何か。

❷前野良沢・杉田玄白がオランダの解剖書「ターヘル - アナトミア」を翻訳・刊行した著書は何か。

❸『蘭学階梯』を著した医師・蘭学者はだれか。

❹ニュートンの万有引力説やコペルニクスの地動説を紹

❶『蔵志』

❷『解体新書』

❸大槻玄沢

❹『暦象新書』

88 第2編 国際社会に生きる日本人としての自覚

介した志筑忠雄の著作は何か。

❺オランダの解剖書『ターヘル - アナトミア』の翻訳の苦心談を著した杉田玄白の著作は何か。

❻オランダ商館医員で，長崎で鳴滝塾を開き蘭学を発展させたが，国外通報処分となったドイツ人医師は誰か。

❼オランダ語を習得し西洋の事物を研究する学問は何か。

❽1837年のモリソン号事件で，幕府の異国船打払令を批判した人々が処罰された。この事件は何か。

❾江戸時代末期，西洋文物の研究，政治経済の討議を行った蘭学者の会は何か。

❿シーボルトに学び尚歯会を設立し，『戊戌夢物語』を著して幕府の鎖国政策を非難した洋学者は誰か。

⓫高野長英とともに尚歯会を設立し，幕府の対外政策を非難し蛮社の獄に連座した洋学者は誰か。

⓬モリソン号事件を非難した渡辺崋山の著書は何か。

⓭シーボルトが長崎郊外で多くの門弟に蘭学を教えた私塾を何というか。

⓮大坂で蘭学塾の適塾をひらいた人物はだれか。

⓯物理や化学の新知識を応用して，寒暖計やエレキテルを考案した科学者はだれか。

⓰幕末に，英語・仏語による学問の研究がなされたが，蘭学も含めてこれらを何といったか。

⓱甘藷の栽培でも知られる『和蘭文字略考』を著した人物とはだれか。

⓲日本人の固有な精神をもととして，西洋の科学・技術を受け入れようとする態度を何というか。

⓳自然科学を重くみて条理の学を唱えた江戸中期の思想家とはだれか。

⓴水戸藩でおこった，朱子学の大義名分論として展開した学派は何か。

㉑天皇崇拝を尊重し，一方で外国人を排除しようとする考え方は何か。

㉒信濃国松代の藩士で，江戸に洋式砲術と兵学の塾をひらき，開国論を主張した学者はだれか。

❺『蘭学事始』

❻シーボルト
（1796 ～ 1866）

❼蘭学

❽蛮社の獄

❾尚歯会

❿高野長英
（1804 ～ 50）

⓫渡辺崋山
（1793 ～ 1841）

⓬『慎機論』

⓭鳴滝塾

⓮緒方洪庵
（1810 ～ 63）

⓯平賀源内
（1728 ～ 79）

⓰洋学

⓱青木昆陽
（1698 ～ 1769）

⓲「和魂洋才」

⓳三浦梅園
（1723 ～ 89）

⓴水戸学

㉑尊王攘夷論

㉒佐久間象山
（1811 ～ 64）

第1章　日本の風土と外来思想の受容　89

❷「和魂洋才」の在り方を示した象山のことばは何か。

❷象山の主著は何か。

❷象山の門弟で，郷里の萩の松下村塾で，高杉晋作らの門弟を輩出した人物とはだれか。

❷天皇は万民の主君であり，すべての人々が集結し天皇に誠と忠義をつくすという松蔭の思想を何というか。

❷幕府海軍の創設と人材教育に尽力し，戊辰戦争では西郷隆盛との交渉で江戸城の無血開城を実現させた幕末・明治期の政治家はだれか。

❷勝海舟に学んだ土佐藩士で，薩長同盟を仲介し，大政奉還を推進中，京都で暗殺された人物とはだれか。

❷江戸時代末期に朝廷から孝明天皇の妹の和宮を将軍家茂に降嫁させるなど，幕府の力を補うために朝廷と提携する考えを何というか。

❸開国，公武合体策を説き，江戸幕府に代わる新しい政治体制のありかたを考えた肥後出身の儒学者はだれか。

❸横井小楠の主著は何か。

❷「東洋道徳・西洋芸術」
❷『省諐録』
❷吉田松陰
　（1830〜59）
❷一君万民論
❷勝海舟
　（1823〜99）

❷坂本竜馬
　（1835〜67）
❷公武合体論

❸横井小楠
　（1809〜69）
❸『国是三論』
　『国是七条』

【論述問題】

> 石田梅岩の思想が心学といわれるのはなぜか。

　人間は，心性（自己の心の本体）を知ることにより，天地自然の理を知り，聖人の心を知ることができる。そのことが，心をあるがままにとらえ私心・欲心をさける正直な行為につながると説いた。

> 報徳思想とは，どんな思想か述べよ。

　二宮尊徳の中心的思想。分度と推譲を実行していく自らの存在が，天地・君・親・祖先等の大きな徳のおかげによるとし，その恩に自ら徳をもって報いていくという考え方。

90　第2編　国際社会に生きる日本人としての自覚

◆　*INTRODUCTION*　⑦　日本の近代思想

明治維新―〈日本近代化の必要性〉→【 啓蒙思想 】：中心団体「明六社」
　　　　　　　　　　　　　　　　　　○福沢諭吉『学問のすゝめ』
　　　　　　　│　　　　　　　　　　　　　人権平等→独立自尊→実学主義
　　　〈鹿鳴館時代・欧化主義〉　　　　　　「一身独立して一国独立す」
　　　　　　　│
　　　　　　〈批判〉
　　　　　　　　　　　　　　　　　【 自由民権運動 】：理念「天賦人権論」
【 伝統主義思想 】◀━━━┘　　　　○中江兆民
　○平民主義　　　　　　　　　　　　　東洋のルソー,『民約訳解』
　　　徳富蘇峰『国民之友』　　　　　　民衆本位政治＝主権在民と抵抗権
　○国粋主義→教育勅語　　　　　　　　恩賜的民権を恢復的民権へ
　　　三宅雪嶺『日本人』　　　　　　　　　　〈挫折〉
　　　陸羯南『日本』
〈批判〉━━━━━━━━━━━━━▶【 キリスト教思想 】　【 近代文芸 】
　　│　　　　　　　　　　　　　　○内村鑑三　　　　　○非現実世界で
　　▼　　　　　　　　　　　　　　　「二つのJ」　　　　　の精神深化
【 社会主義思想 】　　　　　　　　　不敬事件　　　　　○北村透谷
　○幸徳秋水　　　　　　　　　　　　無教会主義　　　　　「浪漫主義」
　　　非戦論の展開「平民新聞」　　　戦争絶対廃止論　　○島崎藤村
　　　社会主義→無政府主義　　　　　　　　　　　　　　　「自然主義」
　　　大逆事件で処刑される　　　　　　　　　　　　　　○夏目漱石
〈批判的発展〉　　　　　　　　　　　　　　　　　　　　　「則天去私」
　│　　　　　　　　　　　　　　　　　　　　　　　　　○森鷗外
　▼　　　　　　　　　　　　　　　　　　　　　　　　　　「諦念」
【 大正デモクラシー 】━━━━━▶【 女性解放の思想 】　　　⇩
　○吉野作造　　　　　　　　　　　○矢島楫子　　　　　「白樺派」
　　　民本主義　　　　　　　　　　　婦人矯風会　　　　武者小路実篤
　　　　　　　　　　　　　　　　　○平塚らいてう
　　　　　　　　　　　　　　　　　　『青鞜』
　　　　　　　　　　　　　　　　　○市川房枝
　│　　　　　　　　　　　　　　　　新婦人協会
　▼
《 世界恐慌 》　　　　　　　　　【 西洋思想から独創的思想へ 】
　│　　　　　　　　　　　　　　○西田幾多郎
　▼　　　　　　　　　　　　　　　純粋経験,『善の研究』
【 国家主義思想 】　　　　　　　○和辻哲郎
　○北一輝　　　　　　　　　　　　間柄的存在,『人間の学としての倫理学』

第1章　日本の風土と外来思想の受容　91

【1　啓蒙思想】

❶封建制度を倒すことで，日本の近代化の出発点となった 1868 年から続いた一連の政治的変革を何というか。

❷明治政府が欧米列強の圧力に抗して日本の近代化をめざすために掲げた二つの政治的スローガンとは何か。

❸明治政府の近代化政策によって打ち出された西欧のあらゆる文物を輸入するという社会的風潮を何というか。

❹ 1873 年にアメリカから帰国した森有礼を中心として結成され，国民の近代的啓蒙に意欲を燃やした文化団体を何というか。

❺明六社が紹介し，国民の間に広めようとした西洋近代思想とはどのようなものか。

❻明六社によって発刊され，封建主義を批判し，啓蒙思想の普及の上で大きな役割を果たした機関誌のことを何というか。

❼明六社の同人のなかでもっとも大きな役割を果たしたとされる豊前中津藩の下級武士出身の啓蒙思想家で，慶応義塾の創始者とはだれか。

❽福沢諭吉は啓蒙思想家を志すこととなった自分の反封建的感情を，著書『福翁自伝』のなかでどのように表現しているか。

❾福沢諭吉は著書『学問のすゝめ』のなかで，人間は生まれながらにしてすべて平等であるという主張をどのように表現したか。

❿福沢諭吉は各人が生まれながらにもっている自由平等の人権が保障されることを何と表現したか。

⓫本来平等である人間がもたなければならない，自分で判断し，処置し，独立の生計を立てるという精神のことを福沢諭吉は何といったか。

⓬福沢諭吉が独立自尊のために必要だと主張した，日常生活に役立つ有用な学問のことを何というか。

⓭国権と民権，国と個人との内的関連を表した福沢諭吉のことばは何か。

⓮日本文明を批判的にとらえた文明論で，1875 年に福沢諭吉が発表した著書は何というか。

❶明治維新

❷殖産興業，富国強兵

❸文明開化

❹明六社

❺功利主義，自由主義，人権思想

❻「明六雑誌」

❼福沢諭吉（1835 ～ 1901）

❽「門閥制度は親の敵で御座る」

❾「天は人の上に人を造らず　人の下に人を造らず」

❿権理通義

⓫独立自尊

⓬実学

⓭「一身独立して一国独立す」

⓮『文明論之概略』

92　第2編　国際社会に生きる日本人としての自覚

⓯自由民権運動を批判し，国権優先とアジアに対する日本の帝国主義的対応の支持を打ち出した，福沢諭吉の考え方を何というか。

⓰明六社のメンバーで，「客観」「主観」「哲学」「倫理学」「論理学」といった用語を造出し，日本の近代哲学の父とよばれている人はだれか。

⓱明六社のメンバーで，自由民権運動が盛んな時期には立憲政体の必要性を説き，啓蒙思想家として活躍したが晩年には転向し，国家論を説いたのはだれか。

⓲明六社のメンバーで，J.S.ミルの著作を翻訳し『自由之理』として出版。禁教であったキリスト教に心服し，天皇も洗礼せよと説いたといわれる啓蒙学者とはだれか。

⓳明六社を創設し啓蒙活動を進める一方，初代文部大臣をつとめ，近代教育制度の基礎を確立した人物はだれか。

⓯脱亜論

⓰西周
（1829～97）

⓱加藤弘之
（1836～1916）

⓲中村正直
（1832～91）

⓳森有礼
（1847～89）

【2　自由民権思想】‥‥‥‥‥‥‥‥‥‥‥‥‥‥‥‥‥‥‥‥‥

❶明治初期に展開された国会開設や地租軽減を求める民主主義運動のことを何というか。

❷自由民権運動の理論的支柱となった，人間の自由や平等といった権利は生まれながらにして天から与えられたものであるという思想を何というか。

❸専制政府を攻撃し，人民の抵抗権・革命権を主張。自由民権左派の指導者となり，東洋のルソーともよばれている人はだれか。

❹民主共和の思想を広めるために，中江兆民が出したルソー著『社会契約論』の訳書を何というか。

❺中江兆民は欽定憲法のような「上から」与えられた民権を何ということばで表現したか。

❻中江兆民は民定憲法のような「下から」の民権を何ということばで表現したか。

❼恩賜的民権を恢復的民権にしていかなければならないと主張した中江兆民の著書を何というか。

❽1881（明治14）年に，抵抗権や革命権を規定した最も急進的な憲法私案「東洋大日本国国憲按」を起草した，自由民権運動の理論的指導者とはだれか。

❶自由民権運動

❷天賦人権論

❸中江兆民
（1847～1901）

❹『民約訳解』

❺恩賜的民権

❻恢復（回復）的民権

❼『三酔人経綸問答』

❽植木枝盛
（1857～92）

第1章　日本の風土と外来思想の受容　　93

❾植木枝盛が 1879 年に発行した，権利や自由に関するや　❾『民権自由論』
さしい解説書のことを何というか。

【3　伝統思想】

❶日本を西欧諸国の水準に高めるために，政府自らが欧　❶欧化主義
米文化の模倣に努めようとしたことを何というか。
❷外交官や上流社会の男女が欧米流にダンスをするとい　❷鹿鳴館時代
うことに象徴される，極端な欧化主義が 1880 年代に現
れてきたが，この時代を何というか。
❸政府の欧化主義を上流社会に偏っていると批判し，一　❸平民主義
般民衆の立場からこそ西欧文化の受容がなされるべきで
あるとする主張を何というか。
❹民友社をおこして平民主義を主張した思想家はだれか。　❹徳富蘇峰
　　　　　　　　　　　　　　　　　　　　　　　　　　（1863 ～ 1957）
❺1887 年に徳富蘇峰が発刊した雑誌とは何か。　　　　　❺『国民之友』
❻欧化主義を排し，日本の国情や伝統に即した自主的な　❻国粋主義
改革をするべきであるという主張を何というか。
❼政教社を結成し，日本民族の精神的，文化的な伝統に　❼三宅雪嶺
誇りと自覚をもつよう主張した国粋主義者とはだれか。　（1860 ～ 1945）
❽三宅雪嶺が 1888 年に創刊した政教社の雑誌とは何か。　❽『日本人』
❾自らの日本主義を「国民旨義」と規定し，政治道徳の　❾陸羯南
必要性や国家の自主的態度の必要性を強調した国粋主義　（1857 ～ 1907）
者はだれか。
❿陸羯南が発刊した新聞を何というか。　　　　　　　　❿『日本』
⓫忠君愛国の儒教道徳にもとづいた国体思想や立憲思想　⓫教育勅語
を基本として起草され，戦前日本の国家主義教育の中心
的役割を担った勅令を何というか。
⓬大日本帝国憲法と教育勅語によって政治や教育と一致　⓬国家神道
させられ，日本を神国と規定する基礎となった国家主導
の宗教を何というか。
⓭明六社の一員で儒教による国民道徳の回復を唱えた人　⓭西村茂樹
物はだれか。　　　　　　　　　　　　　　　　　　　　（1828 ～ 1902）
⓮儒教を根幹とした西村茂樹の道徳論は何か。　　　　　⓮『日本道徳論』

94　第2編　国際社会に生きる日本人としての自覚

【4　キリスト教の受容】

❶ 1875年に同志社英学校を設立し，キリスト教精神に
もとづく実学主義の教育に尽力した，明治の代表的なキ
リスト教思想家とはだれか。

❷同志社英学校で新島襄に学び，復古神道との結合をは
かったキリスト教を「日本的新キリスト教」として首唱
したキリスト教牧師とはだれか。

❸西洋キリスト教の精神を日本に伝道することを使命と
し，海老名弾正との論争において，教育勅語による国民
道徳体系を批判したプロテスタントの思想家とはだれか。

❹札幌農学校でキリスト教に感化された後，他の諸思想
との共存・妥協を拒否しつつキリスト教的な立場からの
愛国心を説いた，日本を代表するキリスト者とはだれか。

❺内村鑑三が影響を受けた札幌農学校の創設者で，帰国
に際し "Boys, be ambitious!" という有名なことばを残
していったアメリカの教育者とはだれか。

❻日本こそ真のキリスト教が根づく国であると考えた内
村鑑三が生涯を通して愛し，身を捧げたものとは何か。

❼ルターの宗教改革をさらに徹底したものともいえる，
真の信仰を広めるためには教会は有害であるという内村
鑑三の主張を何というか。

❽ 1891年，内村鑑三が教育勅語の奉読式の際に勅語へ
の拝礼を拒否したため職を追われた事件を何というか。

❾日露戦争開戦の際，内村鑑三は，キリスト教的人道主
義の立場からどのような主張を展開したか。

❿内村鑑三のキリスト教思想の本質を表現している彼の
墓碑銘にあてられた有名なことばとは何か。

⓫内村鑑三とともに札幌農学校で学び，キリスト教的人
格教育を唱え，さらに国際連盟事務次長として国際平和
のためにも尽力したキリスト教思想家とはだれか。

---

❶新島襄
（1843〜90）

❷海老名弾正
（1856〜1937）

❸植村正久
（1858〜1925）

❹内村鑑三
（1861〜1930）

❺クラーク
（1826〜86）

❻二つのJ
（JesusとJapan，
イエスと日本）

❼無教会主義

❽不敬事件

❾戦争廃止論

❿「われは日本の
ため，日本は世
界のため，世界
はキリストのた
め，そしてすべ
ては神のため」

⓫新渡戸稲造
（1862〜1933）

第1章　日本の風土と外来思想の受容　95

⑫武士道はキリスト教の精神とも共通する普遍的価値を
有するものであるということを主張した，新渡戸稲造の
英文による著書を何というか。

⑫『武士道』

【5　社会主義思想】

❶キリスト教的人道主義の立場から社会主義思想を展開
し，日本共産党の結成，コミンテルン国際大会への参加
等，終生幹部役員として尽力した社会主義者とはだれか。

❶片山潜
（1859 〜 1933）

❷キリスト教的人道主義の立場から社会主義思想を展開
し，日本フェビアン協会長を歴任するなど無産政党右派
の指導者として活躍した社会主義政治家とはだれか。

❷安部磯雄
（1865 〜 1949）

❸キリスト教徒として禁酒，廃娼運動を展開するなかで
社会主義運動に入り，反戦小説『火の柱』を発表するな
どして社会主義作家として活躍したのはだれか。

❸木下尚江
（1869 〜 1937）

❹中江兆民に感化を受けた後，片山潜主宰の社会主義研
究会に入会。平民主義・社会主義・平和主義を合法的な
方法で世論に訴えて実現しようとしたが，大逆事件で処
刑された明治時代の代表的な社会主義思想家とはだれか。

❹幸徳秋水
（1871 〜 1911）

❺日本政府がとる帝国主義は外国人の討伐を名誉とする
好戦的・排他的な愛国心によるとして，このような状態
が続けば 20 世紀の文明は破壊されると警告した，幸徳
秋水の著書を何というか。

❺『廿世紀之怪
物帝国主義』

❻1901 年に片山潜・幸徳秋水・安部磯雄・木下尚江ら
が中心となって結成されたが，すぐ禁止となってしまっ
た社会主義政治団体を何というか。

❻社会民主党

❼日露戦争の際，内村鑑三や幸徳秋水らが中心となって
非戦論を展開。しかしその後主戦論に転換し，彼らが見
切りをつけた新聞を何というか。

❼万朝報

❽万朝報で幸徳秋水らとともに日露戦争の非戦論を展開
し，日本社会党を結成。その後，マルクス主義の立場か
ら日本共産党の創立にも参加した社会主義者とはだれか。

❽堺利彦
（1870 〜 1933）

❾幸徳秋水と堺利彦が，非戦論を展開するために万朝報
を退職して設立した新聞社を何というか。

❾平民社

❿平民社から発行された新聞を何というか。

❿平民新聞

⓫権力の苛酷な弾圧と反権力側の分裂から合法的な改革

⓫無政府主義

96　第2編　国際社会に生きる日本人としての自覚

に限界を感じた幸徳秋水は，渡米後どのような思想に傾倒することとなったか。

（アナーキズム）

⓬1910年，幸徳秋水ら多数の社会主義者・無政府主義者が天皇暗殺計画容疑で逮捕，翌年処刑され，それ以後社会主義が冬の時代を迎えることとなった事件とは何か。

⓬大逆事件

⓭利己心の否定を生涯の実践目標とし，資本主義社会の貧困問題からマルクス主義に傾倒していった日本におけるマルクス主義の先駆者とはだれか。

⓭河上肇
（1879 ～ 1946）

【6　女性解放の思想と大正デモクラシー】

❶自由民権とともに女性の自主独立を訴え，その後の女性解放運動家に大きな影響を与えた明治の婦人運動家とはだれか。

❶岸田俊子（中島湘烟）
（1863 ～ 1901）

❷女性解放には経済的独立が必要であるという考えから女子の実業教育に努め，その後，社会主義による女性解放を目指して雑誌『世界婦人』を創刊した婦人運動家とはだれか。

❷景山（福田）英子
（1865 ～ 1927）

❸矢島楫子が設立し，一夫一婦，廃娼，婦人参政などをその主張として活動を行った婦人団体を何というか。

❸婦人矯風会

❹大正時代に展開された，藩閥・軍閥支配の政治による政治的・社会的・経済的差別抑圧からの解放と市民的自由の獲得を目標とした幅広い運動を何というか。

❹大正デモクラシー

❺階級闘争的な社会観に反対し，天皇主権内での民衆の政治参加を主張した大正デモクラシーの指導者はだれか。

❺吉野作造
（1878 ～ 1933）

❻吉野作造によって唱えられた，天皇主権を前提としつつ民衆の利益幸福を実現するために民衆の意向によって政策決定を行うべきであるとする思想を何というか。

❻民本主義

❼天皇機関説を説き，吉野作造とともに大正デモクラシーを指導した人物はだれか。

❼美濃部達吉

❽女性解放実現のためには，女性を束縛する古い因習を打破し，女性の自我確立を目指さなければならないと主張した，大正デモクラシー期の婦人運動家とはだれか。

❽平塚らいてう
（1886 ～ 1971）

❾女性の天才を生むことを目標に，平塚らいてうが中心となって発刊した日本最初の女流文芸誌を何というか。

❾『青鞜』

❿婦人参政権の実現に力を注ぎ，「婦選獲得同盟」の活

❿市川房枝

第1章　日本の風土と外来思想の受容　97

動を指導した婦人運動家で，戦後は生涯を通じて国会議員として活躍した女性政治家はだれか。

（1893 ～ 1981）

⓫平塚らいてう・市川房枝らが1920年に設立し，男女の機会均等，家庭の社会的意義，母性の権利擁護などを掲げて活動を展開した女性解放団体を何というか。

⓫新婦人協会

【7　近代文芸の思想】

❶小説『浮雲』によって，社会からも恋愛からも疎外され，自己の内面に閉ざされていく近代人の心理を言文一致で描いた文学者はだれか。

❶二葉亭四迷
（1864 ～ 1909）

❷坪内逍遙・二葉亭四迷らによって唱えられた，あるがままの人間を正視するという文学理論を何というか。

❷写実主義

❸近代に入り，西洋思想受容にあたり文学者や知識人が求めた主体的・内面的自己意識を何というか。

❸近代的自我

❹19世紀ヨーロッパの影響を受けて明治中期に起こってきた，世俗的な習慣や封建的倫理にとらわれず，個人の絶対化と内面的真実を尊重する文芸思潮を何というか。

❹ロマン（浪漫）主義

❺自由民権運動が挫折した後，文学に戦いの場を求め，恋愛の賛美と生命感の充実を叫んで功利的な文学を激しく否定した，ロマン主義の中心的文学者とはだれか。

❺北村透谷
（1868 ～ 94）

❻北村透谷は，藩閥官僚が支配する半封建的な明治期の現実社会を徹底的に批判して，何とよんだか。

❻実世界

❼北村透谷が実世界と対置させた，別な価値体系を有する文学や思想などの精神世界のことを何というか。

❼想世界

❽実世界を超え，想世界を創造するエネルギーである「内部生命」について論じた北村透谷の著書を何というか。

❽『内部生命論』

❾北村透谷が，当時の文化人，山路愛山との論争の過程で発表した，文学の価値を説いた作品は何か。

❾『人生に相渉るとは何の謂ぞ』

❿北村透谷らが中心となって，1893年に創刊された浪漫主義文学運動の中心的雑誌とは何か。

❿『文学界』

⓫日露戦争の際に，戦場の弟の身を案じて「君死にたまうこと勿れ」をよんだロマン主義に属する歌人とはだれか。

⓫与謝野晶子
（1878 ～ 1942）

⓬作者個人の内面的真実を客観的に描くことを目標として，古い道徳や習俗を批判し，タブーを恐れずに本能の世界を掘り下げていった文学思潮を何というか。

⓬自然主義

98 第2編 国際社会に生きる日本人としての自覚

⓭当初『文学界』に参加していたが，その後，『破戒』で社会の偏見に苦しみながらも自我に目覚めていく青年を描き，自然主義文学の中心的文学者となったのはだれか。

⓮自然主義文学を批判し，文学の虚構性を重んじつつも自我に巣くうエゴイズムの醜さを追及することで，近代知識人の不安と孤独を描いた文学者とはだれか。

⓯不安感や虚無感から脱却するために夏目漱石が自ら確立した，自己に忠実にすべてを判断し発展させるという立場を何というか。

⓰倫理的価値に基づき，他者の存在を認めつつ自己の個性と本来のあり方を求めることを漱石は何とよんだか。

⓱自己本位の本来の意味に基づく個人主義とその成立の経緯について論じた漱石の講演録とは何か。

⓲語り手の「先生」からの遺書という形をとり，近代的自我とエゴイズムとの相克を描いた漱石の小説は何か。

⓳自己の確立とエゴイズムとの矛盾のなかで夏目漱石が行きついた，エゴにとらわれる一切の執着を超え，東洋的宗教的な世界の理法に従って生きる境地を何というか。

⓴自己本位を基礎として，自己の内から自然に出て文明が発展することを何というか。

㉑明治以降の日本近代化に代表される，外部からの圧力によってやむを得ず文明を導入することを何というか。

㉒軍医という立場から，可能なかぎり自己を忠実に表現し，知識人を指導しようとしてきた文学者とはだれか。

㉓テーマを一定の方法で書く自然主義文学を批判し，小説は心に苦痛や不平を伴わず，自由に書くべきであるとする森鷗外の文学の基本的立場を何というか。

㉔森鷗外が『かのように』で説いた，神や義務は事実として対立できないが，あると見なすことで社会生活が保たれるとする思想を何というか。

㉕家族や社会への義務と個人の自由と葛藤をとおして，近代的自我の形成の難しさを描いた鷗外の小説は何か。

㉖理想主義的な人道主義にもとづいた自我尊重の作品を発表し，自我梗塞に悩む文学界に明るく清新な空気を送り込んだ学習院出身者の文学者グループを何というか。

⓭島崎藤村
（1872 ～ 1943）

⓮夏目漱石
（1867 ～ 1916）

⓯自己本位

⓰個人主義

⓱『私の個人主義』

⓲『こころ』

⓳則天去私

⓴内発的開化

㉑外発的開化

㉒森鷗外
（1862 ～ 1922）

㉓諦念
（レジグナチオン）

㉔「かのように」の哲学

㉕『舞姫』

㉖白樺派

第1章　日本の風土と外来思想の受容　99

❷トルストイの影響から人道主義を唱え、『お目出たき人』などの作品で人間肯定の精神を示した、白樺派の中心的文学者とはだれか。

❷武者小路実篤
（1885 ～ 1976）

❷自ら有する強靭な自我を肯定し、透徹した簡潔なリアリズムによる作品を発表。代表作に『暗夜行路』がある白樺派の文学者とはだれか。

❷志賀直哉
（1883 ～ 1971）

❷内村鑑三の影響でキリスト教徒となったが、のち社会主義に関心を示し、『生まれ出づる悩み』では愛を基調とした自我の確立を目指した白樺派の文学者とはだれか。

❷有島武郎
（1878 ～ 1923）

❸功利を排し、個人の責任で理想を追求しようとする態度で『三太郎の日記』を執筆して人格主義を唱え、大正教養主義の中心となった文学者とはだれか。

❸阿部次郎
（1883 ～ 1959）

【8　西田幾多郎の思想】………………………………

❶東洋思想に西洋哲学を取り入れる独自の思想体系を樹立し、明治から昭和にかけて活躍した哲学者とはだれか。

❶西田幾多郎
（1870 ～ 1945）

❷西田幾多郎によって展開された、精神を重視する日本的な観念論を何というか。

❷西田哲学

❸西田幾多郎が親しんだ禅の境地のように、主観と客観が分化する以前の状態を何というか。

❸主客未分

❹西田哲学では、西洋哲学の出発点である主観と客観の対立を批判し、主客未分の状態を美の境地であると主張する。ではそのときの経験を何とよんでいるか。

❹純粋経験

❺純粋経験の思想が展開されている、西田幾多郎の著書を何というか。

❺『善の研究』

❻西田哲学では、あらゆる存在を限定する「場所」を存在ではなく、何とよんでいるか。

❻絶対無

❼現実の世界は個物と個物との相互限定の世界でなければならないと考えた西田幾多郎は、現実の世界を何とよんだか。

❼絶対矛盾的自己同一

❽西田哲学において、あらゆる現実を無の場所（絶対無）の自己限定とみなす考え方を何というか。

❽場所の論理

❾欧米を歴訪して日本文化や禅思想の紹介に努め、その後、「松ヶ岡文庫」を設立した思想家とはだれか。

❾鈴木大拙
（1870 ～ 1966）

❿『文学に現はれたる我が国民思想の研究』などを著し、

❿津田左右吉

100 第2編 国際社会に生きる日本人としての自覚

文学作品を基に日本思想を研究した人物は誰か。　　　　　　　（1873 ～ 1961）

⓫芸術的な形成力をモデルとした構想力の論理で，主観　　⓫三木清
と客観の統一およびファシズムからの脱却をはかろうと　　（1897 ～ 1945）
した西田幾多郎門下の哲学者とはだれか。

⓬西田哲学に欠けていた，社会と個人との関わりを問題　　⓬田辺元（たなべはじめ）
とし，虚無的な個人を主体に高めるとともに国家に道義　　（1885 ～ 1962）
的性格を与えようとした哲学者とはだれか。

【9　和辻哲郎の思想】‥‥‥‥‥‥‥‥‥‥‥‥‥‥‥‥‥‥‥‥‥‥‥‥‥

❶西田幾多郎の影響から西欧思想を批判的に受容し，情　　❶和辻哲郎（わつじてつろう）
愛的な共同生活を尊いと考える日本古来の伝統を評価し　　（1889 ～ 1960）
つつ日本固有の倫理学を樹立した思想家とはだれか。

❷外来文化の摂取者・加工者としての独立性を保った日　　❷重層的性格
本文化の性格を和辻哲郎は何とよんだか。

❸人間の存在は個人と社会との相互否定的な関係のなか　　❸間柄（人倫）的（あいだがら）
にあるとする，和辻倫理学の人間観を何というか。　　　　　存在

❹人間を間柄的存在であると規定し，真の人間の生き方　　❹『人間の学とし
を人倫に合一して生きることであると主張した，和辻哲　　ての倫理学』
郎の著書を何というか。

❺和辻哲郎が 1935 年に出した，国民道徳と風土との関　　❺『風土』
係を考察した著書を何というか。

❻『風土』では東アジアや東南アジアにみられる自然に　　❻モンスーン型
対して受容的・忍従的な性格をもつものを何とよぶか。

❼西アジアや内陸，アフリカにみられる自然や他民族に　　❼砂漠型
対する対抗的・戦闘的性格をもつものを何とよぶか。

❽ヨーロッパにみられる従順な自然の中で，自他に対し　　❽牧場型
て自発的・合理的な性格をもつものを何というか。

【10　国家主義の思想】‥‥‥‥‥‥‥‥‥‥‥‥‥‥‥‥‥‥‥‥‥‥‥‥‥

❶恐慌以後の不安な社会状況で主流となってきた，国家　　❶国家主義
に対する没我的な忠孝を強調する思想を何というか。

❷天皇大権によってクーデターを起こし，一国社会主義　　❷北一輝（きたいっき）
を実現しようとして，2・26 事件の際に処刑された右翼　　（1883 ～ 1937）
運動家とはだれか。

❸対外的には侵略主義，対内的には国家至上主義をとる　　❸超国家主義

第1章　日本の風土と外来思想の受容　101

過激な国家主義を何というか。

❹個人に対する全体の優位を唱え，軍事力に国民を総動員して対外侵略を正当化する立場を何というか。

❹ファシズム（全体主義）

【11　民俗学と現代日本の思想】

❶文献によらず，伝承資料によって日本人の過去の生活実態や価値観，精神的特色を探究する学問を何というか。

❶民俗学

❷日本民俗学の確立者で，全国各地の民間伝承や習俗・信仰の研究から日本人の精神を探究した人物はだれか。

❷柳田国男（1875 〜 1962）

❸民間伝承を保持している無名の人々の階層を柳田国男は何とよんだか。

❸常民

❹柳田国男が，岩手県に伝わる民間伝承をまとめた著書を何というか。

❹『遠野物語』

❺生活様式・信仰・歌謡・伝説など，「文字以外の形をもって伝わっている材料」のことを何というか。

❺習俗

❻柳田は日本人の信仰心が祖先崇拝にあるとしたが，田の神や山の神になり子孫を見守る先祖の霊とは何か。

❻祖霊

❼日本人の信仰心について論じた柳田の著書は何か。

❼先祖の話

❽折口信夫は日本人の神の原型であるまれびとをもてなすことを起源として生まれたものが何であるとしたか。

❽芸能

❾歌人でもあり，柳田国男に学び，民俗学に国文学を導入して，宗教・芸能など広範囲に研究した人物はだれか。

❾折口信夫（1887 〜 1953）

❿折口信夫によれば，古代日本人が理想郷とした海のかなたの世界は何とよばれていたか。

❿常世国

⓫常世の国からときを定めて，村落に訪れる人のことを何というか。

⓫まれびと

⓬柳田国男や折口信夫は自分たちの民俗学研究を江戸時代以来の学問的伝統を受けるものとして何とよんだか。

⓬新国学

⓭明治政府の神社合祀政策に反対し，鎮守の森の保護を訴えた生物学者・民俗学者はだれか。

⓭南方熊楠（1867 〜 1941）

⓮白樺派にも属し，実用品や無名の職人の作品に美を見出した民俗学者はだれか。

⓮柳宗悦（1889 〜 1961）

⓯実用品や無名の職人の手仕事による美を柳宗悦は何とよんだか。

⓯民芸

⓰岩手県の農村で農業研究をする一方で，科学的知識と

⓰宮沢賢治

仏教思想を基とした童話や詩を表した人物はだれか。

❼文芸批評を自己内面の表現として文学や思想の領域に高め，『様々なる意匠』などを著した評論家はだれか。

❽日本に近代精神を根付かせるには近代以前の伝統思想を理解することが必要であると説くとともに，独自の天皇制国家論を展開した政治学者とはだれか。

❾『堕落論』を著し，敗戦後の道徳的退廃から脱却し，自己に根ざした道徳の回復を唱えた小説家はだれか。

(1896 ～ 1933)

❼小林秀雄
(1902 ～ 83)

❽丸山真男
(1914 ～ 96)

❾坂口安吾
(1906 ～ 55)

【論述問題】

近代文学が成立する背景について述べよ。

　明治維新の急激な変化のなかにあって，文学はゆっくりとした歩みをしていたが，啓蒙思想の影響を受けた自由民権運動の挫折によって，非現実世界での精神的深化に関心が向けられ，それが近代文学へと発展し，政治的・経済的無力感を感じた人々は内面的・精神的世界に関心を向け，北村透谷を中心とするロマン主義運動や，夏目漱石の個人主義の提唱などを生んだ。

日本近代における西洋思想の受容はどのような特色をもつか述べよ。

　近代日本における西洋思想の受容は伝統思想を否定する形で行われ，精神的に屈折した多様な展開をとげた。代表的なものには，福沢諭吉や明六社の思想家たちによるイギリス流民権思想および功利主義，中江兆民や自由民権運動の人々によるフランス流急進的民権思想，内村鑑三によるキリスト教思想などがある。彼らはいずれも西洋のもつ物質文明や政治経済の諸制度ばかりでなく，その根底にある倫理思想を受容し，国民精神の改造をめざした。

西田幾多郎と和辻哲郎の日本思想史上における役割について述べよ。

　両者とも，西洋思想の消化と東洋的思想の理論化によって日本近代化の矛盾の解決をはかり，真の日本の近代化に向けた独創的な思想を展開した。
　西田は西洋哲学と日本の伝統思想，特に禅を融合変化させ，主客合一の「純粋経験」や「絶対無」を説き，和辻は人間を「間柄的存在」として社会と個人との合一として人間をとらえた。

第2章　世界のなかの日本人

◆ *INTRODUCTION*　　① 平和への道

【 平和への道 】：第一次・第二次世界大戦から国際平和へ
　○平和を求める⇔ナチスのユダヤ人迫害・沖縄集団自決・南京大虐殺
　○核兵器廃絶　広島・長崎への原子爆弾投下
　　　　　　　　非核三原則
　　　　　　　　ラッセル‐アインシュタイン宣言
　　　　　　　　パグウォッシュ会議
　　　　　　　　平和のための結集決議
　○国際社会と人類愛　世界人権宣言
　　　　　　　　　　　国際人権規約
　　　　　　　　　　　カント『永久平和のために』

【 地球と人類社会 】：自然との共生と世界のなかの日本人
　○国境を越える情報　ボーダレス社会
　○自然と共生　生態系（エコ‐システム）と環境問題
　○国際平和
　○人権問題
　○人種・民族問題
　○女性の地位向上
　○子どもの人権

【 世界のなかの日本人 】：人類愛と国際平和実現をめざして
　○経済大国としての立場
　○世界最初の被爆国　　　　　　　　┐国際貢献
　○世界で最も平和主義的な憲法をもつ国┘

104 第2編 国際社会に生きる日本人としての自覚

【① 平和への道】

❶人類を，体質・体格など身体的特徴で分類したものを何というか。	❶人種
❷人類を言語・習慣など文化的特徴で分類したものを何というか。	❷民族
❸ドイツのヒトラーがユダヤ人を絶滅するためとして，ポーランドに設立したものは何か。	❸アウシュビッツ強制収容所
❹日中戦争で日本軍が南京に入城した際に，軍人に加えて一般市民を大量に殺害した事件とは何か。	❹南京大虐殺
❺第二次世界大戦中，広島・長崎に投下されたものは何か。	❺原子爆弾
❻核兵器を作らず・持たず・持ち込ませずという日本政府の核兵器に対する方針を何というか。	❻非核三原則
❼1955年，核兵器による人類絶滅の危機について警告したイギリスとドイツの学者による宣言とは何か。	❼ラッセル - アインシュタイン宣言
❽1957年，「ラッセル - アインシュタイン宣言」に基づいてカナダでひらかれた会議は何か。	❽パグウォッシュ会議
❾1950年，国連の安全保障理事会が大国の拒否権で機能しなくなった場合，緊急特別総会をひらき安全保障措置を講ずることができることを決めた国連第5回総会の決議は何か。	❾平和のための結集決議
❿1948年，国連総会で採択され，世界のすべての人民および国家の達成すべき共通の基準となる人権の具体的な内容を宣言したものを何というか。	❿世界人権宣言
⓫1966年，国連総会で採択された，世界人権宣言に法的拘束力をもたせた人権保障の国際基準は何か。	⓫国際人権規約
⓬諸国家を共和的に結合させることによって永久平和を実現するべきだと著書『永久平和のために』に説いたドイツの哲学者はだれか。	⓬カント（1724 〜 1804）
⓭オランダの政治家・法律家で，『戦争と平和の法』を著した国際法の父とはだれか。	⓭グロチウス（1583 〜 1645）
⓮1989年，中国で民主化を要求するため北京に全国から集まってきた学生たちを人民解放軍が制圧した事件は何か。	⓮天安門事件

第2章　世界のなかの日本人　105

⓯ 1989 年，東西冷戦の終結を意味するドイツで起きた
できごととは何か。

⓯ ベルリンの壁崩壊

⓰ 1991 年，前年のイラク軍のクウェート侵攻により起
きた戦争を何というか。

⓰ 湾岸戦争

⓱ 国連が軍事監視団や平和維持軍を派遣し，紛争や武力
衝突を平和的に収拾する平和維持活動を何というか。

⓱ ＰＫＯ

【**②　地球と人類社会**】・・

❶ 大気汚染，水質汚濁や騒音などから人間の健康を保護
し，開発による破壊から自然を守ることを何というか。

❶ 環境保全

❷ 動植物などの生物，さらには地球環境も含む共存共栄
のことを何というか。

❷ 共生

❸ 地球環境問題の認識と身近なところからの解決を示し
たスローガンとは何か。

❸ 「地球規模で考
え，地域から行
動する」

❹ 「1 人の 1 万ポンドより 1 万人の 1 ポンド」をスロー
ガンとしてイギリスで起こった環境保護運動とは何か。

❹ ナショナル - ト
ラスト運動

❺ 高貴な身分・地位にあるものはそれにふさわしい義務
と責任を果たすべきであるという考え方を何というか。

❺ ノーブレス - オ
ブリージ

❻ 現在を生きるものは未来世代への責任をもたなければ
ならないという考え方を何というか。

❻ 世代間倫理

【**論述問題**】

> **冷戦とは何か述べなさい。**

　第二次世界大戦後，アメリカを中心とする勢力とソ連を中心とする勢力と
の対立が激化し，緊迫した国際情勢で，直接軍事衝突に至らない状態のこと。

> **国際社会における日本の役割について述べなさい。**

　日本は，世界で最初の被爆国であり，世界で最も平和主義的な憲法をもつ
国として，国際連合など平和のための機関に積極的に協力していくことが大
切である。

106　第3編　現代社会における人間と倫理

第3編　　現代社会における人間と倫理

第1章　現代社会の特質と倫理的課題◇◇◇◇◇◇◇◇◇◇◇◇◇◇◇◇◇◇◇◇◇

◆　***INTRODUCTION***　　①　現代社会の成立

【 産業革命と技術革新 】　：大量生産と大量消費
　　○産業革命　　　　　18世紀，イギリス，石炭・蒸気機関
　　（第一次技術革新）
　　○第二次技術革新　　石油・電力，オートメーション
　　○第三次技術革新　　電子工学・石油化学・生命工学・原子力

【 豊かな社会とその問題点 】　：現代社会の諸問題
　　　　　　　　　　　　　　　　物質的豊かさのなかの精神的貧しさ
　　○豊かさ　　　多種多様な商品の消費
　　　　　　　　　マス‐メディアの発達による情報の獲得
　　　　　　　　　中流意識

　　○問題点　　　環境破壊や公害
　　　　　　　　　没個性や自主性の喪失
　　　　　　　　　無責任な行動
　　　　　　　　　周囲の行動に無批判に同調
　　　　　　　　　時間に追われ，緊張感にさらされる
　　　　　　　　　ゆとりや生き生きした感情が失われる

　　○現代の社会状況　　大衆化
　　　　　　　　　　　　情報化
　　　　　　　　　　　　都市化
　　　　　　　　　　　　核家族化
　　　　　　　　　　　　高齢化
　　　　　　　　　　　　国際化

第1章 現代社会の特質と倫理的課題　107

【① 現代社会の成立】

❶18世紀後半にイギリスでおこった生産上・経済上の大変革を何というか。

❷産業革命では生産様式が何から何へと変革されたか。

❸石炭などの固体燃料から石油などの液体燃料へエネルギー源が変換したことを何というか。

❹科学技術の発達により生産方式が画期的に飛躍することを何というか。

❺19世紀から20世紀はじめにかけて，新たなエネルギー源として石油や電力の利用，流れ作業方式の導入により生産性が向上した変革を何というか。

❻第二次世界大戦後から20世紀の後半にかけて，電子工学，石油化学，生命工学などの新たな技術が進歩したことを何というか。

❼工業において，人間の管理や制御の能力をコンピュータに覚えさせて自動化し，単一製品の大量生産，コストの引き下げ，安全化をはかることを何というか。

❽半導体，集積回路などの電子工学を技術的に応用した産業を何というか。

❾第一次産業から第二次産業へ，さらに第三次産業へと産業の比重が移行することを何というか。

❿テレビ・洗濯機・冷蔵庫などのように購入してから数年以上使用できる消費財を何というか。

⓫膨大な情報を記憶できる大規模集積回路のことを何というか。

⓬生物の機能を応用した工業技術を何というか。

⓭現代社会における機械による人間の奴隷化を風刺したチャップリンの映画は何か。

⓮工業中心の社会の次の段階で，情報・サービスなど第三次産業の発達が著しい社会を何というか。

⓯脱工業化社会を命名したアメリカの社会学者はだれか。

❶産業革命（第一次技術革新）

❷工場制手工業から工場制機械工業

❸エネルギー革命

❹技術革新（イノベーション）

❺第二次技術革新

❻第三次技術革新

❼オートメーション化

❽エレクトロニクス産業

❾産業構造の高度化

❿耐久消費財

⓫ＬＳＩ

⓬バイオテクノロジー（生命工学）

⓭「モダン-タイムス」

⓮脱工業化社会

⓯ダニエル＝ベル（1919 ～ 2011）

108　第3編　現代社会における人間と倫理

◆ *INTRODUCTION*　②　現代社会の特質

【 大衆社会の成立 】　：画一化・平均化
　〇大衆社会　　　　　考え方や行動様式，生活水準や生活意識が平均化
　〇リースマン　　　　伝統指向型　内部指向型　外部指向型（他人指向型）
　『孤独な群集』

【 組織化社会 】　：官僚制と組織依存
　〇官僚制（ビューロクラシー）　　ピラミッド型管理
　　　　　規則主義・文書主義・分業化・専門化

【 情報化社会 】　：脱工業化社会・知識社会
　〇マス‐コミュニケーションの発達　世論形成・民主主義の確立
　〇問題点　コマーシャリズム　画一化
　　　　　　　マス‐メディアの操作によるファシズム
　〇アクセス権・プライバシーの権利

【 都市化 】　：都市特有の生活様式
　〇過疎・過密
　〇スプロール現象・ドーナツ化現象

【 核家族化 】　：夫婦と未婚の子ども　家制度の崩壊
　〇世代間の断絶・マイホーム主義

【 高齢社会 】　：医療技術の進歩と出生率の低下
　〇社会保障制度の確立・生涯学習

【 国際化の時代 】　：ボーダレス社会と内なる国際化（異文化理解）
　〇国際貢献　青年海外協力隊　ＰＫＯ
　〇資源ナショナリズム

【 異文化理解の方法 】　：多種多様な文化の価値の尊重
　〇レヴィ＝ストロース
　　構造主義人類学『未開と文明』『停滞と進歩』

第1章　現代社会の特質と倫理的課題　109

【②　現代社会の特質】

❶大衆による決定が社会の動向を左右する社会は何か。　　　　❶大衆社会

❷自然的契機によって成立し，生活様式や規範などに関　　　❷地域社会（コ
して人々が共通意識を持っている共同体を何というか。　　　　ミュニティ）

❸『孤独な群集』の著書で知られるアメリカの社会学者　　　❸リースマン
はだれか。　　　　　　　　　　　　　　　　　　　　　　　　　（1909 ～ 2002）

❹高度に産業化された現代社会特有の漠然とした不安か　　　❹他人指向型
ら他人の意向に絶えず気を配り，自分の行為の基準を外
部に見いだす傾向を，リースマンは何とよんだか。

❺他人指向型に対し，前近代的な共同社会での社会的性　　　❺伝統指向型
格を何というか。

❻他人指向型に対し，近代市民社会に見られる社会的性　　　❻内部指向型
格を何というか。

❼大衆社会の均質化・俗物化を批判し，『大衆の反逆』　　　❼オルテガ
を著したスペインの思想家はだれか。　　　　　　　　　　　　（1883 ～ 1955）

❽社会における有力な意見や，世俗的な善悪，優劣を価　　　❽権威主義的性格
値基準とするような考えや行動をする傾向をもつ性格を
何というか。

❾政治権力がマス - メディアなどを通して自らに都合の　　　❾大衆操作
よいように大衆を意図的に誘導することを何というか。

❿巨大化した組織を能率よく運営するために，大衆が管　　　❿管理社会
理される社会を何というか。

⓫『プロテスタンティズムの倫理と資本主義の精神』の　　　⓫マックス = ウェー
著書で知られているドイツの社会学者はだれか。　　　　　　　バー(1864〜1920)

⓬巨大な組織を能率的に管理・運営するしくみをドイツ　　　⓬官僚制（ビュー
の社会学者マックス = ウェーバーは何とよんだか。　　　　　　ロクラシー）

⓭人間が，自分の人間としての本質を見失い，真の自分　　　⓭自己疎外
とは違ったものになっている状況を何というか。

⓮個人の思考や行動が規格化・同質化することを何とい　　　⓮画一化
うか。

⓯広く共有されている画一的・固定的な概念・意識・イ　　　⓯ステレオタイプ
メージなどを何というか。

⓰大衆民主主義を支える理論の非合理性を分析して，大　　　⓰リップマン
衆問題を追求したアメリカの評論家はだれか。　　　　　　　　（1889 ～ 1974）

⓱ものの生産よりも情報の価値が高まり，大量の情報の　　　⓱情報社会

110　第3編　現代社会における人間と倫理

生産や伝達，情報処理によって動く社会を何というか。

⓲新聞・雑誌・書籍・テレビなど，情報・知識・娯楽を不特定の大衆に伝える媒体の総称を何というか。

⓳マス-メディアを通じて，不特定多数の受け手に同時に，大量の情報を伝達する活動を何というか。

⓴情報の受け手に対して刺激的な情報を過剰に提供する考えを何というか。

㉑情報の受け手が情報に接近する権利を何というか。

㉒私事について干渉を受けない権利を何というか。

㉓政府や大企業などが意図的に不正確な情報を流したり，都合のよい方向性に導くことを何というか。

㉔政府や大企業などが所有する公共性の高い情報を公開し，国民が点検したり利用できることを何というか。

㉕マスコミに対して，個人と個人のコミュニケーションを何というか。

㉖特許権などの工業所有権や，出版物・コンピュータソフトなどの著作権を何というか。

㉗情報社会で求められる情報選択，情報理解，情報判断などの能力を何というか。

㉘情報機器の操作など情報能力およびそれにより生じる格差を何というか。

㉙ＣＤ，ＩＤカード，インターネット，衛星放送など，新技術によるメディアを何というか。

㉚複数のコンピュータを有線や無線の通信回路で接続したものを何というか。

㉛国民が行政機関が保有している情報の開示・提供を求める権利を何というか。

㉜農業革命・産業革命についで登場する未来社会を「第三の波」とよんだアメリカの学者はだれか。

㉝メディアの形式そのものが社会に与える影響を指摘し，メディアの歴史的発達を分析したアメリカの学者はだれか。

⓲マス-メディア

⓳マス-コミュニケーション（マスコミ）

⓴センセーショナリズム（煽情主義）

㉑アクセス権

㉒プライバシーの権利

㉓情報操作

㉔情報公開

㉕パーソナル-コミュニケーション

㉖知的財産(所有)権

㉗情報リテラシー

㉘デジタル-デバイド

㉙ニューメディア

㉚コンピュータ-ネットワーク

㉛知る権利

㉜アルヴィン＝トフラー（1928〜2016）

㉝マクルーハン（1911〜1980）

第1章　現代社会の特質と倫理的課題　111

❸❹メディアが与えるリアリティについて探究し，真実よりも「本当らしさ」が主流となる現代社会について論じたアメリカの学者はだれか。

❸❹ブーアスティン（1914 ～ 2004）

❸❺メディアがつくり出す「本当らしさ」をブーアスティンは何とよんだか。

❸❺擬似イベント

❸❻メディアによってもたらされる主観的なイメージをリップマンは何とよんだか。

❸❻擬似環境

❸❼インターネットやニューメディアによってもたらされる仮想の自分や共同体のことを何というか。

❸❼仮想現実（バーチャル - リアリティ）

❸❽情報機器の技術能力ばかりではなく，メディアの「現実」を批判的に考察する力を何というか。

❸❽メディア - リテラシー

❸❾人口の増加や交通・通信手段の発達にともない都市に特有の生活様式が生み出され定着していく社会状況を何というか。

❸❾都市化

❹⓪村落のように，地縁的結合により自然発生的に成立した共同社会を，アメリカの社会学者マッキーバーは何とよんだか。

❹⓪コミュニティ

❹❶コミュニティに対して，企業や学校のように意図的につくられた組織を何というか。

❹❶アソシエーション

❹❷コミュニティづくりの視点とされる快適な生活環境のことを何というか。

❹❷アメニティ

❹❸都市が周辺に向けて，無秩序・無計画に虫食い状態に拡大していく現象を何というか。

❹❸スプロール現象

❹❹都市部の人口が地価高騰などで減少し，都市周辺部の人口が増加する現象を何というか。

❹❹ドーナツ化現象

❹❺夫婦とその間の未婚の子どもからなる家族は何か。

❹❺核家族

❹❻世界の諸民族を研究し，『社会構造』を著して核家族説を主張したアメリカの文化人類学者はだれか。

❹❻マードック（1897 ～ 1985）

❹❼親・子・孫などのように数世代にわたって一つの生活共同体を営む家族を何というか。

❹❼直系家族

❹❽老夫婦・兄弟家族も含めていく組かの夫婦が同居している家族のことを何というか。

❹❽複合家族

❹❾家族の本来の機能が学校や福祉施設など外部の機関に依存している現代社会の状況を何というか。

❹❾家族機能の外部化

112　第3編　現代社会における人間と倫理

❺⓪離婚や再婚などにより，血縁関係のない兄弟姉妹により構成される家族を何というか。

❺①ＤＶと略され，夫婦間，恋人同士の間で，配偶者や恋人から受ける暴力を何というか。

❺②子どもの育児のために一定期間とることができる休暇を何というか。

❺③病気になった配偶者や両親，子どもなどを介護するためにとることができる休暇のことを何というか。

❺④死亡年齢の平均値を何というか。

❺⑤総人口に対する出生人口の割合を何というか。

❺⑥幼児から老年期にいたる全生涯にわたって学習することを何というか。

❺⑦自主的に無報酬でする奉仕活動を何というか。

❺⑧日本で1985年，雇用面で男女平等を実現するために制定された法律は何か。

❺⑨女性であるがゆえの社会的区別・排除・制限を解消することを求めた条約とは何か。

❻⓪男女ともに適用される育児と介護の法律とは何か。

❻①文化的社会的に形成された性別・性差を何というか。

❻②常勤労働者の労働時間より短い時間の労働者のことを何というか。

❻③派遣元企業の命令により他社に派遣されて働く労働者を何というか。

❻④人口中65歳以上の高齢者の比率が14％を超える社会を何というか。

❻⑤老人のための生活施設を何というか。

❻⑥老人が在宅のまま，福祉施設に通って，家族負担の軽減を目的とするサービスを何というか。

❻⑦老人介護などのサービスを自宅で行うのを何というか。

❻⑧老人宅を訪問して，家事や介護にあたり，老人の相談や話し相手をするサービスを何というか。

❻⑨老人や社会的弱者の存在を当然のこととして受け入れ，彼らがありのままの姿で生活できるようにしていく考え方を何というか。

❺⓪ステップ-ファミリー

❺①ドメスティック-バイオレンス

❺②育児休暇

❺③介護休暇

❺④平均寿命

❺⑤出生率

❺⑥生涯学習

❺⑦ボランティア活動

❺⑧男女雇用機会均等法

❺⑨女子（女性）差別撤廃条約

❻⓪育児介護休業法

❻①ジェンダー

❻②パートタイマー

❻③派遣労働者

❻④高齢社会

❻⑤老人ホーム

❻⑥デイ-ケア

❻⑦在宅ケア

❻⑧ホームヘルプ

❻⑨ノーマライゼーション

第1章　現代社会の特質と倫理的課題　113

❼⓪世界の国々が経済や文化などの面で密接に関係し，おたがいに結びつきを強めている状況を何というか。

❼①自国で産出する資源やエネルギーを自国のために使う考えを何というか。

❼②国際交流が活発になり国境の壁が低くなった社会を何というか。

❼③自分たちの民族のみを最高と考え，他の民族の価値を認めない立場を何というか。

❼④文化にはそれぞれの歴史と伝統があり，文化の違いに優劣や善悪などはないとする立場を何というか。

❼⑤ある社会に複数の文化が共存することを何というか。

❼⑥「地球」から生まれたことばで，人間の活動が時間的・地域的な枠をこえて結びついている現象を何というか。

❼⑦自分の文化と異なる文化への理解を何というか。

❼⑧医療行為を国際的に実践しているＮＧＯとは何か。

❼⑨政府主導で行われる発展途上国への経済開発援助を何というか。

❽⓪政府や公的機関ではなく，平和や人権問題に取り組んでいる民間団体を何というか。

❽①公共サービスを行うが，営利にかかわらない民間組織を何というか。

❽②国際協力機構（JICA）による発展途上国支援のための青年のボランティア活動組織を何というか。

❽③人権・民族・宗教などにおいて，少数民族，少数派を意味する語を何というか。

❼⓪国際化

❼①資源ナショナリズム

❼②ボーダレス社会

❼③自民族中心主義（エスノセントリズム）

❼④文化相対主義

❼⑤多文化主義

❼⑥グローバリゼーション

❼⑦異文化理解

❼⑧国境なき医師団

❼⑨政府開発援助（ODA）

❽⓪非政府組織（NGO）

❽①非営利組織（NPO）

❽②青年海外協力隊

❽③マイノリティ

【論述問題】

核家族化の問題点について述べよ。

　かつて家族が果たしてきた教育や医療や娯楽などの働きが，しだいに学校や病院，娯楽施設など家庭外の施設や機関にゆだねられるようになり，親は仕事，子は学校へと，ともに過ごす時間が減少し，対話やふれあいが不足しがちとなる。また，子どもが結婚し独立したあと両親の老後の問題もある。

114　第3編　現代社会における人間と倫理

◆ *INTRODUCTION*　③　環境倫理と生命倫理

【 環境倫理 】
　○科学技術の発達と経済活動の拡大→自然破壊
　○地球規模の環境破壊→生態系（エコシステム）の崩壊
　　　・酸性雨→石造建築物・銅像などの文化財の腐食
　　　　　　　→土壌浸食→湖水の酸性化→森林破壊
　　　・森林破壊→貯水能力の低下・砂漠化の進行
　　　・砂漠化←大気循環の変動・過度の放牧・森林伐採など
　　　　　↓
　　　　乾燥地域・半乾燥地域の拡大
　　　・熱帯林の減少←焼畑による移動耕作・開墾・過度の放牧
　　　　　↓　　　　　　商業伐採など
　　　　自然災害・森林資源の減少・二酸化炭素吸収量の減少→温暖化
　　　・温暖化←温室効果←二酸化炭素・フロン
　　　　　↓
　　　　気候変動・海水の膨張・海面水位の上昇
　　　・オゾン層の破壊←フロン←冷媒・電子回路洗浄剤・殺虫剤
　　　　　↓
　　　　健康被害・農作物減収・海洋生態系の破壊
　○環境問題への対応
　　・ローマクラブ（1970）:『成長の限界』
　　・国連人間環境会議（1972）:人間環境宣言「かけがえのない地球」
　　・国連環境開発会議（1992）:環境と開発に関するリオ宣言
　　　　　　　　　　　　　　:アジェンダ21
　　　　　　　　　　　　　　「持続可能な開発」

【 生命倫理 】
　○生命工学の発達→生命倫理（バイオエシックス）
　　　　　　　　　　・安楽死
　　　　　　　　　　・尊厳死
　　　　　　　　　　・脳死と臓器移植
　○新しい医療観
　　　・インフォームド-コンセント
　　　・リビング-ウィル

第1章　現代社会の特質と倫理的課題　　115

【③　環境倫理と生命倫理】

❶気象・土壌・地形などの環境と，生息する生物との関連とまとまりを機能的にとらえた概念を何というか。

❷環境との関連を重視した価値判断や意思決定の倫理を探究する学問を何というか。

❸スウェーデンのストックホルムで，1972年に開かれた国連主催の環境会議を何というか。

❹国連人間環境会議のスローガンになった語は何か。

❺国連人間環境会議で採択された宣言は何か。

❻ブラジルのリオデジャネイロで，1992年に開かれた国連主催の環境会議を何というか。

❼国連環境開発会議で出された宣言は何か。

❽国連環境開発会議で採択された環境保全のための計画を何というか。

❾国連環境開発会議の原則となったスローガンは何か。

❿世界規模の環境問題で，石造建築物や銅像などを腐食する硫酸や硝酸を含んだ雨を何というか。

⓫太陽からの紫外線を遮断し，人間の生命を保護している成層圏の層が破壊されている現象を何というか。

⓬オゾン層の破壊の原因である化学合成物質は何か。

⓭二酸化炭素やフロンの温室効果により気温が上昇する現象と問題を何というか。

⓮森林破壊や過度の放牧により，土地がやせ衰える現象と問題を何というか。

⓯大規模な開発事業に際し，それが自然環境にもたらす影響を事前に分析・評価することを何というか。

⓰『沈黙の春』を著し，農薬による自然破壊を警告したアメリカの海洋生物学者はだれか。

⓱1971年，イランで採択された国際湿地，水鳥湿地保全条約を何というか。

⓲地球温暖化防止京都会議で，先進国に温室ガスの制限を求めた気候変動枠組み条約の議定書とは何か。

⓳現代の環境倫理における3つの柱とは何か。

---

❶生態系（エコシステム）

❷環境倫理（学）

❸国連人間環境会議

❹「かけがえのない地球」

❺人間環境宣言

❻国連環境開発会議（地球サミット）

❼環境と開発に関するリオ宣言

❽アジェンダ21

❾持続可能な開発

❿酸性雨

⓫オゾン層の破壊

⓬フロン

⓭地球の温暖化

⓮砂漠化

⓯環境アセスメント

⓰レイチェル＝カーソン(1907〜1964)

⓱ラムサール条約

⓲京都議定書

⓳地球有限主義，

第3編　現代社会における人間と倫理

　　　　　　　　　　　　　　　　　　　世代間倫理，自
　　　　　　　　　　　　　　　　　　　然の生存権

❷⓪現在の世代は未来世代の生存の可能性に対して責任が
あるとする環境倫理の柱の一つは何か。　　　　　　　　❷⓪世代間倫理

❷①高度先端技術による遺伝子組み換えや遺伝子操作な　　❷①バイオテクノロ
ど，生命に関する工学を何というか。　　　　　　　　　ジー（生命工学）

❷②遺伝子異常，先天性の遺伝子病，ガン・エイズや動脈　❷②遺伝子治療
硬化，糖尿病などを対象に行われる治療を何というか。

❷③生命工学の発達により生じた生命のあり方やとらえ方　❷③生命倫理（バイ
に関する諸問題を論じる学問を何というか。　　　　　　オエシックス）

❷④患者の余命のあり方を，人生や生活の本質を重点とし　❷④クオリティ-オ
て医療を行うことを何というか。　　　　　　　　　　　ブ-ライフ

❷⑤不治の病気や重度障害による身体的・精神的苦痛から　❷⑤安楽死
患者を解放するために死亡させることを何というか。

❷⑥末期患者において，人間の尊厳が保てない場合，本人　❷⑥尊厳死
の意志や家族の同意のもとに，延命治療を行わず，自然
死を迎えさせることを何というか。

❷⑦機能回復の見込みのない臓器を他者の正常な臓器と置　❷⑦臓器移植
き換える治療を何というか。

❷⑧自発呼吸や消化が可能な植物状態ではなく，事故によ　❷⑧脳死
る外傷や病気による脳内出血などで自発的呼吸ができ
ず，脳細胞が死に脳機能が停止する状態を何というか。

❷⑨臓器移植の提供者を何というか。　　　　　　　　　　❷⑨ドナー

❸⓪医師が患者やその家族に対して，病状や治療方法を説　❸⓪インフォーム
明し同意を求めたうえで治療することを何というか。　　ド-コンセント

❸①延命治療拒否や臓器提供など自分の死のあり方につい　❸①リビング-ウィ
て，意志を表明しておくことを何というか。　　　　　　ル

❸②患者が自己の治療を決定する権利を何というか。　　　❸②自己決定権

❸③末期患者の身体的苦痛を和らげ，精神的不安を取り除　❸③ターミナル-ケ
こうとする治療やカウンセリングを何というか。　　　　ア（終末期医療）

❸④無性的に増殖し，親と完全に同じ遺伝的性質をもつ複　❸④クローン
製の生物を何というか。

❸⑤治療の見込みのない末期患者とその家族が残された時　❸⑤ホスピス
間を安らかに過ごすための施設を何というか。

第2章　現代社会を生きる倫理

◆ ***INTRODUCTION***　　①　近代の生誕

【 ルネサンスの文芸と思想 】　：ヒューマニズムと文芸復興

○ルネサンス…ギリシャ・ローマ古典文化の再生（14 ～ 16 世紀）

　　　　芸術家たちの活動───┐
　　　　大商人の保護─────┤
　　　　文化的伝統──────┼──→北イタリアの自由都市で成立
　　　　東方貿易による文化交流┘　（フィレンツェ，ジェノヴァなど）

　　ヒューマニズム

　　元来は古典文献研究の方法→人間尊重の精神やその立場
　　文学的先駆者…ダンテ・ペトラルカ・ボッカチオ
　　　　　ピコ＝デラ＝ミランドラ──近代的人間観の確立
　　　　　『人間の尊厳について』
　　　　　　人間存在の特質─自由な意志
　　　　　マキャベリ──近代政治学の基礎づけ
　　　　　『君主論』
　　　　　　政治を宗教・道徳から独立させる
　○万能人…レオナルド＝ダ＝ヴィンチ，アルベルティ，ミケランジェロ

【 宗教改革 】　：宗教的ヒューマニズムと近代のあけぼの

　○ヒューマニズムの宗教的展開→聖書研究→教会批判とプロテスタンティ
　　ズム
　○エラスムス──『愚神礼讃』
　○ルター──教皇の贖宥符販売への反対→『95 カ条の意見書』
　　　　　　　信仰義認，聖書中心主義，万人司祭主義→個人の信仰の確立
　　　　　　　『キリスト者の自由』
　○カルヴァン──ジュネーブでの宗教改革
　　　　　　　　予定説…神の絶対性の強調
　　　　　　　　職業召命観→利潤追求の肯定→近代資本主義社会の成立
　　　　　　　　『キリスト教綱要』

118　第3編　現代社会における人間と倫理

【1　ルネサンスの文芸と思想】

❶ヨーロッパのキリスト教徒がイスラム教徒に対して11世紀末から13世紀後半にわたって行った軍事的遠征を何というか。

❶十字軍

❷「再生」の意。14世紀ころに北イタリアの自由都市から始まり，のちにヨーロッパに広がった古代ギリシャ・ローマの文芸復興運動を何というか。

❷ルネサンス

❸キリスト教の教会の力が強かった中世において，神を中心にして人生観や世界観をきずく立場を何というか。

❸神中心主義

❹元来は古典文献研究の方法を意味したが，のちに人間性を尊重し，人間性を束縛しようとするものからの解放を唱えたルネサンス期の思想を何というか。

❹ヒューマニズム（人文主義）

❺ルネサンス期にあらわれた理想的人間像をいい，学術や芸術などのさまざまな分野で個性を最高度に発展させた人間を何というか。

❺万能人（普遍人）

❻ルネサンスの先駆けをなし，『新生』などの著作で知られるフィレンツェ生まれの詩人はだれか。

❻ダンテ（1265～1321）

❼ダンテ一生の大作で，彼自身が地獄・浄罪・天国の三界を遍歴するという内容の宗教的叙事詩とは何か。

❼『神曲』

❽人文主義の先駆者の一人で，恋人ラウラへの愛を歌ったイタリア語の叙情詩集『カンツォニエーレ』を著したイタリアの詩人はだれか。

❽ペトラルカ（1304～74）

❾人文主義の先駆者の一人で，中世封建社会を大胆に風刺した短編小説集『デカメロン』を著したイタリアの詩人・小説家はだれか。

❾ボッカチオ（1313～75）

❿10人の語り手が物語をするという形で，世相を風刺し，教会や聖職者を批判するボッカチオの作品は何か。

❿『デカメロン』

⓫イタリア‐ルネサンスの万能人の一人。『絵画論』，『建築論』などの著者で，建築・絵画・音楽・詩・医学・法律などの学芸に秀でた人物はだれか。

⓫アルベルティ（1404～72）

⓬理想主義的な美の表現で近代絵画に影響を与え，「春」，「ヴィーナスの誕生」で知られる画家はだれか。

⓬ボッティチェリ（1444？～1510）

⓭イタリア‐ルネサンスの代表的な万能人。天文学・解剖学・物理学・哲学など，幅広い分野にわたって活躍し，「最後の晩餐」，「モナ＝リザ」などの絵画で知られてい

⓭レオナルド＝ダ＝ヴィンチ（1452～1519）

第2章 現代社会を生きる倫理　119

る人物はだれか。

❹自分の目に映る世界をありのままに平面上に立体的に描く方法を何というか。

　❹遠近法

❺イタリア-ルネサンスのアリストテレスの研究者で，二重真理説をとった人物はだれか。

　❺ポンポナッツィ（1462 ~ 1524）

❻イタリア-ルネサンスの人文主義者・哲学者で，プラトン主義とキリスト教学説との一致を説き，プラトンの著作のラテン語訳を行った人物はだれか。

　❻フィチーノ（1433 ~ 99）

❼イタリア-ルネサンスの芸術家。彫刻・絵画・建築などに多くの才能を発揮した万能人で，壁画「最後の審判」や彫刻「ダビデ像」で有名な人物はだれか。

　❼ミケランジェロ（1475 ~ 1564）

❽優美で繊細,調和のとれた手法を用い,「アテネの学堂」のほか「聖母子」で知られる画家はだれか。

　❽ラファエロ（1483 ~ 1520）

❾イタリア-ルネサンスの人文主義者で，動物や植物と違って自由に自らのありかたを決定することができるところに人間の尊厳があると考えた人物はだれか。

　❾ピコ＝デラ＝ミランドラ（1463 ~ 94）

⓴ピコにより人間の尊厳を端的にあらわすものとされ，以後西洋近代思想の中心的テーマとなったものは何か。

　⓴自由意志

㉑ローマで大討論会を開こうと計画した際に，ピコ＝デラ＝ミランドラが準備した演説草稿は何か。

　㉑『人間の尊厳について』

㉒イタリアの政治家・政治学者で，フィレンツェ共和政府で外交官として活躍し，近代政治学の祖といわれるルネサンス期の人物はだれか。

　㉒マキャベリ（1469 ~ 1527）

㉓マキャベリの主著で，イタリアの統一を望み，強力な国家をつくるためには，君主は手段を選ぶ必要はないと現実政治の倫理規範からの解放を論じたものは何か。

　㉓『君主論』

㉔オランダ出身のヒューマニスト。ヨーロッパ各国を巡見し，また，新約聖書などの校訂・注解などに取り組み，『自由意志論』を発表して，ルターとの論争を行ったことでも有名な人物はだれか。

　㉔エラスムス（1466 ~ 1536）

㉕エラスムスの著書で，王侯貴族・哲学者・聖職者などを風刺したものは何か。

　㉕『痴愚神礼讃』

㉖イギリスの政治家で,エラスムスに学び,国王ヘンリー8世の重臣となり，その後命令にそむいて死刑になった人物はだれか。

　㉖トマス＝モア（1478 ~ 1535）

120 第3編 現代社会における人間と倫理

㉗トマス = モアの著書で，初期の資本主義社会における貧富の差を批判し，私有財産制を否定し，共産主義的理想社会を描いたものは何か。

㉗『ユートピア』

㉘フランス - ルネサンスの作家で，スコラ的教育や僧侶の生活などを風刺した『ガルガンチュア物語』や『パンタグリュエル物語』の著者はだれか。

㉘ラブレー
（1494 〜 1553）

㉙イタリア - ルネサンスの哲学者で，共産主義的理想国家を描いた『太陽の都』を著した人物はだれか。

㉙カンパネラ
（1568 〜 1639）

㉚イギリスの劇作家・詩人で『ハムレット』，『ヴェニスの商人』，『ロミオとジュリエット』などの著者として知られる人物はだれか。

㉚シェークスピア
（1564 〜 1616）

㉛『ドン = キホーテ』などの著者として知られるスペインの小説家はだれか。

㉛セルバンテス
（1547 〜 1616）

【2 宗教改革】

❶旧教のことで，ローマ教会の統一的組織のもととされるキリスト教のことを何というか。

❶カトリシズム（ローマ - カトリック教）

❷16世紀のはじめ，ヨーロッパでおこった一連の反ローマ教会運動とは何か。

❷宗教改革

❸直接聖書にもとづく信仰から，ローマ - カトリック教会の宗教的権威に抗議する，新しいキリスト教の立場を何というか。

❸プロテスタンティズム

❹聖書の福音を信仰することによってのみ救われるとする立場を何というか。

❹福音主義

❺宗教改革時代の商工業に従事する中間層が多かったフランスの新教徒を何というか。

❺ユグノー

❻アンリ4世が新教徒の反感を押さえる目的で，彼らに個人の信仰の自由を認めた勅令を何というか。

❻ナントの勅令

❼宗教改革の先駆者で，ローマ教皇からのイギリスの政治的，宗教的独立を主張し，カトリック教会の堕落を批判した人物はだれか。

❼ウィクリフ
（1320 ？ 〜84）

❽ローマ - カトリック教会を厳しく批判し，コンスタンツ公会議で火刑に処せられたボヘミアの宗教改革者はだれか。

❽フス
（1369 ？ 〜1415）

❾フィレンツェの道徳的，政治的退廃を批判したが，反

❾サヴォナローラ

対者によって火刑に処せられたイタリアの宗教改革者は
だれか。

❿教会の財政不足を補うためにレオ10世が発行したもの
で，それを買えば悔い改めることなくして信者の罪そのものが許されるという札とは何か。

⓫ドイツの宗教改革者で，贖宥符の発行に対して厳しい
教会批判を行い，教会から破門された人物はだれか。

⓬贖宥符の発行に対して，ウィッテンベルク城教会の門
の扉にはって抗議したルターの文書を何というか。

⓭「キリスト者はすべての者の上に立つ自由な君主で，
だれにも従属しないが」また同時に「キリスト者はすべての者に奉仕する僕であり，すべての人に従事する」と
説いた，ルターの論文は何か。

⓮人が義とされるのは律法の行いによるのではなく信仰
によるのであるというルターの考えを何というか。

⓯信仰のよりどころを神のことばをしるした聖書にのみ
もとめるルターの立場を何というか。

⓰僧俗の身分差別なく，キリストを信ずるものはすべて
司祭であるというルターの思想を何というか。

⓱ルターの宗教改革に影響されて，16世紀の前半に展
開された農民による反教会，反教皇の闘争で，はじめは
ルターに支持されたが，運動が激化するにつれて反対された闘争を何というか。

⓲ドイツ農民戦争の指導者はだれか。

⓳スイスのチューリッヒで宗教改革の運動を行い，カト
リック教徒とのカッペルの戦いで戦死した人物はだれか。

⓴スイスのジュネーブで宗教・政治の改革にあたり，教
会法の制定，評議会の組織など，教会の粛正，市政の刷
新につとめたフランス生まれの宗教改革者はだれか。

㉑1536年，カルヴァンがラテン語であらわした聖書の
解釈書を何というか。

㉒カルヴァンによりジュネーブでなされた，神聖な権威
にもとづいて行われる政治を何というか。

㉓神は絶対万能であり，人間の運命は神のはかり知れな

（1452〜98）

❿贖宥符（免罪符）

⓫ルター
（1483〜1546）

⓬『95カ条の意見
書（論題）』

⓭『キリスト者の
自由』

⓮信仰義認

⓯聖書中心主義

⓰万人司祭説（主
義）

⓱ドイツ農民戦争

⓲トマス＝ミュンツ
ァー(1489？〜1525)

⓳ツヴィングリ
（1484〜1531）

⓴カルヴァン（カ
ルヴィン）
（1509〜64）

㉑『キリスト教綱
要』

㉒神裁政治（テオ
クラシー）

㉓予定説

122　第3編　現代社会における人間と倫理

い意志によってあらかじめ定められているという思想を
何というか。

❷すべての人間の職業は神から与えられたものとするル
ターやカルヴァンの考えを何というか。

❷カルヴァンに源をもつ思想運動・宗派を何というか。

❷イギリス国教会のローマ教会的制度・思想に対して改
革を主張したカルヴァン主義に立つ新教徒のことを何と
いうか。

❷各々の職業がもっている道徳的秩序や規範を何という
か。

❷近代資本主義の精神の由来を分析した著書『プロテス
タンティズムの倫理と資本主義の精神』で知られるドイ
ツの社会学者はだれか。

❷労働は神から与えられたものと考え，それに励むこと
をよしとするプロテスタンティズムの人間像を何という
か。

❸プロテスタンティズムの動きに対して，宗教裁判に
よって厳格な規律をつくったり，海外への布教活動を
行ったカトリック教会内におこった改革を何というか。

❸反宗教改革の動きにともなって1534年にスペインのイ
グナティウス＝ロヨラが創設した修道会を何というか。

❸イエズス会の宣教師で，1549年，日本に初めてキリ
スト教を伝えた人物はだれか。

❷職業召命観

❷カルヴィニズム

❷ピューリタン
　（清教徒）

❷職業倫理

❷マックス＝ウェー
　バー
　（1864～1920）

❷職業人

❸反宗教改革

❸イエズス会（ヤソ
　会）

❸フランシスコ＝
　ザビエル
　（1506～52）

【論述問題】

ルネサンス時代の「万能人」の意味を説明せよ。

　ルネサンス期の理想的人物像で，自由意志により，無限の能力を信じ，あ
らゆる人間的能力を開発した人間のことで，芸術をはじめ諸学問に秀でたレ
オナルド＝ダ＝ヴィンチがその代表とされる。またミケランジェロもその
系列にある。

第2章 現代社会を生きる倫理　123

ルネサンスの思想史上の意義について述べよ。

　ルネサンスの文芸運動は，大商人の保護のもとに成立し，かぎられた階層の人々のものであったが，中世キリスト教のもつ偏向的一面を打破し，自由な人間の精神とありのままの肉体の美を表現したことは人類史上に大きな意義をもつ。また，ギリシャ・ローマの古典研究から発したヒューマニズムは人間尊重の精神となり，宗教改革や後世の合理主義思想に大きな影響を与えた。

ルターの宗教改革の背景と思想の特色を述べよ。

　当時，ローマ‐カトリック教会は世俗権力を有し，教義も排他的となり，聖職者も堕落し，教皇レオ10世は中世以来の贖宥符を増発し，財政を確保していた。ルターはそうした状況に『95ヵ条の意見書』を提出し破門されたが，諸侯の支援も受けて改革根拠が「聖書のみ」にあるとして，イエスの福音に帰ることを中心に主張している。

カルヴァンの予定説について説明せよ。

　カルヴァンによれば，人間の罪からの救済は教会の権威や儀式はもちろんのこと，個人の内面的信仰とも無関係で，神の絶対的な意志により予定されている。神の選びは人間の努力などを越えたものであり，人間はただ神を信仰し，神の意志に従って生きなければならない。

カルヴァンの職業観が後世に与えた影響について述べよ。

　カルヴァンによれば，すべての職業は神から与えられた召命で，それ自体に貴賤上下はなく，聖と俗の差別もない。各人は神を信じ，勤勉・節制を重んじ，それぞれの職業と労働に専念することが大切である。そうすると，商人は商人としての仕事，すなわち，営利の追求に専念すればよいことになり，ここに営利追求の肯定の思想が成立する。この考え方は西ヨーロッパ・北ヨーロッパの新興市民に重んじられ，M.ウェーバーによるとそれがのちの資本主義の精神の支柱となった。

第3編 現代社会における人間と倫理

◆ ***INTRODUCTION*** ② 自然と科学技術

【 近代自然科学の成立 】 :新しい宇宙観の成立と学問の誕生
　○コペルニクス…天動説から地動説へ
　　ガリレイ…望遠鏡の発明と地動説の主張
　　ケプラー…惑星の三大法則
　　ニュートン…万有引力の法則
　　　　　　　　近代科学の成立

【 ベーコンと経験論 】 :実験・観察の重視と帰納法
　○学問…目的ではなく手段，知識の源泉…経験（実験・観察）
　○真の知識←帰納法←イドラ（種族・洞窟・市場・劇場）の除去
　　　↓
　　　"知は力なり"『ノヴム‐オルガヌム』
　※帰納法─実験・観察から法則へ
　　　Aは…である ⎫
　　　Bは…である ⎬→すべての〜は…である。
　　　Cは…である ⎭

【 デカルトと合理論 】 :理性的思考の重視と演繹法
　○知識の源泉…生得観念，理性 『方法序説』
　○真の知識←演繹法←明晰判明な原理（理性主体）←方法的懐疑
　　　　　　　　　　　　　　∥
　　　　　　　　"われ思う，ゆえにわれあり" ⇨近代的精神の確立
　※演繹法─理性の推論により立証
　　　理性による公理・定理→一般法則→個々の事例
　○物心二元論→近代思想の成立

近代哲学の系譜

第2章　現代社会を生きる倫理　　125

【1　近代自然科学の成立】

❶近代自然科学の確立において，人間はどのようなことによって自然現象のなかに合理的法則を求めていったか。

❷宇宙の中心に地球が位置し，そのまわりをすべての天体が回るという説を何というか。

❸地球をはじめ，すべての惑星が太陽を中心にそのまわりを回るという説を何というか。

❹『天体の回転について』という著書で，地動説を学問的に発展させた，ポーランドの天文学者はだれか。

❺ルネサンス期のイタリアの哲学者で，コペルニクスの地動説を発展させ，無限の宇宙に，無限の世界が存在するという考えを唱え，火刑に処せられた人物はだれか。

❻太陽を中心とする惑星運行の法則を発見した，ドイツの天文学者はだれか。

❼自作の望遠鏡によって天体を観測し，コペルニクスらの地動説を裏づけたイタリア - ルネサンス後期の自然科学者はだれか。

❽ガリレイが宗教裁判にかけられるきっかけとなった，地動説の正しさを実質的に述べた著書は何か。

❾万有引力・微分積分学・光学の三大発見をしたイギリスの数学者・物理学者はだれか。

❶観察と実験

❷天動説

❸地動説

❹コペルニクス
（1473 ～ 1543）

❺ブルーノ
（1548 ～ 1600）

❻ケプラー
（1571 ～ 1630）

❼ガリレオ ＝ ガリレイ(1564～1642)

❽『天文対話』

❾ニュートン
（1643 ～ 1727）

【2　ベーコンと経験論】

❶経験が知識の源泉であると考える立場を何というか。

❷16 世紀から 17 世紀にかけてのイギリスの政治家，随筆家・哲学者で，経験論の祖といわれるのはだれか。

❸科学によって自然法則を認識し，それによって自然を征服するという，ベーコンの思想をあらわすことばは何か。

❹個々の経験から出発して，それらに共通の一般的理論体系を求めていく学問の方法を何というか。

❺人間の陥りやすい先入観や偏見をベーコンは何といったか。

❻人間の感情や感覚の狭さからくる偏見を何というか。

❼生活環境・教育・読書・交友などの違いから生まれる

❶経験論

❷ベーコン
（1561 ～ 1626）

❸「知は力なり」

❹帰納法

❺イドラ（幻影，偶像）

❻種族のイドラ

❼洞窟のイドラ

126　第3編　現代社会における人間と倫理

個人的な偏見を何というか。

❽うわさなどを事実と思いこむような言語のひずみから
くる偏見を何というか。

❾過去の伝統や思想など，既存の体系的権威を盲目的に
受け入れるところから生まれる偏見を何というか。

❿前編で四つのイドラを除くことを，後編で帰納法によ
る真理の発見を論じ，観察・実験の重要性を説明したベー
コンの主著は何か。

⓫政治問題よりも学問研究が中心に書かれている人類の
利益になることをテーマにしたベーコンの未完の物語を
何というか。

⓬イギリス経験論の代表的哲学者・政治学者で，すべて
の対象は経験を通して認識されるということや社会契約
説を説いた人物はだれか。

⓭ロックが，生得観念を否定し，あらゆる観念は経験に
より形成されると説いた著書は何か。

⓮生得観念を否定し，生まれたときの人間の心は何も書
かれていないということをロックは何と表現したか。

⓯経験主義や功利主義がとった立場で，道徳的な判断を
行為の結果や影響に求める考えを何というか。

⓰アイルランド出身のイギリスの代表的哲学者で，経験
論の立場をとり，すべてのものは知覚されることによっ
て存在が知られると主張した人物はだれか。

⓱事物は知覚されることにより存在するというバーク
リーの経験論の立場を端的に表すことばは何か。

⓲ロック，バークリーのあとを受けるイギリス経験論の
哲学者で，有限な人間は観察と経験により有用な知識を
求めればよいと主張した人物はだれか。

⓳経験論の立場を徹底させたヒュームは，因果関係の客
観性すら否定し，人間の心を何であると表したか。

⓴ヒュームのように主観的認識も客観的認識も否定する
ことにより，何も知り得ないとする立場を何というか。

❽市場のイドラ

❾劇場のイドラ

❿『ノヴム - オルガ
ヌム』(『新機関』)

⓫『ニュー - アトラ
ンティス』(『新
大陸』)

⓬ロック
（1632 ～ 1704）

⓭『人間知性（悟
性）論』

⓮タブラ - ラサ（白
紙）

⓯結果説

⓰バークリー
（1685 ～ 1753）

⓱「存在するとは
知覚されること」

⓲ヒューム
（1711 ～ 76）

⓳知覚の束

⓴懐疑論

【3　デカルトと合理論】••••••••••••••••••••••••••••••••••••

❶すべての認識は理性そのものから得た原理を基礎とし

❶合理論

てのみ成立するとする考えを何というか。

❷フランスの哲学者で，近代哲学の祖，合理論の先駆者といわれる人物はだれか。

❸一般的原則から出発して個々の事実を立証する方法を帰納法に対して何というか。

❹デカルトが主張した，真理を見いだすための方法としてすべてのものを疑ってみることを何というか。

❺方法的懐疑によってすべてを疑ったが，なお疑いつつある自我の意識そのものを否定することはできないということをデカルトはどんなことばで表現したか。

❻他に依存せずそれ自体で存在するものを何というか。

❼デカルトによれば，思惟を属性とする実体は何か。

❽デカルトによれば，延長を属性とする実体は何か。

❾精神と物体はそれぞれ独立した実体で，互いに異なる存在であるとするデカルトの存在論を何というか。

❿精神と肉体との結合から生まれる欲望・喜び・悲しみ・愛・憎しみ・驚きなどの意識の表れを何というか。

⓫情念を自らの理性的な自由意志によって統制するところから生まれる気高い精神のことを何というか。

⓬人間が先天的，生まれながらもっている観念のことを何というか。

⓭方法的懐疑によって「われ思う，ゆえにわれあり」を発見したことについて書いたデカルトの主著は何か。

⓮デカルトが『方法序説』の冒頭で「この世で最も公平にあたえられているもの」としたのは何か。

⓯物心二元論について書いたデカルトの主著は何か。

⓰はじめユダヤ系の宗教思想を研究し，後に西洋思想に興味をもち数学・自然学・デカルトの思想に傾倒し，ユダヤ教会から破門されたオランダの哲学者はだれか。

⓱いっさいを神の必然的な現れとみる，すなわち情念にひきずられずに明晰な思考によってあるがままの必然の姿を洞察することをスピノザはどのように表現したか。

⓲神と自然とは別物ではなく宇宙全体が神であるという汎神論を表したスピノザのことばは何か。

---

❷デカルト（1596 ～ 1650）

❸演繹法

❹方法的懐疑

❺「われ思う，ゆえにわれあり」（「コギト - エルゴ - スム」）

❻実体

❼精神

❽物体

❾物心二元論

❿情念

⓫高邁の精神

⓬生得観念

⓭『方法序説』

⓮良識（ボン - サンス）

⓯『省察』

⓰スピノザ（1632 ～ 77）

⓱「永遠の相の下」

⓲「神即自然」

128　第3編　現代社会における人間と倫理

❶「幾何学的方法によって論証された」という副題をもつスピノザの遺稿となった著書は何か。

❷『形而上学叙説』の著者で，微分・積分学の創始者でも知られるドイツの哲学者はだれか。

❷物質の最小単位である原子に対するもので，精神的単位のことをライプニッツは何とよんだか。

❷単子（モナド）がおのおのの立場において個性的に宇宙を表現しながら全体として調和がとれるのは神の配慮によるものだという考えを何というか。

❷単子（モナド）や予定調和を説いたライプニッツの主著は何か。

❷ライプニッツの思想を体系化した合理論の哲学者であり，ドイツではじめて学派を形成した人物はだれか。

❷デカルトにはじまり，自然現象を因果法則によって機械論的にとらえる立場を何というか。

❶『倫理学』（『エチカ』）

❷ライプニッツ（1646 ～ 1716）

❷単子（モナド）

❷予定調和説

❷『モナドロジー（単子論）』

❷ヴォルフ（1679 ～ 1754）

❷機械論的自然観

【論述問題】

> デカルトの「われ思う，ゆえにわれあり」というのはどのような意味か，述べよ。

　デカルトの根本命題で，すべてを疑ったが，なお疑いつつある自我の意識そのものを否定することはできない，という意味である。デカルトは，確実な真理を見いだすために方法的懐疑により，可能なかぎりすべてを疑った。しかしその結果，現に疑っている自分の存在は確実であることに気づいた。それが理性主体であり，デカルトはこれをもって確実な原理として理性の哲学を説いた。

> ベーコンの「知は力なり」というのはどのような意味か，述べよ。

　学問はそれ自体，目的でなく，環境や状態の改善，生活の向上のための手段であり，自然法則を認識しそれを用いて自然を征服し，人間生活に役立つようにするためのものと考えた。そこで得た知は人間にとっての大きな力である，という意味である。

第2章 現代社会を生きる倫理 129

◆ *INTRODUCTION* ③ 人間の尊厳

【 モラリスト 】 ：人間性の再考察——人間とは何か？
　○モンテーニュ——「われ何を知るか（ク - セ - ジュ）」『エセー』
　　　　　　　　懐疑論→人間とは何かの倫理的考察
　○パスカル——「人間は考える葦である」『パンセ』
　　　　　　　人間…中間者→キリストによる愛の生活

【 ホッブズ・ロック・ルソー 】 ：——絶対主義から市民革命へ

	ホッブズ	ロック	ルソー
国家・社会 ↑ **国 民**	君主の絶対権力 ↑ 委　譲 ↑ 被統治者	民主的代議政体 ↑ 信　託 ↑ 受益者	国民主権 ↑ 一般意志 ↑ 主権者
社会契約	自然権の放棄 （自然状態の脱却）	自然権の保障	自然権の相互譲渡
自然状態	人間は人間に 対して狼	自由で平等であ るが，やや不完全	生まれながらに して，自由・平等
人間の本性	利己的・衝動的	自然の光である理性	自己愛と憐憫

【 ドイツ理想主義とカント 】 ：合理論と経験論の批判・総合
　　　　　　　　　　　　　　　　→近代哲学の大成
　○ドイツ理想主義…大陸合理論とイギリス経験論の批判・総合
　　（ドイツ観念論）
　○後進国ドイツにおける"内面への道"
　　　　　カント・フィヒテ・シェリング・ヘーゲル
　○カント—批判哲学→人間理性の能力の吟味
　　　　　　自由…意志の自律→道徳的人格
　　　　　　実践理性，道徳法則，定言命令→動機主義，人格主義
　　　　　　善意志（意志の善さ）…無条件に善いもの
　　　　　　目的の国，永久平和論
　　　　　　『純粋理性批判』『実践理性批判』『判断力批判』

130 　第3編　現代社会における人間と倫理

【1　モラリスト】

❶社会や人間についてその真のあり方を随想風に記した16世紀から18世紀のフランスの思想家たちを何というか。

❷16世紀の新旧キリスト教の対立抗争の時代にあって，人間中心主義の立場から両者の和解につとめたルネサンス期のフランスのモラリストはだれか。

❸モンテーニュが自己や日常生活を深く観察し，それについての感想を書いた著書は何か。

❹人間研究の態度についていったモンテーニュの有名なことばとは何か。

❺モンテーニュの思想にあらわれている偏見や独断を排除するため普遍的真理を疑う立場を何というか。

❻人間の矛盾を救うものとして，キリスト教の立場から謙虚に生きることを説いたフランスの数学者・物理学者・哲学者であるモラリストはだれか。

❼キリスト教を弁証するために書かれたパスカルの遺稿集とは何か。

❽思考が人間を偉大にし，人間の尊厳が思考のうちにあるということをいったパスカルの有名なことばとは何か。

❾人間が偉大と悲惨，天使と獣の間を揺れ動く存在であるということを表したパスカルのことばとは何か。

❿自己の悲惨さから目をそむけ，自己省察を欠いた怠惰な状態をパスカルは何とよんだか。

⓫ものごとを定義からはじめて論理的に展開する合理的・科学的精神をパスカルは何とよんだか。

⓬幾何学的精神に対し，現象の背後にある原理を直観的に把握する精神をパスカルは何とよんだか。

⓭初め政治家として活躍したが，のち学問に専念し，『箴言集』を著したフランスのモラリストはだれか。

⓮貴族の家庭教師として一生を送り，テオプラストスの『人さまざま』の翻訳などを手がけたフランスのモラリストはだれか。

⓯金言，警句，箴言などと訳される人生や社会について簡潔な表現で用いた句や文のことを何というか。

---

❶モラリスト

❷モンテーニュ（1533～92）

❸『エセー（随想録）』

❹「われ何を知るか（ク-セ-ジュ）」

❺懐疑論

❻パスカル（1623～62）

❼『パンセ（瞑想録）』

❽「人間は考える葦である」

❾中間者

❿気晴らし

⓫幾何学的精神

⓬繊細の精神

⓭ラ＝ロシュフーコー（1613～80）

⓮ラ＝ブリュイエール（1645～96）

⓯アフォリズム

第2章　現代社会を生きる倫理　131

【2　市民革命と社会契約説の成立】

❶封建制と近代政治の過渡期にあり，ルイ14世などのように君主が絶対権力をもつ政治制度を何というか。

❷国家の起源または王権の由来を，直接・間接に神の摂理に求める学説を何というか。

❸王権神授説を唱えた代表的なフランスの思想家はだれか。

❹1215年，ジョン王が，貴族・市民たちに屈服させられ，貴族・聖職者・市民の特権を認めた文書を何というか。

❺16世紀末に起こり，18世紀に最高潮に達したヨーロッパの革新的思想で，旧来の人々の偏見や無知の状態から民衆を解放しようとする思想を何というか。

❻ブルジョワ階級を担い手とし，絶対主義から近代社会へと体制を変化させた社会改革を何というか。

❼国家権力が君主に集中している政治制度を何というか。

❽1628年に国王チャールズ1世の専制政治に対して国民の法律上の権利を守るため国王に提出して署名を得たものとは何か。

❾イギリスで清教徒を中心とする議会派がチャールズ1世の専制政治に対して起こした1642年の革命とは何か。

❿1688年，イギリスでチャールズ2世，ジェームズ2世の反動的，専制的な政策に対して議会が行った流血をともなわなかった革命を何というか。

⓫名誉革命のとき議会が発した権利の宣言をまとめたものを何というか。

⓬国や社会などの諸制度ができる以前の人間の自発的なあるがままの状態を何というか。

⓭自然状態において人間のもつ基本的権利を何というか。

⓮人間社会に存在する普遍的法則のことを何というか。

⓯国家は主体的な自由平等の個人が自由意志にもとづき契約関係を結ぶことによって成立するという考えを何というか。

❶絶対主義
（絶対王政）
❷王権神授説
❸ボシュエ
（1627～1704）
❹マグナ‐カルタ
（大憲章）
❺啓蒙思想
（啓蒙主義）
❻市民革命
❼専制君主制
❽権利の請願
❾ピューリタン革命（清教徒革命）
❿名誉革命
⓫権利章典
⓬自然状態
⓭自然権
⓮自然法
⓯社会契約説

【3　ホッブズ】

❶ベーコンの経験論とデカルトの合理論に学び，物体論・

❶ホッブズ

132 第3編 現代社会における人間と倫理

人間論・市民論の三部作を完成させたイギリスの哲学者・政治学者はだれか。 (1588 ～ 1679)

❷ホッブズのいう自然権とはどのようなものか。
❷自己保存と欲求充足のために何でもできる権利

❸ホッブズは人間の自然状態は何であるといったか。
❸闘争状態

❹人間は自己保存という本能にもとづいて行動し，何の規制も受けないという自然状態では個人は不安と敵意と恐怖にとりつかれるということをホッブズは何と表現したか。
❹「万人の万人に対する闘争」（「人間は人間に対して狼」）

❺ホッブズは，社会の安全と人権の保障のために，人民はどうすべきであると述べたか。
❺各自の自然権を主権者に委譲

❻ホッブズは，人民は主権者に対してどうあるべきであるとしたか。
❻絶対的服従

❼ホッブズによれば，主権者は人民をどのように統治するか。
❼法と軍事力

❽ホッブズは，結果的にはどのような政治形態を理論づけたか。
❽絶対主義（絶対王政）

❾ホッブズが理想を託した王政復古のときのイギリス国王はだれか。
❾チャールズ2世（在 1660 ～ 85）

❿ホッブズが社会契約説について述べた，旧約聖書に出てくる巨大な怪物の名が著書名となっているものは何か。
❿『リヴァイアサン』

【4　ロック】

❶イギリス経験論の代表的哲学者・政治学者で，社会契約説を主張した，名誉革命の理論的指導者とはだれか。
❶ロック（1632 ～ 1704）

❷ロックによれば，自然権とは何であるか。
❷生命・自由・財産の所有の権利

❸ロックは，人間の自然状態はどのようなものであるといったか。
❸自由・平等で理性的であるがやや不完全

❹政府が人民の同意にそむいて人民の自然権を侵すことがあれば人民はこれに抵抗し，これを倒すことができるというロックが唱えた権利を何というか。
❹抵抗権（革命権）

❺統治者も，被統治者も法に従うことを何というか。
❺法の支配

第2章　現代社会を生きる倫理　133

❻ロックは，契約によって政府を設け，権力を特定の人にゆだねることを何といったか。

❻信託

❼名誉革命を理論的に正当化しようとしてロックによって 1690 年に書かれた著書は何か。

❼『統治二論』（『市民政府二論』）

❽ロックの考えが強く影響している，アメリカの独立革命のとき 1776 年に出された文書とは何か。

❽アメリカ独立宣言

【5　ルソー】

❶時計職人の子としてジュネーブに生まれたフランス啓蒙期の思想家で，1749 年『学問芸術論』がアカデミーの懸賞論文として当選し，有名となった人物はだれか。

❶ルソー（1712 〜 78）

❷人間のつくった習慣やすべての不自然なものをきらった自然主義思想をあらわすルソーのことばとは何か。

❷「自然に帰れ」

❸ルソーは，自然状態において人間のもっている根源的な二つの感情を何であるとしたか。

❸自己愛と憐憫（自愛と憐れみ）

❹ルソーは私利私欲を求める個人の意志を何とよんだか。

❹特殊意志

❺ルソーは個人的利益を求める特殊意志の総和を何とよんだか。

❺全体意志

❻個人的な特殊意志に先行するすべての人に共通の利益を求める意志をルソーは何とよんだか。

❻一般意志

❼ルソーが理想としたもので，国民自らが直接に国家意思の決定と執行に参加するという考えを何というか。

❼直接民主主義

❽ルソーによれば，国家の主権はだれに存するか。

❽人民

❾ルソーによれば，政府は人民にとって何であるか。

❾公僕（奉仕者）

❿ルソーの思想が強く影響しているという，1789 年にフランスでおこった絶対主義を倒した市民革命のとき出された宣言を何というか。

❿フランス人権宣言

⓫自然状態がやがて社会状態に移行するにつれて不平等が始まるという，1755 年に出たルソーの著書は何か。

⓫『人間不平等起源論』

⓬社会契約について，1762 年にルソーの著した本は何か。

⓬『社会契約論』

⓭1762 年にルソーによって書かれた児童教育の福音書ともいわれている名著は何か。

⓭『エミール』

【6　啓蒙主義】

❶フランス革命前の旧制度を何というか。

❶アンシャン - レ

❷フランスの絶対王政を批判し，公共精神にもとづく政治形態として民主的共和制を理想としたフランスの政治学者・哲学者はだれか。

❸ロックの思想を明確に発展させ，国家権力を立法・行政・司法に分立し，権力間のチェック・アンド・バランス（抑制均衡_{よくせいきんこう}）により，権力の濫用_{らんよう}を防止し，国民の政治的自由を保障しようとする考えを何というか。

❹三権分立などの政治理論を説いたモンテスキューの主著は何か。

❺パリの公証人の子として生まれ，フランス社会の不合理を攻撃し，カトリック教会の偽善と腐敗を得意の毒舌で痛烈に暴露したフランスの哲学者・文学者はだれか。

❻特定の宗教・宗派を絶対化せず，他を容認することをヴォルテールは何とよんだか。

❼異端迫害事件に際して，ヴォルテールが宗教的寛容を啓蒙精神に基づいて論じた著書は何か。

❽ヴォルテールが書いたイギリスの信仰の自由，政治の自由を賞賛した批判的な見聞記を何というか。

❾1751 年から 1772 年にわたって刊行され，フランスの学問・思想史上に金字塔をうちたてた一大著作とは何か。

❿『百科全書』を執筆した人々を総称して何とよぶか。

⓫『百科全書』の執筆の中心的人物で，国民教育の理念をもち歴史を推進するものとしてとらえたフランスの革命思想家はだれか。

⓬『百科全書』の協力者で『百科全書序論』を書いたフランスの数学者・物理学者・哲学者はだれか。

⓭百科全書派の一人で，啓蒙期に倫理学を組織的に研究した唯一の学者はだれか。

⓮百科全書派の一人で，ドイツ貴族の出身でフランスで一生を過ごし，「唯物論の聖書」といわれた『自然の体系』を著したのはだれか。

⓯人間の意識の世界を力学的法則で説明しようとするもので，ディドロ・ドルヴァックなどのフランス唯物論者によって主張された考えとは何か。

ジーム

❷モンテスキュー
（1689 ～ 1755）

❸三権分立

❹『法の精神』

❺ヴォルテール
（1694 ～ 1778）

❻宗教的寛容

❼『寛容論』

❽『哲学書簡』

❾『百科全書』

❿百科全書派

⓫ディドロ
（1713 ～ 84）

⓬ダランベール
（1717 ～ 83）

⓭エルヴェシウス
（1715 ～ 71）

⓮ドルヴァック
（1723 ～ 89）

⓯機械論的唯物論

第2章 現代社会を生きる倫理　135

【7　ドイツ理想主義の成立——カント】

❶18世紀後半から19世紀にかけて，合理論と経験論を批判・総合した哲学を何というか。

❷ドイツ観念論の祖で，三大批判書をあらわした哲学者はだれか。

❸人間の認識能力に関して，合理論と経験論を批判的に総合したカントの哲学の立場を何というか。

❹主観が客観を規定し認識をつくりあげることをコペルニクスの地動説になぞらえてカントは何とよんだか。

❺カントの認識論の特色（コペルニクス的転回）を端的に表すことばとは何か。

❻人間にとって現象として表われるものではなく，それ自体の真の存在をカントは何とよんだか。

❼事物の認識にかかわる理性をカントは何とよんだか。

❽理論理性とは別に，われわれの内面にあって，意志に働きかける理性を何というか。

❾カントの三大批判書の一つで「人間は何を知りうるか」をテーマにまとめあげた著書は何というか。

❿カントの三大批判書の一つで「人間は何をなすべきか」をテーマにまとめあげた著書は何というか。

⓫カントの三大批判書の一つで「人間は何を願いうるか」をテーマにまとめあげた著書を何というか。

⓬行為をする際の意志の主観的原則（傾向性）をカントは何とよんだか。

⓭あらゆる欲望や条件を断ち切って，それらを超えた普遍的な法則を何というか。

⓮畏敬の念のみから道徳法則に従うことを何というか。

⓯義務を内面的な動機として行為することを何というか。

⓰普遍的な道徳法則に行為の結果としてかなっていることを何というか。

⓱自らの理性にしたがって道徳法則をうちたて，それに従うことを何というか。

⓲道徳法則に自律的に従うことをカントは何とよぶか。

❶ドイツ理想主義（ドイツ観念論）

❷カント（1724～1804）

❸批判哲学（批判主義）

❹コペルニクス的転回

❺「認識が対象に従うのではなく，対象が認識に従う。」

❻物自体

❼理論理性

❽実践理性

❾『純粋理性批判』

❿『実践理性批判』

⓫『判断力批判』

⓬格率（格律）

⓭道徳法則

⓮義務

⓯道徳性

⓰適法性

⓱自律

⓲自由

❾ カントによれば，道徳法則にしたがい無条件に絶対的に善といえるものを何というか。

❿ カントは，道徳法則にしたがう善意志が，理性的な義務の念から発する感情を何とよんだか。

㉑ 道徳的な価値判断の基準を人間行為の動機にもとめるような考え方を何というか。

㉒ 道徳的な価値判断の基準を人間行為の結果にもとめるような考え方を何というか。

㉓ 「もし〜したいなら〜せよ」の論法は目的達成のために善である，とする条件付きの命令を何というか。

㉔ 「無条件に〜せよ」とした普遍的，必然的な命令を何というか。

㉕ 道徳法則がいつでも万人に通じることを何というか。

㉖ 道徳法則をうちたて，自らそれに従うことのできる自律的な人間を何というか。

㉗ 人格の完成を目的とし，そこに最高の価値を求める考え方を何というか。

㉘ 自他の人格は手段ではなく何のために用いるべきか。

㉙ 自他の人格を互いに尊重しあう理想的な社会（共同体）を何というか。

㉚ 機械論的自然観に対し，事物の存在や生成消滅はすべてある目的のためにあるという立場を何というか。

㉛ 国際社会のあり方と永久平和についてカントが記した著書は何か。

㉜ カントの影響を受けて主観的観念論をあらわしたドイツの哲学者はだれか。

㉝ フランス軍占領下のベルリンで演説を行ったフィヒテのその際の演題は何か。

㉞ カント・フィヒテのあとを受けて，主観と客観（精神と自然）は基本的に同一であると考え，「同一哲学」を主張したドイツの哲学者はだれか。

㉟ 『若きウェルテルの悩み』などで知られ，ドイツ三大著名の一人で，カントの影響を受けた古典主義文学の代表的人物はだれか。

㊱ 自由・愛・救済をテーマとして人間の尊厳を著したゲー

❾ 善意志

❿ 良心（良心の声）

㉑ 動機説（主義）

㉒ 結果説（主義）

㉓ 仮言命法（令）

㉔ 定言命法（令）

㉕ 普遍妥当性

㉖ 人格

㉗ 人格主義

㉘ 目的

㉙ 「目的の王国」（「目的の国」）

㉚ 目的論的自然観

㉛ 『永久平和のために』

㉜ フィヒテ（1762 〜 1814）

㉝ 『ドイツ国民に告ぐ』

㉞ シェリング（1775 〜 1854）

㉟ ゲーテ（1749 〜 1832）

㊱ 『ファウスト』

第2章　現代社会を生きる倫理　137

テの代表的戯曲とは何か。

㊲「群盗」などの作者として知られ，ゲーテとともにド
イツ古典文学を代表する詩人・小説家はだれか。

㊲ シラー
(1759～1805)

【論述問題】

> ホッブズ・ロック・ルソーの社会契約説の相違を述べよ。

　ホッブズは，自然状態では「万人の万人に対する闘争」となってしまうの
で各人が自己の自然権をすすんで放棄して，その権利を譲渡契約をかわして
国家をつくり，平和を維持すると考えた。ロックは，自然状態を理性にした
がって生活する平和な状態と考え，自然権を守り，より保障された生活を送
るために人民は相互に契約をかわして政府を設け，その政府が人民の自然権
を侵すことがあれば，これを倒すことができる革命権をもっていると考えた。
ルソーは，不正と悪徳に満ちた社会状態を脱し，自由と平等を実現するため，
各人の共通の利益をめざし，それを実現しようとする一般意志にもとづいて
人民が契約をかわして国家を形成すべきであると考えた。

> カントの形式主義・動機主義とはどういうことか説明せよ。

　カントの唱える道徳法則はユダヤ教・仏教における戒律のように，行為の
具体的内容を示すものではない。それは「いつ，いかなるときでも～せよ」
と命ずるものではあるが，その命令は行為をする際の意志の形式，つまり心
のあり方そのものにかかわるのであり「何をするか」ではなく「いかにする
か」が，行為の結果よりも動機のあり方が重視される。それゆえにカントの
立場は形式主義・動機主義といわれる。

> カントはなぜ善意志のみを無条件に善であるとしたのか説明せよ。

　知恵・勇気・克己などは古来から人間の徳とされ，すぐれたものとみなさ
れてきた。しかし，これらを使用するのは意志であり，その意志が邪悪であ
れば，非常な悪となり害となる。たとえば知恵あるものが犯罪をしたならば
どうなるか。最悪の状況となるであろう。すべての徳といわれるものは，実
は意志の善さを前提とするのであるから善意志のみが無条件に善なるもので
ある。

◆ INTRODUCTION ④ 自己実現と幸福

【 ヘーゲル 】 ：世界の本質→観念，究極の実在→絶対精神
絶対精神の目的…自由の実現，世界史→自由の体現の場
弁証法…すべての存在の在り方
　　　　　必然への道
　　　　　"正―反―合"
人倫…法と道徳の総合，自由の実現の場
家族…愛の自然共同体
・市民社会…欲望の体系
・国家…人倫の最高形態
『精神現象学』『法の哲学』

【 功利主義 】 ：近代市民社会の幸福論――善＝功利（役立つこと）
○A.スミス――古典経済学，"神の見えざる手"『国富論』
○ベンサム――"最大多数の最大幸福"（市民社会の倫理）
　　　　　量的快楽→快楽計算
○J.S.ミル――"満足した豚よりも不満足なソクラテス"→質的快楽
　　　　　真の幸福＝真の功利⇨献身の行為

【 実証主義と進化論 】 ：近代資本主義と新思想
○実証主義……コント――→社会学の創設
○進化論………ダーウィン――→自然淘汰（適者生存）
○社会進化論…スペンサー――→社会淘汰・社会有機体説

ベンサムとJ.S.ミルの比較

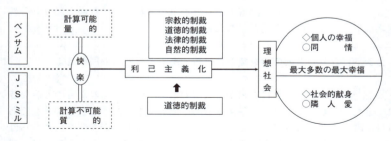

第2章　現代社会を生きる倫理　139

【1　ヘーゲル】

❶世界のすべての存在を成り立たせるものを精神とし，ドイツ観念論を大成したのはだれか。

❷ヘーゲルによれば，世界と人間の本質は何であるか。

❸ヘーゲルは，この世のすべての事物と人間は，どのように形をとげるとしたか。

❹自己の思想や理念などを外に表す行為を何というか。

❺自然も社会もすべて「正⇒反⇒合」の過程において運動・発展すると説いたヘーゲルの理論を何というか。

❻弁証法における正・反・合を，それぞれドイツ語で何というか。

❼弁証法のなかで「保存の働き」・「否定の働き」・「高める働き」，この三つの働きをなすものを何というか。

❽すべてが弁証法的に発展していくものの本質をヘーゲルはどのようによんだか。

❾すべてが弁証法的に発展していく場合，その主体となるヘーゲル哲学における最高原理（絶対者）であるものは何か。

❿世界史においてその主体となる精神とは何か。

⓫世界史と自由についてのヘーゲルのことばとは何か。

⓬絶対精神（世界精神）が世界史のなかで展開し，実現するものは何か。

⓭現実と理性の一致を主張したヘーゲルのことばは何か。

⓮法と道徳の総合で家族・市民社会・国家が弁証法的に発展していくこの三段階の共同体を何というか。

⓯人倫の形態のなかで，夫婦・親子のように愛情によって結びついた共同体を何というか。

⓰人倫の形態のなかで，各自が自由・平等の立場で自己

---

❶ヘーゲル（1770 ～ 1831）

❷精神

❸本来あるべき姿へと変化・発展する

❹自己外化

❺弁証法

❻テーゼ・アンチ - テーゼ・ジン - テーゼ

❼止揚（アウフヘーベン）

❽イデー（理念）

❾絶対精神

❿世界精神

⓫「世界史は自由の意識の進歩である」

⓬自由

⓭「理性的なものは現実的であり，現実的なものは理性的である。」

⓮人倫

⓯家族

⓰市民社会

140 第3編 現代社会における人間と倫理

の欲求の満足を追求して相互に依存している「欲望の体系」としての共同体を何というか。

⑰人倫の最高の段階で，家族と市民社会が止揚されてできた共同体を何というか。　⑰国家

⑱法，道徳性，人倫および人倫の三段階について論じた三部構成からなるヘーゲルの著書は何か。　⑱『法の哲学』（『法哲学綱要』）

⑲ヘーゲルの最初の著書で，精神が弁証法的により高次の段階へと展開することを論じたものは何か。　⑲『精神現象学』

【2　功利主義——ベンサムと J.S. ミル】

❶18世紀におこった機械の導入による生産方式や社会の構造の著しい変革を何というか。　❶産業革命

❷産業革命を背景として生まれてきた自己欲求の追求，または幸福を個人的なものとみなす考え方を何というか。　❷利己主義

❸経済の主体が国家やその他の機関から統制をうけることなく，自己の利益追求を考え，自由に経済活動が行えることを何というか。　❸自由放任（レッセ－フェール）

❹重商主義を批判し，経済活動の自由放任を主張したイギリスの経済学者はだれか。　❹アダム＝スミス（1723〜90）

❺従来の重商主義政策に反対し，自由放任（レッセ-フェール）の政策を説いたアダム＝スミスの著書は何か。　❺『国富論』（『諸国民の富』）

❻私益と公益を自動的に調和させる働きをアダム＝スミスは何ということばでよんだか。　❻「見えざる手」

❼アダム＝スミスや『人口論』で知られるマルサスらが所属し，経済の自由放任主義を説いた学派は何か。　❼古典派経済学

❽善悪や正不正をわきまえる感情を何というか。　❽道徳感情

❾アダム＝スミスの道徳論の基本にある，他人の幸福や不幸に心を動かす道徳的感情を何というか。　❾共感（シンパシー）

❿個人の幸福と社会全体の幸福との調和をはかることを目的とした思想を何というか。　❿功利主義

⓫哲学的急進派としてヨーロッパ諸国の社会改造に努めたイギリス功利主義の祖はだれか。　⓫ベンサム（1748〜1832）

⓬利己的な人間であっても社会のなかで生活するのであるから，社会の問題を解決し，最大多数の人々の幸福をもたらすようにしなければならないとした趣旨のベンサ　⓬「最大多数の最大幸福」

第2章 現代社会を生きる倫理　141

ムのことばをあげよ。

⑬快楽と苦痛の判断は計算の結果，量の多少によってできると考えた。このような功利の考えかたを何というか。

⑬量的功利主義

⑭快楽と苦痛を数量的に判断する計算方法を何というか。

⑭快楽計算

⑮快楽計算の七つの基準とは何か。

⑮強さ・持続性・確実性・近さ・豊かさ・純粋性・関係者数

⑯個人の幸福追求が利己主義におちいらないようにするために考えた四つの制裁とは何か。

⑯自然的制裁・道徳的制裁・法律的制裁・宗教的制裁

⑰功利主義の原理を確立したベンサムの著書は何か。

⑰『道徳と立法の原理序説』

⑱ベンサムが現実的な功利主義であるのに対し，理想主義的な立場に立ったイギリスの功利主義者はだれか。

⑱J.S. ミル　(1806 ～ 73)

⑲快楽に質的な差異のあることを認め，次元の高いものこそが人間の幸福の大きな要因になると考えたJ.S. ミルの立場を何というか。

⑲質的功利主義

⑳ベンサムの四つの制裁に対して，J.S. ミルの考えた良心や道徳心を基礎とした制裁を何というか。

⑳内的制裁

㉑J.S. ミルは，真の快楽で，真の幸福であるのはどんな行為であるとしたか。

㉑献身

㉒精神的な快楽こそが高尚な品性をもつ人間の求めるものであるとする内容をJ.S. ミルはどのようなことばで表現したか。

㉒「満足した豚であるよりは不満足でいる人間の方がよい」

㉓キリスト教の黄金律が功利主義道徳の極致であると説いたJ.S. ミルの著書は何か。

㉓『功利主義』

【3　実証主義と進化論】‥‥‥‥‥‥‥‥‥‥‥‥‥‥‥‥‥‥

❶人間生活を実証的に研究する学問を何というか。

❶社会学

❷フランスの哲学者で歴史的発展の法則を科学的，実証的に体系づけた社会学の創始者はだれか。

❷コント　(1798 ～ 1857)

❸実験や観察にもとづいて，形而上学的な理論を排除しようとするコントの考え方を何というか。

❸実証主義

❹人類の知識が三つの段階（神学的段階・形而上学的段階・実証的段階）へと発展していく法則を何というか。

❹三段階の法則

142 第3編 現代社会における人間と倫理

❺実証哲学の目的を記したコントの著書は何か。

❻軍艦ビーグル号に乗り込んで世界を一周し，生物の進化について研究を続けたイギリスの生物学者はだれか。

❼下等なものから高等なものへと変化していく生物進化の事実を科学的に明らかにした理論を何というか。

❽生物のなかで，外界に適応したものは残り，適応しないものは滅びていくという現象を何というか。

❾生存競争の結果，外界の環境に適するものだけが生き残れるという現象を何というか。

❿生物界における進化論の古典ともいわれるダーウィンの著書は何か。

⓫植物の分類を大成し，不変説を唱えたスウェーデンの植物学者はだれか。

⓬人間社会の進化を説き，社会も生物のように有機体として進化することを主張した人物はだれか。

⓭社会の変動・歴史的変化を進化論の応用によって説いたものを何というか。

⓮進化論を広く社会学・心理学・倫理学などの領域にあてはめて，総合的に体系づけたスペンサーの著書は何か。

❺『実証哲学講義』

❻ダーウィン
（1809 〜 82）

❼進化論

❽自然淘汰

❾適者生存

❿『種の起源』

⓫リンネ
（1707 〜 78）

⓬スペンサー
（1820 〜 1903）

⓭社会進化論

⓮『総合哲学体系』

【論述問題】

ヘーゲル哲学の特色について述べよ。

　ヘーゲルの世界観は動的で，常に発展性のなかで人間と社会のありかたを追求している。その発展の法則が弁証法であり，カントの二元論を一元論として統一した。自由についてもカントが内面的，個人的にとらえているのに対し，ヘーゲルは現実的にかつ国家・民族的に実現するものとしている。

ベンサムと J.S. ミルの思想の共通点と相違点を述べよ。

　ベンサムも J.S. ミルも各人の幸福増進につとめることが根本原則であり，その際，個人の幸福追求が利己主義にならないように制裁を設けたのである。しかし，功利主義追求の過程で，快楽を量的に捉えるか，質的に捉えるか，また，制裁においては内的か外的かなど，両者の考え方に大きな違いがある。

第2章　現代社会を生きる倫理　143

◆ *INTRODUCTION* 　⑤　人間存在の地平―実存主義の思想

【 実存主義の思想 】 ：既成哲学の批判と人間性回復の思想
　　○組織の巨大化，人間の画一化・平均化没個性・大衆化→人間存在の追求
　　○実存…現実存在→現にここにいる自己自身の在り方→主体性，個別性の
　　　　　　　　　　　　　　　　　　　　　　　　　　　　　　　強調

　　　　　非理性・主体性・独自性の哲学→宗教的実存と無神論的実存

【 キルケゴール 】 ：「絶望とは死に至る病である」
　　○大衆化と享楽的生―――→罪へのおそれとおののき→ "神の前の単独者"
　　　　　　　　　　↑
　　　　例外者意識，不安，絶望
　　○実存の三段階
　　　・美的実存
　　　・倫理的実存
　　　・宗教的実存…「神の前の単独者」

【 ニーチェ 】 ：「神は死んだ」
　　○ニヒリズムの克服―――→権力への意志と永劫回帰の認識→ "超人"
　　　　　　　　　　↑
　　　　キリスト教＝奴隷の道徳

【 ヤスパース 】 ：「人間は至るところで限界状況に囲まれている」
　　○限界状況との対決→無と存在の地平→包括者との交わり

【 ハイデッガー 】 ：「人間は死への現存在である」
　　○人間存在の時間性→本来的自己＝現存在→死への存在→良心的生

【 サルトル 】 ：「人間はすべて自由の刑に処せられている」
　　○人間存在の自己投企と責任→アンガージュマン→自由

【 その他の実存主義者 】
　　○メルロ＝ポンティ・バタイユ・ボーヴォワール・ドストエフスキー・カ
　　　ミュ

144　第3編　現代社会における人間と倫理

【1　実存主義の成立】

❶人間が生きるにあたって本来もっていた喜びや悲しみを失い，単なる「もの」として扱われる存在となってしまう状況を何というか。

❶人間疎外

❷人間を単なる認識の対象として考えるのではなく，個々の人が歴史のなかで生きることを実感し，日々の生活で自己を意識できなくなった状態を何というか。

❷主体性の喪失

❸機械化され合理化された現代社会，さらには巨大化し複雑に組織化された社会に対する疑問を，実存主義の哲学者たちは何と表現したか。

❸文明社会への懐疑

❹人間が個々の個性を失い，一つの規格品のような存在でしかない状況を何というか。

❹画一化，平均化

❺本来は現実の存在という意味だが，現実のなかに自己をみつめ，自らの喜びや主体性を意識しながら存在する在り方を何というか。

❺実存

❻19世紀，ヨーロッパに起こった思想で，個々の人間が自由で自立的に生きることが目的であり，個人の主体性や個性を重視した思想を何というか。

❻実存主義

❼キルケゴールやヤスパース，マルセル等の説く実存主義で，絶対的な存在者としての神との関係のなかで，主体的な生き方を追究しようとした立場を何というか。

❼有神論的実存主義（宗教的実存主義）

❽ニーチェ，ハイデッガー，サルトル等の説く実存主義で，絶対的神とのかかわりを否定し，現実の世界で，人間存在そのものが主体的生を自ら確立しようとした立場を何というか。

❽無神論的実存主義

【2　キルケゴール】

❶デンマークの思想家で，実存主義哲学の先駆者といわれ，一般的な考えを超えて，神の前にただ一人で立つことが真の生き方であると説いた人物はだれか。

❶キルケゴール（1813～55）

❷キルケゴールの真理に対する考え方で，客観的な真理ではなく，人間にとって最も大切なのは，「いかに生きるか」を課題とすべきと説いたものは何か。

❷主体的真理

❸キルケゴールの思想展開上，重要な役割を果たして，永遠の恋人といわれた人物はだれか。

❸レギーネ＝オルセン（1822～1904）

第2章 現代社会を生きる倫理 145

❹神の前に立って，自己を振り返るとき，人がみなおちいる心理をキルケゴールは何と表現したか。

❹不安

❺キルケゴールのいう，生きる希望を失い，かつ死ぬこともできない人の心理を何というか。

❺絶望

❻キルケゴールによって唱えられたもので，人が神の前にただ一人で対面し，そこに真の信仰と生を自覚する在り方を何というか。

❻単独者

❼キルケゴールの実存哲学の出発点となったもので，自分が他と異なる特別な存在であるという意識は何か。

❼例外者意識（例外者）

❽キルケゴールにとって，実存的生き方にいたるまでの三つのプロセス，美的・倫理的・宗教的の三つの経過を何というか。

❽実存の三段階

❾人間がその人生の意味を問うことなく，単なる享楽や快楽のみを追求して生きる段階を何というか。

❾美的実存の段階

❿美的段階での生き方を否定し，一般的な道徳に従い，永続的幸福を追求して生きようとする段階を何というか。

❿倫理的実存の段階

⓫ただ一人神の前に立ち，倫理的な段階を超越して，単独者となり，神への信仰によって真実の自己を見出すことができた段階を何というか。

⓫宗教的実存の段階

⓬キルケゴールの哲学的著作で，人生を真に生きる道は，自己の責任において一つの行動を決断して選びとるしかないとしたのは何か。

⓬『あれか，これか』

⓭キルケゴールの哲学的著書で，人間にとって死に至る病は絶望であり，絶望を直視し，実存的な生き方を追求せねばならぬとしたのは何か。

⓭『死に至る病』

【3 ニーチェ】

❶ドイツの思想家で，実存主義哲学の先駆者といわれ，ヨーロッパにおけるキリスト教の道徳・文化を否定し，生への強い意志をもった人物の出現を説いたのはだれか。

❶ニーチェ（1844〜1900）

❷ニーチェが，ヨーロッパ社会におけるキリスト教倫理観を否定するのに語ったことばは何というか。

❷「神は死んだ」

❸伝統としてできあがっている価値や秩序を否定しようとする立場を何というか。

❸ニヒリズム（虚無主義）

❹ニーチェは，当時のヨーロッパ社会に広がりつつあっ

❹キリスト教道徳

146　第3編　現代社会における人間と倫理

た頽廃的ニヒリズムの原因が何にあると考えていたか。

❺19世紀フランスに現れた文芸の一傾向で、頽廃的・耽美的な風潮を何というか。

❻デカダンス

❻ニーチェはキリスト教の本質が万人平等、従順と服従、博愛であり、結局は強者、優れたものを否定し、弱者を甘やかせるものであるとした。これを何というか。

❻奴隷の道徳

❼既成道徳の根底にある、弱者・劣者の強者・優秀者への怨恨感情をニーチェは何といったか。

❼ルサンチマン

❽ニーチェの最も重要な理念で、すべて生きようとするものはより強大に、競争にうちかとうとするのが本質であることを何というか。

❽権力意志（力への意志）

❾人生のあるがままの姿を愛し、苦痛をのり越える存在で、キリスト教の神にかわる理想の人間像を何というか。

❾超人

❿すべてのものは逝き、すべてのものは再び還るという思想で、そこから現実の瞬間瞬間が充実していなければならないとするニーチェの考えを何というか。

❿永劫回帰（永遠回帰）

⓫今日的状況であるニヒリズムを克服するためには、自己の運命を自らのものとして受け入れ、より高い真理に達しなくてはならない。これをニーチェは何というか。

⓫運命愛

⓬古代ペルシャの預言者のことばをかりながら、ニーチェ自らの超人思想を展開した著書は何か。

⓬『ツァラトゥストラはかく語りき』

⓭生存の本質は「生への盲目的意志」であり、生きることは苦しみであるという厭世主義を説き、ニーチェに影響を与えたドイツの哲学者はだれか。

⓭ショーペンハウエル（1778～1860）

【4　ヤスパース】

❶ドイツの実存哲学者。20世紀の機械と技術の支配する時代において、自己のおかれている現実を自覚する存在の在り方を追究した人物はだれか。

❶ヤスパース（1883～1969）

❷人間が避けたり、変えたりすることのできない「死・苦・闘争・罪責」のことで、自己存在の真相を知らせるものをヤスパースは何とよんだか。

❷限界状況

❸人間が対象としてとらえることのできない、あらゆる存在を包みこむ絶対者のことで、限界状況のなかで実存

❸包括者（超越者）

第2章　現代社会を生きる倫理　　147

を自覚していくものが出会う存在を何というか。

❹自己主張によって孤独におちいった人間が他人との交流を求め，そのなかで自分自身をたしかめていくことを何というか。　❹実存的交わり

❺実存的交わりにおいて，他の人間と愛しながらの相剋をすることをヤスパースは何とよんだか。　❺愛の闘争

❻人が個人と，歴史との交わりを自覚し，世界各地に思想が開花した時代をヤスパースは何といったか。　❻枢軸時代

❼ヤスパースが，限界状況や包括者との出会いなど自己の実存哲学の体系を3部作で記した主著は何か。　❼『哲学』

❽理性的実存を説いたヤスパースの著書は何か。　❽『理性と実存』

【5　ハイデッガー】

❶ドイツの代表的な実存主義の哲学者。人は自らが死への存在であり，自己を直視し良心に従って，自己の行き方を見いだすべきだとした人物はだれか。　❶ハイデッガー（1889 ～ 1976）

❷人間は死より逃れることができないばかりか，自分で死を引き受けなければならないということをハイデッガーは何というか。　❷死への存在

❸ハイデッガーの用語で，自己をあるべき存在として自覚し，存在そのものを問うあり方を何というか。　❸現存在（ダーザイン）

❹個性のない平均的で画一的な人間となって，本来の主体的な生き方を失った存在を何というか。　❹ひと（ダス-マン）

❺ハイデッガーは日常に埋没し，本来的な自己を失った存在をひとと表現したが，現存在の本質的構造で本来的な自己で他人・環境に配慮する存在を何というか。　❺世界内存在

❻ハイデッガーは，人間は世界内存在であるとともに死への存在として，どのような存在であるとよんだか。　❻時間的存在

❼現存在としての人間が世界内で他人やその他の事物に気づかうことをハイデッガーは何とよんだか。　❼関心（ゾルゲ）

❽ハイデッガーの哲学理念を展開した著書で現存在の意味の分析から始め，最終的に，人間が死への存在であるとしたものは何か。　❽『存在と時間』

❾日常の好奇心や曖昧さに埋没して自己の固有の存在を忘れていることをハイデッガーは何とよんだか。　❾存在忘却

148　第3編　現代社会における人間と倫理

❿意識に浮かぶ対象を明証的なものとする方法をとり，ハイデッガーに影響を与えたドイツの哲学者はだれか。
⓫事実についての判断を中止することを何というか。
⓬フッサールにより確立された，純粋な意識に立ち返り，事実に即して本質を究明する立場を何というか。

❿フッサール（1859 ～ 1938）
⓫エポケー
⓬現象学

【6　サルトル】

❶フランスを代表する哲学者であるとともに現代実存哲学の代表者で，無神論的実存主義の立場から，現代における人間存在を追究した人物はだれか。
❷サルトルの実存に関する重要な理念で，人間は自由な存在であり，自らが意欲するものになれる存在だとした。これを何と表現したか。
❸人間は未来に向かって自己を自ら投げるものであり，自らを創造していく存在であるということを何というか。
❹人間は自由に行動し，自由に自らを創り出していくものであるから，常に自由とかかわりをもつ態度が必要だとして，これを何と表現したか。
❺人間存在と自由とのかかわりについてのサルトルの有名なことばは何か。

❻人間が自分をとりまく状況のなかで，自分の生き方を選び，他者との関係をもちながら社会のあり方に参加していくことを何というか。
❼人間は自らを創るところのものであると同時に，自己をとりまく世界のあり方をも選べることを何というか。
❽自己意識をもたない存在をサルトルは何というか。
❾実存として自己をみつめる意識をもつ存在をサルトルは何というか。
❿サルトルの代表的著書で，第二次世界大戦中，対独地下解放運動にくみしながら，人間にとっての自由を解明しようとしたのは何か。
⓫「実存は本質に先立つ」という根本命題より，実存的生き方について展開したサルトルの代表的な著書は何か。

❶サルトル（1905 ～ 80）
❷「実存は本質に先立つ」
❸投企的存在（投企）
❹自由と責任
❺「人間は自由の刑に処せられている」
❻アンガージュマン
❼選択
❽即自存在
❾対自存在
❿『存在と無』
⓫『実存主義はヒューマニズムである』

第 2 章　現代社会を生きる倫理　　149

⓬世界の偶然性を描いたサルトルの初期の小説は何か。　　⓬『嘔吐』

【7　その他の実存主義者】

❶有神論的実存主義者。自己，即ち私は他者との共存に
おいて存在するのであって，他者とは神への信仰にほか
ならないとしたのはだれか。

❶マルセル
　（1889 ～ 1973）

❷フランスの代表的な女流作家。『第二の性』で独自の
女性論を展開し，女性の自立を訴えて従来までの女性観
を否定して大きな反響をよんだ人物はだれか。

❷ボーヴォワール
　（1908 ～ 86）

❸基本的には現象学の立場を根底におきながら，実存主
義における世界内存在という人間観を追究したフランス
の現代哲学者はだれか。

❸メルロ＝ポンテ
　ィ（1908 ～ 61）

❹メルロ＝ポンティが強調した人間性の一つとは何か。

❹身体性

❺フランスの作家で，実存主義とは不条理を直視しなが
ら生き抜く姿にあり，『異邦人』『シーシュポスの神話』
で独自の世界を展開したのはだれか。

❺カミュ
　（1913 ～ 60）

❻カミュの人生観・世界観の根本にある思想とは何か。

❻不条理

❼『変身』の作者として知られ，生存の不条理を前にし
た人間の絶望を小説で描いたのはだれか。

❼カフカ
　（1883 ～ 1924）

❽『カラマーゾフの兄弟』などで知られるロシアの小説
家で，実存主義文学に影響を与えた人物はだれか。

❽ドストエフスキ
　ー（1821 ～ 81）

【論述問題】

「実存は本質に先立つ」から出発したサルトルの思想は何を意味してい
るのか述べよ。

　サルトルによれば，存在のあり方には，その特色や機能によってなる本質
存在と，その存在自体によってなる現実存在がある。たとえば，ナイフは何
かを切るという機能のゆえに存在する本質存在であるが，人間はその存在自
体が意義をもつものである。人間は現実存在（実存）であり，自由に行動し，
自由に自らをつくり出していくというのが「実存は本質に先立つ」の意味で
あり，それゆえに生きることに責任を負わなければならないとした。

150　第3編　現代社会における人間と倫理

◆ *INTRODUCTION*　⑥　社会参加と奉仕

【 社会主義の思想 】　：資本主義の矛盾と人間疎外の克服をめざして

【 空想的社会主義 】　：環境改善，労働者の待遇改善の試み
　○サン＝シモン　　○ フーリエ──"ファランジュ"
　○ロバート＝オーエン──ニューラナークの実験工場『新社会観』

【 マルクス主義 】　：科学的社会主義──唯物史観とプロレタリア革命
　○マルクス・エンゲルス─『共産党宣言』『資本論』
　　　唯物史観…上部構造（法や政治，思想等）は下部構造（経済）が土台
　　　　　　　　資本主義の必然的帰結としての社会主義
　　　人間疎外…労働の強制，生産物の非所有，低賃金→人間性の喪失
　　　プロレタリア革命…資本主義の帰結→労働者による武力革命

【 マルクス主義の修正 】　：社会主義の諸相
　　　　　　　　レーニン──マルクス・レーニン主義
　　　ベルンシュタイン─社会民主主義─┐
　　　　ウェッブ夫妻─フェビアニズム─┼──議会政治における社会主義
　　　イギリス労働党─民主社会主義─┘

【 プラグマティズムの成立 】　：知識・観念の源泉は行動である。
　　アメリカ人の行動原理を理論化
　○パース……観念は行動を通して明らかになる
　　　　　　〈科学的・論理的プラグマティズム〉
　○ウィリアム＝ジェームズ
　　　『プラグマティズム』→プラグマティズム運動の提唱・普及
　　　生活の発展に有用な時，それは真理となる＝真理の有用性

【 プラグマティズムの大成 】　：道具主義と民主主義の哲学
　○ジョン＝デューイ……『哲学の改造』
　　　困難──→克服──→民主主義社会の建設
　　　↑
　　創造的知性─┬─道具主義…思考はよく生きるための手段
　　　　　　　　└─価値多元論…幸福に役立つ時にのみ善

第2章　現代社会を生きる倫理　151

【1　空想的社会主義】••

❶1760年ごろよりイギリスに起こった生産技術上の変革で，家内制手工業から工場制機械工業へと生産様式が変化した。こうした発展の過程を何というか。

❶産業革命

❷封建社会のあと，ヨーロッパで確立した経済体制で，自由な経済活動を保障し，かつ個人の財産の私有を認める立場を基本原則とする考えを何というか。

❷資本主義

❸生産するための機械や工場が個人や企業のものとして認められ，その利用や使用が個人や企業の自由に任される所有形態を何というか。

❸私的所有

❹資本主義経済社会の矛盾である景気の変動や貧富の差，失業者による社会不安などの問題を解消しようとした思想を何というか。

❹社会主義

❺資本主義社会の矛盾を人道主義的観点から批判し，理想の社会建設を目的とした立場を何というか。

❺空想的社会主義

❻イギリスの産業革命当時，機械化するなかで職をうばわれた熟練工たちが，自分たちの失業は機械に原因があるとして機械を打ちこわした運動を何というか。

❻ラッダイト運動（打ちこわし）

❼1836～1848年までのイギリスの政治運動。議会に労働者階級の代表を送り，労働者の地位改善をはかって立法化を求めたが，不成功に終わった運動を何というか。

❼チャーチスト運動

❽イギリスの空想的社会主義者で，労働者の労働条件の改善や近代化に取り組んだのはだれか。

❽ロバート＝オーエン(1771～1858)

❾アメリカ合衆国で社会主義の理想を実践し，新しい共同体を建設したが失敗したオーエンの実践共同体を何というか。

❾ニューハーモニー村

❿ロバート＝オーエンの著書で，ベンサムの倫理を応用し「最大多数の最大幸福」を実際にうみだす政治を説いたものは何か。

❿『新社会観』

⓫フランスの空想的社会主義者で，社会で実際に汗して働く産業者が，地主や資本家・貴族等に代わって政権を握らねばならないと説いたのはだれか。

⓫サン＝シモン(1760～1825)

⓬サン＝シモンの考えた，豊かで，平和な社会を何というか。

⓬産業社会

⓭産業者によってつくられる新社会をえがいたサン＝

⓭『産業者の政治

152　第3編　現代社会における人間と倫理

シモンの著書は何か。

⓮フランスの空想的社会主義者で，資本主義の問題点である貧富の差，失業，過酷な婦人労働などの原因が資本家や政府にあるとして批判したのはだれか。

⓯フーリエの著書で，人間の自然的本能は高い感情の満足を追求し，本能の充足こそが人間に幸福をもたらすと説いた理論は何か。

⓰私有財産制度を批判し，農業を基礎とした農村的協同組合村を何というか。

『的教理問答』

⓮フーリエ
（1772 ～ 1837）

⓯『四運動の理論』

⓰ファランジュ

【2　マルクス主義——マルクスとエンゲルス】

❶ドイツの哲学者で科学的社会主義思想の創始者。資本主義社会におけるさまざまな問題を科学的に分析し，理想社会である共産主義社会を説いたのはだれか。

❷精神の自己発達をその本質としたのでマルクスによって批判されたヘーゲルの弁証法を何というか。

❸唯心論に対する反対の概念で，社会を形成するのは，宗教やイデオロギーといった観念ではなく，物質的要因にあるとする立場を何というか。

❹ヘーゲルとマルクスの媒介者として大きな影響を与えた哲学者で，ヘーゲルを批判することで観念論より脱却して唯物論的立場を確立したのはだれか。

❺空想的社会主義に対して，資本主義を科学的に分析し，とくに経済を分析することで歴史の発展法則をとらえた主義を何というか。

❻マルクスの著書で，市民社会を分析した結果，社会・政治，さらに精神的なものを制約するのは物質的生活の様式にあると説いたものは何か。

❼1848 年刊。「ヨーロッパに赤いゆう霊が現れた」で始まり，科学的社会主義の理論を展開したマルクスとエンゲルスの共著は何か。

❽『共産党宣言』の最後の結びの一文は何か。

❾ヘーゲルの観念的歴史観を否定し，歴史は経済的な生産力や生産関係によって規定されていくと説いたマルク

❶マルクス
（1818 ～ 83）

❷観念的弁証法

❸唯物論

❹フォイエルバッハ（1804～72）

❺科学的社会主義

❻『ドイツ - イデオロギー』

❼『共産党宣言』

❽「万国の労働者よ，団結せよ。」

❾『経済学批判』

スの著書は何か。

❿ 1869 年に第 1 巻が刊行され，マルクスによる資本主義経済の分析を展開したもので，資本家による労働者の搾取や疎外される労働者にまで言及した著書は何か。

⓫ 1871 年に樹立された世界初の労働者政府を何というか。

⓬ ドイツの社会主義思想家。一貫してマルクスの協力者であり援助者であった。マルクスの死後，遺稿を整理して資本論の第 2・3 巻を刊行した思想家はだれか。

⓭ エンゲルスの著書で空想的社会主義への評価と批判に始まり，マルクス経済学の基礎理論を展開したのは何か。

⓮ 人間としての自由な自己実現であり，他者との人間的なつながりをもつ活動をマルクスは何であるとしたか。

⓯ 本来自分のものである労働の成果と喜びが疎遠なものとなり，労働が人間と対立し，やがて人間が労働に支配されることをマルクスは何とよんだか。

⓰ マルクスがその著『経済学・哲学草稿』のなかで展開したことばで，元来は自己の作り出したものが自己からはなれて対立するようになることを何というか。

⓱ マルクスによれば，人間は互いに社会的なつながりをもつもので相互に助け合う存在であるとした。これを何といったか。

⓲ マルクス主義哲学における歴史観であると同時に世界観でもある。世界の歴史は生産力や生産関係という経済の一定法則により発展するという考えを何というか。

⓳ 『経済学批判』に記された，唯物史観を端的に表すマルクスのことばとは何か。

⓴ フォイエルバッハの唯物論とヘーゲルの弁証法を批判的に応用することで確立したマルクス主義の方法論を何というか。

㉑ 人間が土地や資本や労働を利用して，一定の財を作り出す力のことを何というか。

---

❿ 『資本論』

⓫ パリ = コミューン

⓬ エンゲルス（1820 〜 95）

⓭ 『空想から科学へ』

⓮ 労働

⓯ 労働疎外

⓰ 疎外（自己疎外）

⓱ 類的存在

⓲ 史的唯物論（唯物史観）

⓳ 「人間の意識がその存在を規定するのではなく，人間の社会的存在がその意識を規定する。」

⓴ 唯物弁証法（弁証法的唯物論）

㉑ 生産力

154　第3編　現代社会における人間と倫理

㉒ある一定の社会における生産過程での人間関係のこ
と。経済活動のなかで活動を支配する者がいるとすれば
支配される者がいるという社会的関係を何というか。

㉒生産関係

㉓社会を構成している要素の中で政治や宗教，思想とか
哲学といった意識をつかさどる部分のことを何というか。

㉓上部構造

㉔社会を構成するなかで，その社会を決定していく土台
となる経済活動や生産の様式を何というか。

㉔下部構造

㉕物を生産するにあたって，それに使用する原料や道具
や土地のことを何というか。

㉕生産手段

㉖人間が物を生産するために費やす精神的，肉体的な諸
能力を何というか。

㉖労働力

㉗唯物史観とならぶマルクス理論の柱で，商品の交換価
値は本来その商品を生産するために費やされた労働の量
に等しいのに，資本家は利潤として労働者を搾取してい
る，とする説を何というか。

㉗剰余価値説

㉘中世ヨーロッパ社会では上層の特権階級と下層民との
中間に位置した人の意味であったが，近代資本主義体制
下では，生産手段をもちうる階級を何というか。

㉘ブルジョワ階級
（ブルジョワジ
ー）

㉙近代資本主義社会において新しく登場した階級。無産
階級ともいい，自己が所有する生産手段をもち得ず，自
分の労働力を提供する階級を何というか。

㉙プロレタリア階
級（プロレタリ
アート）

㉚歴史上いつの時代でも，生産手段をもつ支配者階級と
手段をもち得ぬ被支配者階級が対立する。この争いを何
というか。

㉚階級闘争

㉛マルクスやエンゲルスの実践論。労働者が支配者であ
る資本家をたおし，自由で平等な社会建設を試みようと
する動きを何というか。

㉛社会主義革命
（プロレタリア
革命）

㉜マルクスの展開した理想社会で，生産手段の私有を認
めず，能力に応じて働き，能力に応じて分配を受ける平
等な社会を何というか。

㉜共産主義社会

【3　マルクス主義の展開】‥‥‥‥‥‥‥‥‥‥‥‥‥‥

❶1917年，世界で初めてロシアにおいてプロレタリア
革命を成功させ，ソビエトを確立して社会主義国家誕生
の指導者となったのはだれか。

❶レーニン
（1870〜1924）

第2章　現代社会を生きる倫理　155

❷帝政ロシアを2月と10月の政変によってたおし，レーニンの指導のもとボルシェヴィキが社会主義国を成立させた一連の革命を何というか。　❷ロシア革命

❸唯物史観に基づき，資本主義と帝国主義を分析して社会主義の必然性を説いたレーニンの主張を何というか。　❸マルクス・レーニン主義

❹1917年に刊行したレーニンの著書。資本主義が高度に発展した段階では余剰生産物の市場を求めて，帝国主義化するとしたものは何か。　❹『帝国主義論』

❺レーニンの革命理論で，常に搾取される側の貧困な労働者の団結や抵抗が，また植民地化された民族の抵抗が革命を起こす要因と説いた考えを何というか。　❺暴力革命論

❻革命が完全な成功をおさめるためには一時的に労働者が自ら政治の実権を完全に掌握することを何といったか。　❻プロレタリア独裁

❼1918年に刊行されたレーニンの著書。歴史の必然として資本主義のあとには共産主義国が登場し，その過程でプロレタリア独裁が必要としたものは何か。　❼『国家と革命』

❽レーニンの死後ソビエトを指導した人物はだれか。　❽スターリン（1879～1953）

❾スターリンの社会主義建設の理論を何というか。　❾一国社会主義論

❿1949年，マルクス主義理論をもって中国に社会主義革命を成功させた，中国建国の父といわれるのはだれか。　❿毛沢東（1893～1976）

⓫高度に発展した資本主義国家と異なる中国にあって，社会主義革命を起こすための反帝，反封の原則を進めるべきだとした主義を何というか。　⓫新民主主義

⓬毛沢東の政治的イニシアチブで，反帝国主義闘争の一貫としてアジア・アフリカ・中南米に支援を表明した運動を何といったか。　⓬民族解放闘争

⓭1966年から中国でおこった政治的・社会的運動は何か。　⓭文化大革命

【4　マルクス主義の修正】

❶マルクスの展開した唯物史観が誤りであると指摘し，労働組合や議会を通して民主主義化を進め，社会を改良していくべきだとした人物はだれか。　❶ベルンシュタイン（1850～1932）

❷議会制民主主義を擁護し，プロレタリア独裁や暴力革　❷社会民主主義

命を否定して，合法的手段により社会主義国家建設を目指そうとする考えを何というか。（修正社会主義）

❸資本家の数は増え，経済的恐慌に対しても適応力がついたドイツの現状から，人間は自然支配を拡大し，経済を制御できるとした方向を何というか。　❸唯物史観の修正

❹ベルンシュタインがマルクス主義批判の基本根拠としていた理念で，社会主義実現の過程で合法制を重視した考えとは何か。　❹暴力革命の否定

❺『社会主義の諸前提と社会民主党の課題』という著書のなかで，急激に社会を変革するのではなく漸進的に社会主義を実現するのが望ましいとした考えを何というか。　❺社会の改良

❻1890年，従来までの社会主義労働党から党名を改称。ベルンシュタインの修正理論を継承した政党は何か。　❻社会民主党

❼ドイツ社会民主党の創始者であり，選挙を通じて社会主義実現を説いたり，生産組合による労働者の生活の安定を主張した人物はだれか。　❼ラッサール（1825〜64）

❽ドイツ社会民主党の指導者で，第2インターナショナルの指導者でもあった。正統派マルクス主義から修正派に移り，共産党独裁を批判した人物はだれか。　❽カウツキー（1854〜1938）

❾議会制民主主義の理念を尊重し，マルクスの科学的社会主義の理念と対立した主義は何か。　❾民主社会主義

❿国家やすべての政治的権威，組織を否定し，完全な個人の自由を実現する社会をめざす立場を何というか。　❿アナーキズム（無政府主義）

⓫フェビアン協会の創始者。道徳や理想主義をもって人人の幸福な生活を追求，徐々に社会主義を実現しようと説いた人物はだれか。　⓫ウェッブ夫妻　シドニー（1859〜1947）ベアトリス（1858〜1943）

⓬産業の国有化や社会保障制度の整備，協同組合を通じて社会主義を実現させようとしたウェッブ夫妻の考えを何というか。　⓬フェビアン社会主義（フェビアニズム）

⓭1884年成立のイギリス社会主義者団体。のちにイギリス労働党結成に大きな影響を与えた団体は何か。　⓭フェビアン協会

⓮イギリスの二大政党の一つで保守党と並ぶ政党。フェビアン協会の影響を受け，議会を通じて社会主義的政策　⓮イギリス労働党

第2章　現代社会を生きる倫理　157

を実施する理念をもつ政党は何か。

⓯イギリスの劇作家であり，ウェッブ夫妻とともにフェビアン協会の指導者であった人物はだれか。

⓰1989年のベルリンの壁崩壊（ほうかい）から91年のソ連解体に至るまでの東欧社会主義政権の崩壊を何というか。

⓱ソ連のゴルバチョフが推進した自由選挙，グラスノスチ（情報公開）などの社会主義の刷新を何というか。

⓯バーナード＝ショウ(1856～1950)

⓰社会主義体制の崩壊（東欧革命）

⓱ペレストロイカ

【5　プラグマティズムの成立】・・

❶イギリスから移住し，厳しい生活環境とたたかいながら西部開発を進め，のちにアメリカ合衆国を築き上げていったアメリカ人の精神を何というか。

❷形而上学に替わる新しい思想をつくることを目的として，1870年代の初頭に，ハーバード大学の若い科学者が開いていた会を何というか。

❸形而上学クラブの科学者たちが影響を受けていた『種の起源』の作者はだれか。

❹観念の正否は行動を通して明らかになり確かめられると主張した，形而上学クラブの中心人物はだれか。

❺すべての観念の源泉は行動にあるという考え方をパースは何と名づけたか。

❻プラグマティズムの定義および概念を明らかにするには概念がおよぼす効果を考えよという「プラグマティズムの格率」が唱えられているパースの論文とは何か。

❼パースの見解を紹介してプラグマティズム運動を提唱し，それを普及させたのはだれか。

❽プラグマティズムという名前を世界的に有名にしたジェームズの著書とは何か。

❾ジェームズは，ある知識や観念が正しいかどうかは，理論上のつじつまが合うかどうかではなく，何によって決まると主張したか。

❿『プラグマティズム』のなかに記された，ジェームズの根本思想である「真理の有用性」を端的に表すこととは何か。

❶フロンティア-スピリット

❷形而上学（けい・じ・じょうがく）クラブ

❸ダーウィン(1809～82)

❹パース(1839～1914)

❺プラグマティズム

❻『いかにしてわれわれの概念を明晰にするか』

❼ウィリアム＝ジェームズ(1842～1910)

❽『プラグマティズム』

❾真理の有用性

❿「真理であるから有用，有用であるから真理」

158   第3編　現代社会における人間と倫理

⓫ジェームズは，真理の有用性の観点から，真理を絶対的・普遍的なものではなく何であると主張したか。　⓫仮説

⓬仮説による行動が真であるか偽であるかを決定する手続きのことを何というか。　⓬検証

⓭ジェームズが功利主義的立場からその意義を認め，道徳の源泉とみなしたものは何か。　⓭宗教的信念

【6　プラグマティズムの大成】

❶プラグマティズムを完成し，その立場から民主主義教育を提唱して教育界に大きな影響を与えたのはだれか。　❶ジョン＝デューイ（1859～1952）

❷知性や思考や知識を，環境に適応した行動をとるための手段と考えるデューイの立場を何というか。　❷道具主義

❸環境が変わったり，自分自身が成長することによって習慣にひびが入った際に，新しい習慣を確立しようとして働く知性をデューイは何とよんだか。　❸創造的知性（実験的知性）

❹哲学であつかう問題に，科学の実験的方法を活かさなければならないとするデューイの立場を何というか。　❹実験主義

❺行為によって実際の人生に役立ったものを善と考える立場から，何が善であるかを固定化することはできないとするデューイの主張を何というか。　❺価値多元論

❻デューイは人生の究極の目的を何であると主張しているか。　❻継続した成功のうちにある幸福

❼1919年に日本を訪れた際，東京大学で行った連続講演をもとに出版されたデューイのプラグマティズムに関する入門書を何というか。　❼『哲学の改造』

❽教育を人間の改造を意図する社会機能としてとらえたデューイは，教育の目的を何と主張したか。　❽民主主義社会の実現

❾新教育による民主主義社会の実現を主張したデューイの教育に関する主著とは何か。　❾『民主主義と教育』

❿子ども自身の生活環境のなかから問題を取り出し，その解決方法を探究させる過程で知識や道徳を体得させるというデューイの教育方法を何というか。　❿問題解決学習（経験学習）

⓫失敗を恐れずに仮説をたて実験を繰り返すことによって価値を実現していく生き方を，デューイはどのようなことばで表現したか。　⓫「為すことによって学ぶ」

第 2 章　現代社会を生きる倫理　159

⓬ 1922 年，ウィーン大学のシュリックを中心として生　｜⓬論理実証主義
まれた，プラグマティズムのもつ科学的論理性を発展さ
せた，分析哲学の源流となっている思想とは何か。

【論述問題】

> オーエン，サン＝シモン，フーリエ等が空想的社会主義者といわれる根
> 拠を述べよ。

　産業革命後，進展した社会での害悪を道徳的観点より追求し，私有財産の
否定にまで至ったが，その手法は人道的で，資本主義の成立やその問題点の
科学的分析が欠けていたため。

> マルクスの展開した疎外という概念を三つの観点から述べよ。

　労働者が生産した商品が資本家の所有になってしまう「生産物の疎外」，
人間にとって本質的であるべき労働が賃労働にはないという「労働よりの疎
外」，人間は自己実現のため人間性を発揮すべきなのにできないという「人
間性よりの疎外」。

> 社会民主主義の目指した方向を述べよ。

　古典マルクス主義理論とされる革命による体制変革を否定し，むしろ，労
働組合を強化し，議会を通じて，民主主義の確立を進める。結果として社会
の改良がすすみ，社会主義が実現されることが正しい方向であるとした。

> プラグマティズムの現代的意義及びその問題点について述べよ。

　プラグマティズムの相対主義は，価値多様化の現代における各種思想の自
由な交流と発展を促進したが，反面，真理の有用性を強調するあまり，役立
つ知識のみを重視する傾向を助長した。

160　第3編　現代社会における人間と倫理

◆ *INTRODUCTION*　⑦　生命への畏敬と新しい倫理

【 絶対的平和と人類愛の思想 】　：人間性の尊重と幸福の追求
　○ヒューマニズム＝人間性の尊重→被抑圧者の解放
　　トルストイ──キリスト教的人間愛による無抵抗主義
　　ロマン＝ロラン──戦闘的ヒューマニズム，絶対平和主義
　　　　　　　　　　反ファシズム闘争
　　　　　　　　　　『ジャン＝クリストフ』『魅せられたる魂』
　　バートランド＝ラッセル──世界平和→個人の自由と幸福
　　アインシュタイン──核兵器廃絶
　　　　　　　　　＊ラッセル‐アインシュタイン宣言
　　シュヴァイツァー──生命への畏敬→"アフリカの聖者"
　　　　　　　　　　　『文化と倫理』『わが生涯と時代より』
　　フランクフルト学派──批判的理論

【 民族独立の思想 】　：ヒューマニズムと民族解放
　○民族自決＝民族が自らの社会制度を決定
　　　　　　　　　　　　　　　　　┌──民族主義
　　　孫文　……中国革命の父←三民主義┼──民権主義
　　　　　　　　　　　　　　　　　└──民生主義
　　　ガンジー　……人間の目標＝サチャグラハ（真理把握）
　　　　　　　　　　　　　　　　　　↑
　　　　　　　　　　　ブラフマチャリア（清浄・純潔）
　　　　　　　　　　　　　　　↑
　　　対英独立闘争＝非暴力主義←アヒンサー（不殺生）
　　　　　　　　　├→スワラージ（インドの自治）
　　　　　　　　　└→スワデージ（国産品の愛用）
　　　ネルー　……インド独立の父
　　　キング　……アメリカ黒人運動の指導者

第2章 現代社会を生きる倫理　161

【1　絶対平和と人類愛の思想】

❶人間性の尊重を基本として，抑圧されている人間の解放を目指す思想や実践のことを何というか。

❷地主の特権を自ら放棄し，ロシアにおける農民支配をキリスト教的人間愛の立場から厳しく批判しつつ，無抵抗主義を主張したロシアの作家・思想家はだれか。

❸戦闘的ヒューマニストとして広く知られているフランスの小説家・劇作家はだれか。

❹ベートーヴェンをモデルにして創作されたロマン゠ロランのノーベル文学賞受賞作品とは何か。

❺人間性を傷つけるものすべてを憎悪し，革命と平和の実現にその生涯を賭けたロマン゠ロランの思想は何とよばれているか。

❻戦争当事国のどちらにも味方しないロマン゠ロランの反戦思想を何というか。

❼自由と人間性擁護の立場からロマン゠ロランが先頭に立って展開した闘争とは何か。

❽自由主義への信念を核にラディカルな反戦平和運動家として生涯をすごし，現代のソクラテスともよばれたイギリスの哲学者とはだれか。

❾人間の生きがいとして，ラッセルが最大の価値をおいたものは何か。

❿ラッセルが人類の幸福を実現するために必要と考えたものは何か。

⓫核兵器廃絶を目指してラッセルらとともに活動した，相対性理論の創始者としても有名な，ドイツ生まれのユダヤ人理論物理学者とはだれか。

⓬1955年7月に科学者たちによって提唱された，核による人類滅亡の危機を憂え，核戦争の回避を訴えた宣言を何というか。

⓭ラッセル-アインシュタイン宣言を受け，随時各地で開催されるようになった科学者による平和運動の一環となっている国際会議を何というか。

⓮神学者・哲学者としての名声を捨て，献身的な医療活動を行い，「アフリカの聖者」ともよばれたのはだれか。

❶ヒューマニズム（人道主義）

❷トルストイ（1828〜1910）

❸ロマン゠ロラン（1866〜1944）

❹『ジャン゠クリストフ』

❺戦闘的ヒューマニズム

❻絶対平和主義

❼反ファシズム闘争

❽バートランド゠ラッセル（1872〜1970）

❾個人の自由と幸福

❿世界平和

⓫アインシュタイン（1879〜1955）

⓬ラッセル-アインシュタイン宣言

⓭パグウォッシュ会議

⓮シュヴァイツァー（1875〜1965）

162　第3編　現代社会における人間と倫理

⓯シュヴァイツァーの思想と実践の核心にあったものは何か。

⓯生命への畏敬（いけい）

⓰カトリックの修道女としてインドに赴き，現地の人々への教育と福祉に貢献し，ノーベル平和賞を受賞した人物はだれか。

⓰マザー＝テレサ（1910〜97）

⓱工場労働の体験を機に，無名の大衆に心を向け，抑圧された人々の側に立つことを説いたフランスの女流思想家とはだれか。

⓱シモーヌ＝ヴェイユ（1909〜43）

【2　民族独立の思想】‥‥‥‥‥‥‥‥‥‥‥‥‥‥‥‥‥‥‥‥‥‥‥‥‥‥‥‥‥

❶少数民族や従属民族が独立運動を展開する際に中心となった思想で，政治や社会制度などの決定は民族自身が自由に行うものであるという考え方を何というか。

❶民族自決主義

❷植民地状態にあった中国の解放を目指して辛亥革命を指導し，「中国革命の父」として尊敬されている中華民国初期の政治家とはだれか。

❷孫文（そんぶん）（1866〜1925）

❸孫文が提唱した中国民主主義革命の中心的思想とは何か。

❸三民主義

❹三民主義の一つで，帝国主義からの植民地解放を実現するために，異民族王朝である清を打倒し民族的統一を実現するという主張を何というか。

❹民族主義

❺三民主義の一つで，直接民主制の原理をとり入れた形での権利を国民主権として保障し，人民全体の幸福をはかっていくという主張を何というか。

❺民権主義

❻三民主義の一つで，地権平均と資本節制という農民的土地所有を実現し，国民生活の向上と安定をはかるという主張を何というか。

❻民生主義

❼苛酷なイギリスの弾圧に屈することなく，人間性への信頼を基本としてインド独立運動を指導したインドの思想家とはだれか。

❼ガンジー（1869〜1948）

❽ガンジーに対して人々が与えた尊称で，「偉大なる魂」という意味のことばとは何か。

❽マハトマ

❾ガンジーが，対英独立を達成する前にインド人自身が克服しなければならない問題として主張した，カースト外で差別を受けていたインドの賤民階級のことを何とい

❾アンタッチャブル（不可触賤民（ふかしょくせんみん））

うか。

❿人間の目標を，唯一絶対の真理を把握し，それを自分のもの，社会のものとして実践することであるとしたガンジーのヒューマニズム思想の根本原理を何というか。

⓫サチャグラハのために要求される，喜怒哀楽から自己を解放するという節制の実践行為を何というか。

⓬ブラフマチャリアを実行するための根本条件である，精神によって暴力を抑制するという愛情の実践行為を何というか。

⓭正しい目的は正当な手段で実現されるべきであると考えるガンジーの対英独立闘争の根本思想を何というか。

⓮ガンジーによって提唱された，イギリスの非道徳的な法律を積極的に破ることでイギリスに抵抗しようとする運動を何というか。

⓯対英独立闘争の目標の一つで，インド国民会議派が提唱したインドの自治を意味することばとは何か。

⓰対英独立闘争のなかで展開された，英国製品を排斥し，国産品を愛用しようという運動を何というか。

⓱インド独立の際に首相兼外相となり，平和五原則のもと中立非同盟を提唱し，国際政治に大きな影響を与えたインドの政治家とはだれか。

⓲ガンジーの思想に影響を受け，非暴力大衆直接行動という闘争を展開したアメリカの黒人運動指導者はだれか。

❿サチャグラハ（真理把持）

⓫ブラフマチャリア（清浄・純潔）

⓬アヒンサー（不殺生）

⓭非暴力主義

⓮非協力，不服従

⓯スワラージ（自治・独立）

⓰スワデージ（国産品愛用）

⓱ネルー（1889 〜 1964）

⓲キング（1929 〜 68）

【論述問題】

20世紀のヒューマニストのそれぞれの特色と，ヒューマニズム思想の根底に流れている精神について述べよ。

　トルストイやロマン＝ロランは文学者としての立場から抑圧された人間性の解放や反戦思想を説き，ラッセルやアインシュタインは核兵器廃絶の運動を行い，シュヴァイツァーは人種・民族を超えた人類愛と生命への畏敬を説いた。またガンジーは民族の自主独立を，キングは民族的差別や偏見からの解放に尽力した。20世紀のヒューマニストに共通する精神は，人間性に対する全幅の信頼と自己犠牲にもとづいた実践力である。

164　第3編　現代社会における人間と倫理

◆ *INTRODUCTION*　⑧　現代社会の新思想

【 フランクフルト学派 】　：現代社会の諸矛盾の解決
　　○啓蒙の弁証法……文明の野蛮化に対する批判
　　○アドルノ→「否定の弁証法」⇨理性の反省能力による批判
　　　　　　　　　文化（芸術・音楽）の物象化批判
　　○ホルクハイマー→「道具的理性批判」⇨科学技術中心主義からの人間性
　　　　　　　　　　　　　　　　　　　　の回復

　　　　　　　　　　　　　⇩

　　　　　　　理性の自己批判（反省）の必要性
　　　　　　　伝統理論に対する批判理論の哲学
　　　　　　　マルクーゼ・ハーバーマス

【 精神分析 】　：人間の心の深層，無意識の研究
　　○神経症の研究……無意識　⇨　人間の行動
　　○フロイト→心の三領域の発見（イド・自我・超自我）
　　　　　　　　心的エネルギー＝リビドー（性的衝動）
　　○ユング──→普遍的無意識・元型⇨神話・伝説の形成

　　　　　　　　　　　　　⇩

　　　　　　　文明論・文化論への影響
　　　　　　　ヤスパース・フロム・エリクソン

【 構造主義 】　：社会を「構造」として把握する立場
　　○レヴィ＝ストロース→「野生の思考」⇨野生と文明の比較相対比
　　　　　　　　　　　　　　理性主義批判
　　○アルチュセール　　→マルクス思想の構造主義的な理解
　　○フーコー　　　　　→「人間の終焉」⇨理性的人間の欺瞞性を指摘
　　　　　　　　　　　　　文明の傲慢を批判

【 その他の現代思想家 】　：他者の尊重
　　○ハンナ＝アーレント　→「公共性」の再発見
　　　　　　　　　　　　　　匿名・大衆社会への批判
　　○ロールズ　　　　　　→社会契約論の再評価，『正義論』
　　○レヴィナス　　　　　→倫理…他者・他性の尊重

第2章　現代社会を生きる倫理　165

【 1　文明批判と新しい人間観】

❶哲学の基本的方法を言語の批判的・分析的活動としてとらえ，数学及び物理学の認識論的基礎付けをしようとした現代哲学の一派を何というか。

❷「語りえないことには沈黙しなければならない」と語り，言語の濫用による無用な対立を正そうとしたオーストリアの分析哲学者はだれか。

❸ことばの使用を様々な生活の仕方でとらえ直そうとしたヴィトゲンシュタインが導入した概念とは何か。

❹現代のイギリス哲学の代表的人物で，『科学的発見の論理』で知られる人物はだれか。

❺現代の哲学者ポパーが提唱する考え方で，経験的な実験による反駁・批判の可能性のことであり，科学理論が成立するための根拠となるものは何か。

❻ポパーによって確立された思想で科学理論は反証可能性によって理論たりうるとする科学方法論を何とよぶか。

❼批判的合理主義の思想を社会科学の分野に応用し，試行錯誤の方法による社会理論とされる学問を何というか。

❽フランクフルトで，現代社会を哲学・文学・心理学・社会学などの諸学問が取り扱う種々の文化領域の相互連関のなかで総体的に解明しようとした学派を何というか。

❾ドイツの思想家で，フランクフルト学派の一人として活躍し，否定の弁証法という概念によって現代文明の矛盾を批判し克服しようとした人物はだれか。

❿近代合理主義が人間及び自然を画一化・規格化する管理主義へと逆転したことを明らかにし，あるべき理念からという現代社会の矛盾を解明しようとしたフランクフルト学派の哲学者はだれか。

⓫生存のために自由や主体性を放棄し，ファシズムに対して無批判的な支持を与えるようになる人間精神のあり方をアドルノは何とよんだか。

⓬ベーコンやデカルトに由来するものであり，ホルクハイマーによって真理を科学理論の内部にのみ限定するものであるとされた考え方を何というか。

⓭伝統理論に対して，あるべき理念から現実を批判する

---

❶分析哲学

❷ヴィトゲンシュタイン（1889 ～ 1951）

❸言語ゲーム

❹ポパー（1902 ～ 94）

❺反証可能性

❻批判的合理主義

❼漸次的社会工学

❽フランクフルト学派

❾アドルノ（1903 ～ 69）

❿ホルクハイマー（1895 ～ 1973）

⓫権威主義的パーソナリティ

⓬伝統理論

⓭批判理論

166 第3編 現代社会における人間と倫理

実践的な理論をホルクハイマーは何とよんだか。

❶現代社会において個人を抑圧し人間性を喪失させる原因となった形式化され手段化された理性を何というか。

❷理性自身が現代社会に内在する人間疎外や人間性喪失を生みだす道具となっている現状を徹底的に批判し自覚することを何というか。

❸人間精神を呪術や神話から脱却させ，人間を恐怖から解放するはずの理性による啓蒙が逆に人間を抑圧し疎外する状況を，オデッセウスの冒険譚などを引用して明らかにしたアドルノとホルクハイマーの共著は何か。

❹精神分析とマルクス主義の社会理論を接合し，ナチズムを支える大衆心理を自由からの逃走という観点から分析したフランクフルト学派の社会心理学者はだれか。

❺社会の政治的・経済的要因が個人の心理に影響を与えて形成された性格をフロムは何とよんだか。

❻自由がもたらす不安や孤独と全体主義成立の精神的背景について論じたフロムの著書は何か。

❼先進産業社会におけるテクノロジーの発達が，生産機構のなかで個人の欲求や願望までも決定し，社会を全体主義化する傾向をもつことを主著『一次元的人間』で明らかにしたフランクフルト学派の思想家はだれか。

❽フランクフルト学派第二世代の思想家で，精神分析や言語学などをモデルとして独特の社会理論を構想するドイツの現代社会学者はだれか。

❾道具的理性に対し，言語を介して了解し合い，相互行為の調整をはかる理性をハーバーマスは何とよんだか。

❿19世紀のドイツの歴史家で，『西洋の没落』を著し，ヨーロッパ文明の繁栄と没落をローマ帝国の歴史に重ね合わせて説いた人物はだれか。

⓫世界史を21の文明圏に分けて，ヨーロッパ中心の進歩史観を批判した現代イギリスの歴史学者はだれか。

⓬唯物論や機械論思想を批判し，躍動する生命の意識を重視し，生の創造的進化の思想を説いた人物はだれか。

⓭ベルクソンは，生命の創造的な力で，宇宙における命

---

❶道具的理性

❷自己反省

❸『啓蒙の弁証法』

❹フロム
（1900〜80）

❺社会的性格

❻『自由からの逃走』

❼マルクーゼ
（1898〜1979）

❽ハーバーマス
（1929〜）

❾コミュニケーション（対話）的理性

❿シュペングラー
（1880〜1936）

⓫トインビー
（1889〜1975）

⓬ベルクソン
（1859〜1941）

⓭生命の躍動（エ

第2章　現代社会を生きる倫理　167

の誕生と進化の根源を何とよんだか。

❷全人類に開放された，躍進する愛の倫理をベルクソンは何と表したか。

❷1960年代のフランスを中心に始まった学問潮流で，言語学の分野で成立した方法論を人類学に応用することによって未開社会や文明社会に共通する象徴的な規則性を見つけ出した思想を何というか。

❷現代フランスの社会人類学者で構造主義の祖とよばれる，未開社会の思考に体系性を発見した人物はだれか。

❸レヴィ＝ストロースの主著で，未開人の世界認識が分類や比喩によるものであり，文明社会にも共通する思考様式であることを主張する書物は何か。

❸自然環境と一体化しつつ資源としてそれを活用し，生活水準を一定に保っている歴史的変化のない未開社会をレヴィ＝ストロースは何とよんだか。

❸マルクスの社会理論のなかに構造主義的な考え方を発見し，マルクス経済学を真に科学的な理論として基礎づけた現代のフランスの哲学者はだれか。

❸ラング（言語）とパロール（語）の違いを中心に構造主義的言語学を説いたスイスの言語学者はだれか。

❸現代社会において「人間の死」を唱え，人間中心主義の断念や反ヒューマニズムの立場に立つことによって近代理性の権力性を批判したフランスの哲学者はだれか。

❸フーコーが西欧近代社会の批判として注目した人間精神の禁圧されたものとは何か。

❸『時間と他者』などを著し，他者の異質性を重視する独自の哲学を説いたリトアニアの哲学者はだれか。

❸他者の基本的な特性である「私とは根本的に同じではあり得ないこと」を，レヴィナスは何とよんだか。

❸恐怖として体験される無意味な存在，無の闇や沈黙のなかに「ただあること」をレヴィナスは何とよんだか。

❸科学や学問の発展を革命的な大転換であるとしたアメリカの科学史家はだれか。

❹元来は「範型」の意味で，ある時代の人々の考え方を根本的に規定する思考の枠組をクーンは何とよんだか。

ラン‐ヴィタール）

❷開いた道徳（魂）

❷構造主義

❷レヴィ＝ストロース（1908〜2009）

❸『野生の思考』

❸冷たい社会

❸アルチュセール（1918〜90）

❸ソシュール（1857〜1913）

❸フーコー（1926〜84）

❸狂気・犯罪・性など

❸レヴィナス（1906〜95）

❸他性

❸イリヤ

❸クーン（1922〜96）

❹パラダイム

168 第3編 現代社会における人間と倫理

㊶科学理論などの言説について考察し，知の全体論（ホーリズム）を説いたアメリカの分析哲学者は誰か。

㊷功利主義を批判し，社会契約論を基礎とすることにより現代社会における公正としての正義を説いたアメリカの政治学者はだれか。

㊸個人の自由とともに，社会的・経済的弱者の便益と救済を説いたロールズの著書は何か。

㊹各人がよりよい生き方を選択する自由（潜在能力の確保という観点から貧困の解決や富の分配の不平等に取り組んだインド出身の経済学者はだれか。

㊺よりよい生き方を選んでいく各人の自由をセンは何とよんだか。

㊻帰属意識を失った大衆が全体主義の組織に吸収される過程を分析したドイツの女流哲学者はだれか。

㊼アレントが分類した公共的世界における人間の活動である３つのものは何であるか。

㊽東洋・西洋という区別は西欧近代中心の文明観であると批判したパレスチナ出身の歴史思想家はだれか。

㊾西欧近代社会がアジア・東洋を後進的で奇異な他者とみなす思考方法をサイードは何とよんだか。

㊶クワイン（1908 ～ 2000）

㊷ロールズ（1921 ～ 2002）

㊸『正義論』

㊹セン（1933 ～）

㊺潜在能力

㊻ハンナ ＝ アレント（1906 ～ 75）

㊼労働(labor)・仕事(work)・活動(action)

㊽サイード（1935 ～ 2003）

㊾オリエンタリズム

【2 深層心理の世界】

❶人間の心の大部分を占めていて当人も気づいていない心の領域を何というか。

❷無意識が人間の行動を決定していると考え，それを解明しようとする心理学を何というか。

❸フロイトによって確立された精神病理学理論で，人間の深層心理が行動や精神障害を引き起こすとし，無意識の世界を探究することを何というか。

❹フロイトによってパーソナリティを動かす心の内部の力とされたものは何か。

❺自己保存と種族保存の本能及び苦痛を避けて快楽を追い求める欲求に使用される心的エネルギーを何というか。

❻個人のパーソナリティの基礎であり，リビドーを蓄え

❶無意識

❷深層心理学

❸精神分析

❹心的エネルギー

❺リビドー

❻イド（エス）

第2章　現代社会を生きる倫理　169

ている心の領域をフロイトは何とよんだか。

❼家庭内のしつけを通してパーソナリティに組み込まれる、道徳性や良心などと関係する心の領域を何というか。

❽人間の本能を大別したフロイトは、一方を生の本能（エロス）とよんだが、もう一方を何とよんだか。

❾すべての人間が共通にもっていてパーソナリティの基盤をなす無意識を、ユングは何とよんだか。

❿普遍的無意識の内部に存在し、さまざまな神話や伝説に見出される共通の基本的な型を何というか。

⓫ユングが考えた元型の一つで、心の中の二元的対立を統合する象徴としての母親のイメージを何とよぶか。

⓬男性の心の中に存在する元型としての女性像は何か。

⓭女性の心の中に存在する元型としての男性像は何か。

⓮ユングは人間の意識を理解するために四つの根本的な心理機能を考えたが、それは何か。

⓯自我意識の形成を、鏡に映る自分の像を自分と同一視する鏡像段階から言語により物事をとらえる象徴段階への過程として説いたフランスの精神分析学者はだれか。

❼超自我
（スーパー‐エゴ）

❽死の本能（タナトス）

❾普遍的無意識

❿元型

⓫太母（グレートマザー）

⓬アニマ

⓭アニムス

⓮思考・感情・感覚・直観

⓯ラカン
（1901 ～ 81）

【論述問題】

> フランクフルト学派の人たちは、現代の人間理性のはたらきをどう
> 考えているかを記せ。

　かつて自由に人間の目的や理想を考えた理性は、いまや、この科学的・技術的な現実に人間をどのように合わせるかを思案する道具となっている。

> フロイトやユングの思想は、それ以前の人間観とどのように異なった
> のか簡単に述べよ。

　近代的な人間観はデカルトの「われ思う、ゆえにわれあり」というような人間の理性の働きを積極的に認めるものであった。つまり行動における主体性を自明としていた。しかしフロイトから始まる精神分析によって、人間の行動は本人も知らない無意識によって引き起こされるものとされ、その無意識の仕組みの研究によって新しい人間観が考えられるようになっていった。

170

付編　資料問題

　以下の文章を読んで，その資料の作者名（語った人），作品名を記し，（　）内に該当する語を記入しなさい。

❶しかし，私は，彼と別れて帰るみちで，自分を相手にこう考えたのです。この人間より，私は（ア）がある。なぜなら，この男も私も，おそらく（イ）のことがらは何も知らないらしいけれども，この男は，知らないのに何か知っているように思っているが，私は，知らないから，そのとおりにまた，知らないと思っている。だからつまり，このちょっとしたことで，私の方が（ア）があることになるらしい。つまり私は，知らないことは知らないと思う，ただそれだけのことで，まさっているらしいのです。

❶プラトン
『ソクラテスの弁明』
（ア）知恵
（イ）善美

❷わたしは，アテナイ人諸君よ，君達に対して切実な愛情を抱いている。しかし君達に服するよりはむしろ神に服するだろう。すなわち私の息の続くかぎり，決して（ア）を愛し求めることはやめないだろう。……世にも優れた人よ，君はアテナイという，知力においても武力においても最も評判の高い偉大なポリスの人でありながら，ただ金銭をできるだけ多く自分のものにしたいという様なことばかり気を使っていて，恥ずかしくはないのか。評判や地位のことは気にしても思慮や真実のことは気にかけず，（イ）をできるだけすぐれたものにするということに気も使わず心配もしていないとは。

❷プラトン
『ソクラテスの弁明』
（ア）知
（イ）魂

❸（ア）たちが国々において王となるのでないかぎり，あるいは今日王と呼ばれ，権力者と呼ばれている人たちが，真実に，かつじゅうぶんに（イ）するのでないかぎり，つまり，政治的権力と哲学的精神とが一体化されて，多くの人々の素質が，現在のようにこの２つのどちらか

❸プラトン
『国家』
（ア）哲学者
（イ）哲学

の方向に別々にすすむことを強制的に禁止されるのでないかぎり，……国々にとって不幸のやむことはないし，また，人類にとっても同様だとぼくは思う。

❹しかしながら人々がとりわけ困難を感じなければならないのは，（ア）が感性的なものの中の永遠的なものに対しても，あるいは生成し消滅するものに対しても，いったい何の役にたつかということである。なぜなら，（ア）はそれらにおいていかなる運動や変化の原因をなすものでもない。しかも，またそれはその他のものの認識に対しても何ら寄与するわけではない。なぜならばそれらのものの（イ）ではないからである。

❹アリストテレス『形而上学』
（ア）イデア
（イ）実体

❺主がモーゼを山の頂に召されたので，モーゼは登った。……神はこのすべての言葉を語って言われた。わたしはあなたの神，主であって，あなたをエジプトの地，奴隷の家から導き出した者である。
　（ア）はイスラエル人にとり唯一の神としてみとめられなければならない。
　イスラエル人は，エジプトの地で用いられているような（イ）を造ってはならない。
　イスラエル人は，むやみに（ア）の名をよんではならない。
　イスラエル人は，6日は働いて7日目に業を休み，そしてその日を（ウ）として，神を拝するために用いなくてはならない。

❺『旧約聖書』・『出エジプト記』

（ア）ヤハウェ(ヤーヴェ)
（イ）偶像
（ウ）安息日

❻隣人愛
　「（ア）を愛し，（イ）を憎め」と言われていたことは，あなたがたの聞いているところである。しかし，私はあなたがたに言う，「（イ）を愛し，（ウ）する者のために祈れ。」こうして天にいますあなたがたの父の子となるためである。

❻『新約聖書』・『マタイによる福音書』
（ア）隣り人
（イ）敵
（ウ）迫害

❼なぜなら，律法を行うことによっては，すべての人間

❼パウロ

は神の前に（ア）とせられないからである。律法によっては，（イ）の自覚が生じるものである。しかしいまや，神の（ア）が律法とは別であることがあきらかとなった。それは，（ウ）を信じる信仰による神の（ア）であって，すべて信じる人にあたえられるものである。

『新約聖書』・『ローマ人への手紙』
（ア）義
（イ）罪
（ウ）イエス ＝ キリスト

❽神が預言者たちと契約を結びたもうた時のこと。「わしがおまえたちに与えるものは，（ア）と知恵である。そのあとで，おまえたちのもっているものを確証する一人の（イ）が現れるであろう。おまえたちはかならずや彼を信じ，彼を助けなければいけない」。また，言いたもう。「おまえたちは，この条件でわしの重荷を受けとることを承諾するか」。彼らは，「承諾いたします」。すると，「それなら，（ウ）せよ。わしもおまえたちとともに証人になろう」と言いたもうた。

❽ムハンマド
『クルアーン』
（コーラン）
第3章81節
（ア）啓典
（イ）使徒
（ウ）証言

❾何びとも他人を欺いてはならない。たとえどこにあっても他人を軽んじてはならない。
　悩まそうとして怒りの想いをいだいて互いに他人に苦痛を与えることを望んではならない。あたかも，母が己が独り子を身命を賭しても護るように，そのように一切の生きとし生けるものどもに対しても，（ア）（慈しみ）のこころを起こすべし。
　また，全世界に対し（ア）の慈しみの意を起こすべし。

❾ブッダ
『スッタニ‐パータ』
（ア）無量

❿比丘らよ，ここに出家が避けねばならぬ二つの偏った道がある。それは卑しい欲にふける愚かな快楽の生活といたずらに自分をさいなむ愚かな苦行の生活とである…。この二つの偏った道を離れて心の眼をひらき，知恵を進め，寂静と聖智と正覚と涅槃に導く中道が，如来によって悟られた。
　比丘らよ，この中道とは何であるか。（ア）がそれである。すなわち（イ），（ウ），（エ），（オ），正命，正精進，正念，正定である。

❿ブッダ
『阿含経』
（ア）八正道
　　（八聖道）
（イ）正見
（ウ）正思
（エ）正語
（オ）正業

付編　資料問題　173

❶朝に（ア）を聞かば，夕に死すとも可なり。（里仁篇）
己れに克ちて礼に復るを（イ）と為す。（顔淵篇）
曾子曰く，夫子の道は（ウ）のみ。（里仁篇）

❶孔子
『論語』
（ア）道
（イ）仁
（ウ）忠恕

❷人皆，人に忍びざるの心あり。……（ア）の心は，（イ）の端なり。羞悪の心は，（ウ）の端なり。…辞譲の心は，（エ）の端なり。是非の心は，（オ）の端なり。人の是の四端あるは，猶その四体あるがごときなり。
（公孫丑章篇）

❷孟子
『孟子』
（ア）惻隠
（イ）仁
（ウ）義
（エ）礼
（オ）智

❸（ア）廃れて仁義あり，知慧出でて大偽あり。…（上篇）
人は地に法り，地は天に法り，天は（イ）に法り，（イ）は（ウ）に法る。（上篇）
天下に水より（エ）なるものは莫し。（下篇）

❸老子
『老子』
（ア）大道
（イ）道
（ウ）自然
（エ）柔弱

❹一に曰く，（ア）を以て貴しとなし，忤ふること無きを宗とせよ。人皆党あり，亦達れる者少し，是を以て，或は君父に順はずしてまた隣里に違ふ。然れども上和ぎ，下睦びて事を論ふに諸ひぬるときには，則ち事理自らに通ふ。何事か成らざらむ。
二に曰く，篤く（イ）を敬へ。（イ）とは仏・法・僧なり。則ち四生の終の帰，万国の極の宗なり。何れの世何れの人か，是の法を貴ばざる。人尤だ悪しきもの鮮し，能く教ふれば従ふ。その三宝に帰りまつらずば，何を以つてか枉れるを直さむ。

❹聖徳太子
『十七条憲法』
（ア）和
（イ）三宝

❺国宝とは何物ぞ。宝とは（ア）なり，（ア）有るの人を名けて国宝となす。故に古人の言く，径寸十枚，是れ国宝に非ず。一隅を照す，此れ則ち国宝なりと。（中略）

❺最澄
『山家学生式』
（ア）道心

道心、有るの仏子を、西には菩薩と称し、東には君子と号す。（中略）釈教の中、出家に二類あり。一には小乗の類、二には（イ）の類なり。（ア）あるのは仏子、即ち此れ斯の類なり。

⓰（ア）とは一に身密、二に語密、三には心密なり。法仏の三密とは、甚深微細にして等十覚も見聞するあたわず。故に密という。（中略）もし真言行人あって、この義を観察して、手に印契をなし、口に（イ）を誦し、心三摩地（雑念を離れて心を一つの対象に集中する状態）を得、（中略）行者もし能くこの理趣を観念すれば、（ア）相応ずるが故に、現身に速疾に本有の三身を顕し証得す。常の即時即日のごとく、（ウ）の義もまたかくのごとし。

⓱尋常の念相を明さば、これに多種あり。大いに分ちて四となす。一には定業。謂く、坐禅入定して仏を観ずるなり。二には散業。謂く、行住坐臥に、散心にして（ア）するなり。三には有相業。謂く、或は相好を観じ、或は名声を念じて、偏に穢土を厭ひ、専ら（イ）を求むるなり。四には無相業。謂く、仏を称念し（イ）を欣求すといへども、しかも身土は即ち畢竟空にして、幻の如く夢の如く、体に即して空なり、空なりといへども、しかも有なり、有にあらず空にあらずと観じて、この無二に通達し、真に第一義に入るなり。これを無相業と名づく。これ最上の三昧なり。

⓲（ア）なをもて往生をとぐ、いはんや（イ）をや。しかるを世のひとつねにいはく、悪人なを往生す、いかにいはんや善人をやと。この条、一旦そのいはれあるににたれども、（ウ）の意趣にそむけり。そのゆへは、（エ）の人は、ひとへに他力をたのむこゝろかけたるあひだ、弥陀の本願にあらず。しかれども、自力のこゝろをひるがへして、他力をたのみたてまつれば、真実報土の往生をとぐるなり。（オ）のわれらは、いづれの行にても生

⓰空海
『即身成仏義』
（ア）三密
（イ）真言
（ウ）即身

⓱源信
『往生要集』
（ア）念仏
（イ）浄土

⓲唯円
（親鸞のことば）
『歎異抄』
（ア）善人
（イ）悪人
（ウ）本願他力
（エ）自力作善
（オ）煩悩具足

死をはなるゝことあるべからざるを哀たまひて，願をこしたまふ本意，悪人成仏のためなれば，他力をたのみたてまつる悪人，もとも往生の正因なり。よて善人だにこそ往生すれ，まして悪人は，と仰さふらひき。

❶❾学道の最要は（ア）これ第一なり。大宋の人多く（イ）することみな（ア）のちからなり。一文不通にて無才愚痴の人も，坐禅をもっぱらにすれば，（ウ）の人にも勝るるなり。しかあれば学人は（エ）して他を管ずることなかれ。仏祖の道は只坐禅なり。他事に順ずべからず。

❶❾道元
『正法眼蔵』
（ア）坐禅
（イ）得道
（ウ）久学聡明
（エ）只管打坐

❷⓪（ア）をならふといふは，（イ）をならふなり。（イ）をならふといふは，（イ）をわするるなり。（イ）をわするるといふは，（ウ）に証せらるるなり。（ウ）に証せらるるといふは，自己の（エ）および他己の身心をして，（オ）せしむるなり。

❷⓪道元
『正法眼蔵』
現成公案
（ア）仏道
（イ）自己
（ウ）万法
（エ）身心
（オ）脱落

❷①何をか人のほかに道無しといふか。曰く人とは何ぞや。君臣なり，夫婦なり，それ昆弟なり，朋友なり，それ道は一つのみ。君臣にありてはこれを（ア）といひ，父子これを（イ）といひ，夫婦これを（ウ）といひ，昆弟これを（エ）といひ，朋友これを（オ）といひ，みな人によりて顕る。人無ければ則ちもって道を見るなし。ゆえに曰く，人のほかに道無しと。何をもってか道のほかに人無しといふか。曰く，道とは何ぞや。（カ）なり。……ゆえに君子は（キ）の徳より大なるはなく，残忍刻薄の心より戚きはなし。孔門（カ）をもって徳の長となすはけだしこれが為なり，これ仁の聖門第一字たる所以なり。

❷①伊藤仁斎
『童子問』
（ア）義
（イ）親
（ウ）別
（エ）叙（序）
（オ）信
（カ）仁
（キ）慈愛

❷②（ア）の道は天下を安んずるの道なり。その道多端なりといえども，要は天下を安んずるに帰す。その本は（イ）

❷②荻生徂徠
『弁道』

を敬するにあり。天われに命じて天子となし諸侯となし（ウ）となさば，すなわち，（エ）のあるなり。（オ）となさば，すなわち，家族の妻子あるなり。みなかれを待ちてのちに安んずる者なり。士大夫はみなその君と天職をともにする者なり。ゆえに君子の道はただ（カ）を大なりとする。

㉒ 士農工商をのをの職分異なれども，一理を会得（えとく）するゆへ，士の道をいへば農工商に通ひ，農工商の道をいへば士に通ふ。なんぞ四民の（ア）を別々に説くべきや。（ア）をいふは他の儀にあらず，生まれながらの（イ）にかへし度為（たきため）なり。天より生民（せいみん）を降すなれば，万民はことごとく天の子なり。ゆゑに人は一箇の小天地なり，小天地ゆへ本（もと）（ウ）なきものなり。このゆへに我物は我物，人の物は人の物。（エ）はうけとり，（オ）は返し，毛すじほども私なくありべかかりにするは（イ）なる所なり。この（イ）行なはるれば世間一同に和合し，四海の中みな兄弟のごとし。わが願ふところは，ひとびとここに至らしめんためなり。

㉓ 自然の無始無終の宇宙の運用する気行は，すなわち自然の（ア）なのである。だから，自然の進退する気行に生ずる（イ）なのである。人間は（ウ）であるから，直接に穀物を耕作する人間は（エ）である。耕さずに貪食する者は，道を盗む（オ）である。自然は無始無終であるから，天下の何万人という人間はただ一つの（ア）する一人の人間である。だから自然の人間には，上もなく，下もなく，王もなく民もなく，仏もなく迷いもなく，すべて二別というものがない。だから自然なのである。（現代語訳）

㉕（ア）して道をしらむとならば，まず（イ）を清くのぞきめさるべし。（イ）の清くぞのこらぬほどは，いかに古書をよみても考へても，いにしへのこころはしりがたく，いにしへのこころをしらでは，道はしりがたきわ

㉒ 石田梅岩
　『都鄙問答（とひ）』
　（ア）倹約
　（イ）正直
　（ウ）私欲
　（エ）貸たる物
　（オ）借たる物

㉓ 安藤昌益
　『自然真営道』
　（ア）直耕
　（イ）五穀
　（ウ）穀精
　（エ）真人
　（オ）大罪人

㉕ 本居宣長
　『玉勝間』
　（ア）学問
　（イ）漢意（からごころ）

（ア）先王
（イ）天命
（ウ）大夫
（エ）君臣
（オ）士
（カ）仁

ざになむありける。そもそも道は，もと（ア）をして知ることにはあらず，生まれながらの（ウ）なるぞ，道にはありける。（ウ）とは，よくもあしくも，生まれつきたるままの心をいふ。しかるにのちの世の人は，おしなべてかの（イ）のみうつりて，（ウ）をばうしなひはてたれば，今は（ア）せざれば道をえしらざるにこそあれ。

（ウ）まごころ

❷❻（ア）をしるといふ事，まづすべてあはれといふは，もの見る物きく物ふるる事に，心の感じていづる，嘆息の声にて，今のよのことばにも，「ああ」といひ，「はれ」といふことなり。……さて，人は何事にまれ，感ずべき事にあたりて，感ずべき心をしりて感ずるを，（ア）をしるとはいふを，かならず感ずべき事にふれても，心うごかず，感ずることなきを，（ア）しらずといひ，心なき人とはいふなり。

❷❻本居宣長
『源氏物語玉の小櫛』
（ア）もののあはれ

❷❼天は（ア）と云へり。されば天より人を生ずるには，万人は万人皆同じ位にして，（イ）貴賤上下の差別なく，万物の霊たる身と心との働き以て天地の間にあるよろづの物を資り，以て衣食住の用を達し，自由自在，互に人を妨げをなさずして各安楽にこの世を渡らしめ給ふの趣意なり。

❷❼福沢諭吉
『学問のすゝめ』
（ア）人の上に人を
　　造らず人の下
　　に人を造らず
（イ）生まれながら

❷❽私どもにとりまして愛すべき名としては，世界に二つあるだけであります。その一つは（ア）でありまして，他の一つは（イ）であります。…二つとも J の字をもってはじまっておりますから，私はこれを称して Two J's，つまり（ウ）の字と申します。イエス ＝ キリストのためであります。日本国のためであります。私どもはこの二つの愛すべき名のために私どもの生命をささげようと思うものであります。

❷❽内村鑑三
『失望と希望―日本国の前途』
（ア）イエス
（イ）日本
（ウ）二つのジェー

❷❾個人の自由は先刻お話しした個性の発展上きわめて必要なものであって，その個性の発展がまた貴方がたの幸福に非常な関係を及ぼすのだから，どうしても他に影響

❷❾夏目漱石
『私の個人主義』
（ア）個人主義

のない限り，僕は左を向く，君は右を向いても差し支えないくらいの自由は，自分でも把持し，他人にも附与しなくてはなるまいかと考えられます。それが取りも直さず私のいう（ア）なのです。

❸⓪（ア）においては，まだ知覚とか感情とか意志とかそれぞれに分かれて働いているのではなく，それらが一体となって働いているのであって，まだ（イ）対立もない。（イ）の対立は，われわれが対象について考えようとする結果でてくるのであって，直接的な経験そのものではない。

❸①人間とは「（ア）」であるとともに，その（ア）における「人」である。だからそれはたんなる「人」ではないとともに，またたんなる「社会」でもない。ここに人間の二重性格の（イ）統一がみられる。

❸②わたくしたちは（ア）を，神の永遠の定めとよびます。この定めに従って，神は，何が，各自に起きるべきかを決定します。なぜなら，すべての人は同じ状態に創造されていないからです。ある人には永遠の生命に（ア）され，ある人には永遠の滅亡が（ア）されているからです。

❸③人間は（ア）のうちで最も弱い（イ）にすぎない。しかし，それは（ウ）である。これをおしつぶすのに，宇宙全体は何も武装する必要はない。風のひと吹き，水のひと滴も，これを殺すにじゅうぶんである。しかし，宇宙がこれをおしつぶすときにも，人間は，人間を殺すものよりも，いっそう高貴であるだろう。なぜなら，人間は，自分が死ぬことを知っているからで…ある。宇宙はそれについては何も知らない。

　それゆえ，われわれのあらゆる尊厳は（エ）のうちに存する。

❸④人間の（ア）と力とは合一する。原因が知られなけれ

❸⓪ 西田幾多郎
『善の研究』
（ア）純粋経験
（イ）主観と客観

❸① 和辻哲郎
『倫理学』
（ア）世の中
（イ）弁証法的

❸② カルヴァン
『キリスト教綱要』
（ア）予定

❸③ パスカル
『パンセ』
（ア）自然
（イ）一本の葦
（ウ）考える葦
（エ）思考

❸④ ベーコン

ば，結果は生ぜられないからである。というのは，（イ）は服従することによってでなければ，征服されないのであって，（イ）の考察において原因と認められるものが，作業においては規則の役目をするからである。

『ノヴム‐オルガヌム』
（ア）知識
（イ）自然

❸❺しかし，そのあとすぐわたしは，つぎのことに気がついた。それは，すなわち，このようにすべてのものを虚偽と考えようと欲していたあいだにも，そう考えている「わたし」は，どうしてもなにものかでなければならないということであった。

そして「（ア）」というこの真理は，懐疑論者のどんなにとほうもない仮定といえども，それを動揺させることができないほど，堅固で確実なのをみて，わたしはこの真理を，自分が探究しつつあった哲学の（イ）として，何の懸念もなく受け入れることができると判断した。

❸❺デカルト
『方法序説』
（ア）われ思う，ゆえにわれあり
（イ）第一原理

❸❻一般に学者が（ア）と呼んでいるものは，各人がその自然性を，すなわち生命を保存するために自らの力を自らの意志のままに行使しうる自由である。……「（イ）」とは，理性によって創案される教律もしくは普遍法則である。……

さて，人間のおかれている状態は，（ウ）の状態であるので，かくして「各人は平和を得る希望の存する限りそれに努力すべきである。そして平和の得られない場合は，戦争のあらゆる手段を探究し，戦争の効益を利用すべし」ということが理性の命令，もしくは普遍法則として立てられる。……

❸❻ホッブズ
『リヴァイアサン』
（ア）自然権
（イ）自然法
（ウ）万人の万人に対する闘争

❸❼権限もなしに自分によせられている（ア）にそむいて国民に暴力を用いることは，国民と戦争状態に入ることであり，その場合には，国民は彼らの立法部を，その権力を行使しうるような状態にもどす（イ）をもっていると。……国民が社会にとってきわめて必要なもの，そして国民の安全と保全の基盤であるものから，何らかの暴力によってはばまれる場合には，国民も力によってそれ

❸❼ロック
『統治二論』
（ア）信託
（イ）権利
（ウ）対抗

を除去する（イ）をもっている。……権限をもたぬ暴力に対する真の救済策は，力をもってこれに（ウ）することである。

❸❽前に確立した諸原則から生じる，第一の最も重要な結果は，（ア）のみが，公共の福祉という，国家設立の目的に従って,国家の諸力を指導しうるということである。なぜなら，もし多くの特殊利益の対立意志が社会の建設を必要としたとすれば，その建設を可能にしたのも同じ特殊利益の一致であるからである。

❸❾「それが（ア）的法則となることをあなたが同時に意欲しうるような，そういう格率に従ってのみ行為せよ」あるいは「あなたの意志の格率が，つねに同時に（ア）的な立法の原理として妥当しうるように行為せよ」

　基本法式から三つの導出法式

　第1法式「あなたの行為の格率が,あなたの意志によってあたかも（ア）的な（イ）法則となるかのように行為せよ」

　第2法式「あなたの人格およびすべての他人の人格のうちにある人間性をつねに同時に（ウ）としてとり扱い,けっして単に（エ）としてのみとり扱わないように行為せよ」

　第3法式「意志がその格率を通じて自分自身を同時に（ア）的に立法するものとして認めうるように行為せよ」

❹❹この世界のどこにおいても，いな広くこの世界の外においても無条件に善とみなされるものは，ただ（ア）のほかには考えられない。理解力・機知・判断力，そのほかどんな名称であれ，精神上のいろいろな才能あるいは勇気・果断・堅忍不抜などの気質の特性は，おおくの点からみて結構な望ましいものであることはうたがいない。しかし，このような自然のたまものも，これを使用するものは意志であり，意志のこの特殊な性質が性格とよばれる。したがって，もし意志が善でないなら，せっ

❸❽ルソー
『社会契約論』
（ア）一般意志

❸❾カント
『道徳形而上学原論』
（ア）普通
（イ）自然
（ウ）目的
（エ）手段

❹❹カント
『道徳形而上学原論』
（ア）善意志
（イ）悪

かくの自然のたまものも，かえって非常な（イ）となり
害となる。

❹つぼみは花のひらくうちに消えるのであって，これを
つぼみは花によって（ア）されるといってもよいであろ
う。同様にまた，果実によって花は植物の偽りのあり方
という宣告を受け，植物の真のありかたとして果実が花
にとってかわる。これらの諸形態は，たんにおたがいが
違っているということだけではなくて，おたがいに相い
れないものとしておしのけあう。しかし，それらの流動
的な性質がそれらを，（イ）的一体性の諸契機たらしめ，
そしてここでは，それらはおたがいに戦いあうというこ
とがないばかりではなく，かえって，一方も他方もひと
しく必要不可欠なのであって，あたかもこの同等の（ウ）
こそがはじめていきた全体を成り立たせているのであ
る。

❹ヘーゲル
　『精神現象学』
　（ア）否定
　（イ）有機
　（ウ）必然性

❹人間は，その生活の社会的生産において，一定の，必
然的な，かれらの意志から独立した諸関係を，つまりか
れらの物質的生産諸力の一定の発展段階に対応する（ア）
を，とりむすぶ。この生産諸関係の総体は社会の経済的
機構を形づくっており，これが現実の土台となって，そ
のうえに，法律的，政治的（イ）がそびえたち，また，
一定の社会的意識諸形態は，この現実の土台に対応して
いる。物質的生活の生産様式は，社会的，政治的，精神
的生活諸過程一般を制約する。人間の（ウ）がその（エ）
を規定するのではなくて，逆に，人間の社会的（エ）が
その（ウ）を規定するのである。社会の物質的生産諸力
は，その発展がある段階にたっすると，いままでそれが
そのなかで動いてきた既存の生産の諸関係，あるいはそ
の法的表現にすぎない所有諸関係と（オ）するようにな
る。これらの諸関係は，生産諸力の発展諸形態からその
桎梏へと一変する。このとき社会革命の時期がはじまる
のである。

❹マルクス
　『経済学批判』
　（ア）生産諸関係
　（イ）上部構造
　（ウ）意識
　（エ）存在
　（オ）矛盾

❸共産主義へ向かって発展しつつある（ア）社会から共産主義社会への移行は，「政治上の過渡期」を経過しなくては不可能であり，この時期の国家は（イ）の革命的独裁しかありえない。

　では，この独裁の民主主義に対する関係とはいかなるものであるか……。

　資本主義社会が最も順調な発展をとげる条件があるばあい，この社会には民主共和制という形で多かれ少なかれ完全な民主主義がある。しかし，この民主主義は，資本主義的（ウ）という狭い枠でたえずしめつけられているので，本質的には少数者だけの，（エ）階級のためだけの，金持ちのためだけの民主主義にとどまっている……。（イ）の独裁ということ，つまり抑圧者を抑圧するために被抑圧者の前衛を支配階級として組織するということは，たんに民主主義の拡大をもたらすにとどまるものではない。（イ）の独裁は民主主義をきわめて大幅に拡大し，この民主主義をはじめて，（オ）のための民主主義ではなく，貧者のための民主主義，（カ）のための民主主義とする。

❸レーニン
『国家と革命』
（ア）資本主義
（イ）プロレタリ
　　アート
（ウ）搾取
（エ）有産者
（オ）富者
（カ）人民

❹私の『あれか，これか』はさしあたり善悪の間の選択を指すのではなく，ひとが善と悪を選ぶか，それとも排除するか，その選択を指すのである。ここで問題になっているのは，ひとがどんな規定のもので現存在全体を観察し，みずから生きようとするかということである。善と悪を選ぶ者は，善を選ぶのだということはたしかに（ア）だが，それはあとになってはじめて判明することである。なぜなら（イ）なものは悪でなく，無差別だからだ。だからこそ私は選択を構成するものは（ウ）なものだと言ったのである。……

　私はけっして哲学者ではないが，ここではやむをえず，哲学者的熟考というものにあえて近づいてみることにしよう。……たぶん（エ）と呼んでもいいようなものとは，哲学はまったく無関係である。（エ）こそはしかし自由の真の生活なのである。哲学は外的行為を考察するが，

❹キルケゴール
『あれか，これか』
（ア）真理
（イ）美学的
（ウ）倫理的
（エ）内的行為
（オ）あれか，これか

哲学はこれを孤立したものとみないで，世界史の過程に受け入れられ，そのなかで変化を加えられたものとして眺める。この過程が哲学の本来の対象であり，これを哲学は必然性の規定のもとで考察する。だから哲学は，いっさいが別様でもありうるということに気づかせようとするような反省を遠ざける。つまり哲学は『（オ）』がまったく問題とならないふうに世界史を考察するのである。

❹❺たとえ（ア）が存在しなくとも，（イ）が（ウ）に先だつところの存在，なんらかの概念によって定義されうる以前に実存している存在がすくなくとも一つある。その存在はすなわち人間，ハイデッガーのいう人間的現実であると無神論的実存主義は宣言するのである。（イ）が（ウ）に先だつとは，このばあいになにを意味するのか。それは，人間はまず先に実存し，（エ）で出会われ，（エ）に不意に姿をあらわし，そのあとで定義されるものだということを意味するのである。……人間は後になってはじめて人間になるのであり，人間はみずからが造ったところのものになるのである。このように人間の本性は存在しない。その本性を考える神が存在しないからである。人間はみずからそう考えるところのもののみならず，みずから望むところのものであり，実在して後にみずから考えるところのもの，実存への飛躍の後にみずから望むところのもの，であるにすぎない。人間はみずから造るところのもの以外のなに者でもない。以上が実存主義の第一原理なのである。

❹❻理性とは（ア）であり，科学を手本として考えられ，社会生活の技術を作るのに使われるものであるから，つまり，理性にはなすべき仕事があるから，理性は（イ）として結晶した無知や偶然に基づく過去の絆から人間を解放する。それは，よりよい未来を描き，人間がそれを実現するのを助ける。そして，その活動は，つねに（ウ）によってテストされる。作成されるプランにしても，再

❹❺サルトル
『実存主義とは何か』
（ア）神
（イ）実存
（ウ）本質
（エ）世界内

❹❻ジョン＝デューイ
『哲学の改造』
（ア）実験的知性
（イ）慣習
（ウ）経験
（エ）仮説

構成の行動の手びきとして人間がたてる原理にしても，それはドグマではない。それらは，実践のうちで作られる（エ）であって，私達の現在の経験に必要な手びきを与えうるかいなかによって，拒否され，修正され，拡張されるものである。

㊼ （ア）は悪に対するあらゆる現実の闘争をやめるだけでは成立しない。わたくしの考えでは，悪に対抗して結局これを拡大させるような復讐よりも，いっそう積極的かつ現実的な闘争が必要である。不道徳とたたかうための精神的すなわち（イ）を考える。尖鋭な刀剣と暴者と衝突するのではなく，相手の物的抵抗をみるだろうとの期待を誤らせて，暴者の剣を完全に鈍らせるのである。暴者は圧迫から退避するわたくしの（ウ）をみるであろう。この抵抗はまずかれを幻惑せしめ，ついに屈服をよぎなくするのである。

㊼ ガンジー
『ガンジー聖書』
（ア）非暴力
（イ）道徳的抵抗
（ウ）精神的抵抗

㊽ （ア）で取り扱いうる特性は，もちろん科学者の研究対象とする特性と同じではない。自然界は，この二つの見方によって，一方で最高度に具体的，他方で最高度に抽象的という両極端からのアプローチをもつのである。……一方は（イ）の理論を基礎とし，農業，牧畜，製陶，織布，食物の保存と調理法などの文明の諸技術を今もわれわれの基本的欲求に与えている知であり，新石器時代を開花期とする。そして他方は，一挙に知解性の面に位置して（ウ）の淵源となった知である。

㊽ レヴィ゠ストロース
『野生の思考』
（ア）野生の思考
（イ）感覚性
（ウ）現代科学

さくいん

あ

アートマン……………… 45
アーリア人……………… 45
愛敬……………………… 78
アイゼンク……………… 13
間柄（人倫）的存在… 100
愛知者…………………… 26
アイデアリズム………… 29
アイデンティティ……… 14
アイデンティティの確立 14
アイデンティティの危機 14
愛と所属………………… 14
愛の闘争………………… 147
愛別離苦………………… 47
アイロニー……………… 27
アインシュタイン……… 161
アヴィセ（ケ）ンナ…… 43
アヴェロエス…………… 43
アウグスチヌス………… 39
アウシュビッツ強制収容所
…………………………… 104
アウタルケイア………… 32
アウフヘーベン………… 139
青木昆陽………………… 88
アカデメイア…………… 29
アガペー………………… 36
アクセス権……………… 110
悪人正機（説）………… 71
悪人の自覚……………… 71
アクロポリス…………… 23
アゴラ…………………… 23
アサンガ………………… 49
アジェンダ21…………… 115
葦原中国………………… 62
アショカ王……………… 48
アソシエーション……… 111
アタナシウス…………… 38
アダム…………………… 35
アダム＝スミス………… 140
アタラクシア…………… 32
アタルヴァ……………… 45
アッシリア……………… 36
アッラー………………… 42

アトム論………………… 25
アドラー………………… 13
アドルノ………………… 165
アナーキズム…… 96，156
アナクシマンドロス…… 24
アナクシメネス………… 25
アナムネーシス………… 28
アニマ…………………… 169
アニミズム……………… 62
アニムス………………… 169
アパシー－シンドローム 15
アパテイア……………… 31
アヒンサー……………… 163
アフォリズム…………… 130
アブラハム……………… 35
アフロディーテ………… 24
安部磯雄………………… 95
阿部次郎………………… 99
アポロン………………… 24
甘えの構造……………… 9
甘えの文化……………… 9
現神……………………… 62
天津罪…………………… 63
現御神…………………… 62
天照大神………………… 62
阿弥陀如来……………… 67
阿弥陀仏………………… 67
アメニティ……………… 111
雨森芳洲………………… 78
アメリカ独立宣言……… 133
新井白石………………… 77
阿羅漢…………………… 48
アリウス………………… 38
アリエス………………… 11
有島武郎………………… 99
アリストテレス………… 29
アルヴィン＝トフラー 110
アルケー………………… 24
アルチュセール………… 167
アルベルティ…………… 118
『あれか，これか』…… 145
アレクサンドロス大王… 29
アレテー………………… 27
あはれ…………………… 68

アンガージュマン…… 148
アンシャン－レジーム 133
アンセルムス…………… 39
安全……………………… 14
安息日…………………… 36
アンタッチャブル……… 162
アンチ－テーゼ………… 139
「安天下の道」………… 80
安藤昌益………………… 87
安楽死…………………… 116

い

イーマーン……………… 42
イエス…………………… 36
イエズス会……………… 122
イエスと日本…………… 94
『いかにしてわれわれの概
念を明晰にするか』… 157
生きがい………………… 17
イギリス労働党………… 156
生きる意味……………… 18
育児介護休業法………… 112
育児休暇………………… 112
イザヤ…………………… 35
石田梅岩………………… 86
イスラーム……………… 42
イスラエル王国………… 36
イスラム………………… 42
イスラム教……………… 42
イスラム暦……………… 42
伊勢神道………………… 82
市川房枝………………… 96
一乗思想………………… 66
一君万民論……………… 89
一国社会主義論………… 155
一切衆生悉有仏性…48，66
一切衆生の救済………… 70
一切皆苦………………… 46
「一身独立して一国独立す」
…………………………… 91
一般意志………………… 133
一遍……………………… 71
イデア…………………… 28
イデー…………………… 139

遺伝子治療···········116
イド···········168
伊藤仁斎···········79
イドラ···········125
イニシエーション···········10
イノベーション···········107
イパー・ダート···········42
井原西鶴···········86
イブ···········35
異文化理解···········113
『イリアス』···········24
イリヤ···········167
因果応報···········45
印象主義···········20
印象派···········20
インフォームド・コンセント···········116
陰陽家···········52
陰陽五行説···········52
陰陽説···········52

う

ヴァスバンドゥ···········49
ヴァルダマーナ···········45
ヴィトゲンシュタイン···········165
『ヴェーダ』···········45
ヴォルテール···········134
ヴォルフ···········128
ウィクリフ···········120
ウィリアム=ジェームズ···········157
植木枝盛···········92
ウェッブ夫妻（シドニー，ベアトリス）···········156
植村正久···········94
氏神···········63
打ちこわし···········151
ウチとソト···········10
内村鑑三···········94
ウパニシャッド哲学···········45
産土神···········63
ウンマ···········42
運命愛···········146

え

永遠回帰···········146
「永遠の相の下」···········127

映画···········19
『栄華物語』···········68
『永久平和のために』···········136
永劫回帰···········146
栄西···········73
エイドス···········29
永平寺···········73
エイロネイア···········27
エートス···········30
易姓革命···········52, 55
エゴイズム···········8
エコシステム···········115
懐奘···········73
エス···········168
エスノセントリズム···········113
『エセー（随想録）』···········130
エゼキエル···········35
『エチカ』···········128
エックハルト···········39
エネルギー革命···········107
エネルゲイア···········29
エバ···········35
エピクテトス···········31
エピクロス···········32
エピクロス派···········32
海老名弾正···········94
エポケー···········31, 148
『エミール』···········10, 133
エラスムス···········119
エラン・ヴィタール···········166
エリクソン···········14
エルヴェシウス···········134
エルサレム···········36, 43
エルサレム教会···········38
エレア学派···········25
エレアのゼノン···········25
エレクトロニクス産業···········107
エレミア···········35
エロース···········28
演繹法···········127
縁起···········46
遠近法···········119
演劇···········19
エンゲルス···········153
エンペドクレス···········25

お

欧化主義···········93
奥義書···········45
王権神授説···········131
黄金律···········37
『往生要集』···········68
『嘔吐』···········149
王道（政治）···········55
近江聖人···········78
王陽明···········58
大塩平八郎···········78
大槻玄沢···········87
オートメーション化···········107
緒方洪庵···········88
置き換え···········12
『翁問答』···········78
荻生徂徠···········79
『奥の細道』···········86
オゾン層の破壊···········115
オッカム···········39
『オデュッセイア』···········24
踊り念仏···········72
オリエンタリズム···········168
折口信夫···········101
オリンピアの祭典···········23
オリンピック···········24
オリンポスの12神···········23
オルテガ···········109
オルポート···········13
恩賜的民権···········92
怨憎会苦···········47
恩寵···········39

か

「厭離穢土・欣求浄土」···········68
カースト制度···········45
カーバ神殿···········43
階級闘争···········154
回教···········42
懐疑論···········126, 130
外向性···········13
介護休暇···········112
回心···········38
『解体新書』···········87
戒壇···········65
外発的開化···········98

さくいん　187

貝原益軒……………………78
恢復（回復）的民権………92
下位文化……………………15
『開目抄』…………………74
快楽計算…………………141
戒律主義……………………37
カウツキー………………156
カオス………………………23
科学的社会主義…………152
画一化……………109，144
核家族……………………111
各自の自然権を主権者に委
譲…………………………132
格物致知……………………57
革命権……………………132
格率………………………135
格律………………………135
「隠れて生きよ」…………32
「かけがえのない地球」115
景山（福田）英子…………96
仮言命法（令）…………136
加持祈禱……………………66
我執…………………………47
仮説………………………158
仮想現実…………………111
家族………………………139
家族機能の外部化………111
荷田春満……………………82
片山潜………………………95
価値多元………………14，17
価値多元論………………158
価値の多様化………………18
渇愛…………………………47
勝海舟………………………89
カッシーラー………………8
葛藤…………………………11
活動（action）…………168
寡頭制………………………30
加藤弘之……………………92
カトリシズム……………120
カナン………………………35
カニシカ王…………………48
可能態………………………29
「かのように」の哲学…98
カフカ……………………149
下部構造…………………154
「神即自然」……………127

神中心主義………………118
神の義………………………37
『神の国』…………………39
神の光………………………39
「神は死んだ」…………145
神への愛……………………37
カミュ……………………149
鴨長明………………………74
賀茂真淵……………………82
漢意…………………………83
カリタス……………………39
カリフ………………………43
ガリレオ＝ガリレイ…125
カルヴァン（カルヴィン）
……………………………121
カルヴィニズム…………122
カルマ………………………45
カロカガティア……………23
河上肇………………………96
感覚美………………………19
環境アセスメント………115
環境と開発に関するリオ宣
言…………………………115
環境保全…………………105
環境倫理（学）…………115
観察と実験………………125
ガンジー…………………162
鑑賞…………………………19
関心………………………147
鑑真…………………………65
観想……………………23，29
観想念仏……………………68
カント…………104，135
惟神の道……………………83
観念的弁証法……………152
観念仏………………………68
観念論………………………17
カンパネラ………………120
韓非子………………………59
『寛容論』………………134
官僚制……………………109

き

義……………………………53
気一元論……………………57
気概…………………………28
機械論的自然観…………128

機械論的唯物論…………134
幾何学的精神……………130
『菊と刀―日本文化の型』9
気配り………………………27
キケロ………………………31
擬似イベント……………111
擬似環境…………………111
岸田俊子……………………96
気質…………………………13
喜捨…………………………43
技術革新…………………107
技術美………………………19
貴族制………………………30
北一輝……………………100
きたなき心…………………63
北村透谷……………………97
機能美………………………19
帰納法……………………125
木下順庵……………………77
木下尚江……………………95
気晴らし…………………130
キプロスのゼノン………31
詭弁…………………………26
義務………………………135
ギャング-エイジ…………10
『95ヵ条の意見書（論題）』
……………………………121
旧約…………………………36
『旧約聖書』………………35
キュニコス派………………27
キュビズム…………………20
キュレネ派…………………27
教育勅語……………………93
『饗宴』……………………28
教会…………………………38
境界人………………………10
共感………………………140
狂気………………………167
教義…………………………38
行基…………………………65
『教行信証』………………71
教皇…………………………39
共産主義社会……………154
『共産党宣言』…………152
恭順…………………………54
共生………………………105
京都議定書………………115

教父……………………38
共和制…………………30
清き明き心………63, 83
居敬……………………57
居敬窮理………………57
虚無主義………………145
義理・人情……………86
ギリシャ正教会………39
『キリスト教綱要』……121
キリスト教道徳………145
『キリスト者の自由』…121
キルケゴール…………144
キング…………………163
近代的自我……………97

く

「クーセージュ」………130
悔い改め………………37
空………………………49
空海……………………66
偶像……………………125
『空想から科学へ』……153
空想的社会主義………151
空也……………………68
クーン…………………167
クオリティ－オブ－ライフ
………………………116
久遠実成の仏…………74
陸羯南…………………93
苦行……………………46
クシャトリア…………45
口称念仏………………68
苦諦……………………47
国津罪…………………63
求不得苦………………47
熊沢蕃山………………78
クマラジーヴァ………49
鳩摩羅什………………49
クラーク………………94
クラシシズム…………20
『クリトン』……………27
クルアーン……………42
グレートマザー………169
クレッチマー…………13
グローバリゼーション 113
クローン………………116
グロチウス……………104

クワイン………………168
君子……………………54
「君子の言」……………80
君主制…………………30
『君主論』………………119
軍人……………………28

け

敬…………………77, 80
経験学習………………158
経験論…………………125
『経済学批判』…………152
経済型…………………18
『形而上学』……………30
形而上学クラブ………157
芸術……………………19
芸術美…………………19
経世済民………………79
形相……………………29
形相因…………………29
継続した成功のうちにある
幸福……………………158
契沖……………………82
啓典……………………42
芸能……………………101
啓蒙思想………………131
啓蒙主義………………131
『啓蒙の弁証法』………166
契約……………………36
ゲーテ………………20, 136
穢（けがれ）……………63
劇場のイドラ…………126
解脱……………………49
結果説…………………126
結果説（主義）…………136
ケプラー………………125
兼愛交利………………53
兼愛説…………………53
権威主義的性格………109
権威主義的パーソナリティ
………………………165
幻影……………………125
限界状況………………146
『顕戒論』………………66
元型……………………169
言語ゲーム……………165
原罪……………………38

原始キリスト教………38
現実主義……………17, 30
現実態…………………29
原子爆弾………………104
原始仏教………………48
『源氏物語』……………68
『源氏物語玉の小櫛』……83
検証……………………158
現象界…………………28
現象学…………………148
玄奘三蔵………………50
原子論…………………25
献身……………………141
源信……………………68
現世利益………………67
現存在…………………147
権利章典………………131
権理通義………………91
権利の請願……………131
権力意志………………146
権力型…………………18

こ

孝…………………54, 78
公案……………………73
『孝経』…………………55
工作人…………………8
孔子……………………53
工場制手工業から工場制機
械工業…………………107
公正の正義……………30
『興禅護国論』…………73
浩然の気………………56
構造主義………………167
孝悌……………………54
皇帝教皇主義…………39
幸徳秋水………………95
公武合体論……………89
幸福……………………29
公僕……………………133
高邁の精神……………127
高野山金剛峯寺………66
合理化…………………12
功利主義……………91, 140
『功利主義』……………141
合理的解決……………12
合理的世界観…………24

さくいん　189

合理論……………＝126
高齢社会…………＝112
五蘊……………＝46
五蘊（陰）盛苦……＝47
ゴータマ＝シッダッタ…46
コーラン…………＝42
古学派……………＝78
古義学……………＝79
「コギト－エルゴ－スム」
………………＝127
五経……………＝56
『国意考』…………＝82
国学……………＝82
国際化……………＝113
国際人権規約………104
国産品愛用…………163
国粋主義……………93
『国是三論』…………89
『国是七条』…………89
『告白』……………39
『国富論』…………140
『国民之友』…………93
極楽浄土……………67
国連環境開発会議……115
国連人間環境会議……115
『こころ』……………98
『古事記』……………62
『古事記伝』…………83
五常……………＝56
個人主義……………98
個人の自由と幸福……161
コスモス……………23
コスモポリス…………31
コスモポリタニズム……31
コスモポリタン………31
コスモポリテース………31
個性……………＝13
個性化……………＝8
『国家』……………29
国家……………＝140
国家主義……………100
国家神道……………93
『国家と革命』………155
克己……………＝54
克己復礼……………54
国境なき医師団………113
古典主義……………20

古典派……………＝20
古典派経済学………140
古道……………＝82
小林秀雄……………102
コペルニクス………125
コペルニクス的転回…135
コミュニケーション（対話）
的理性……………166
コミュニティ……109, 111
『語孟字義』…………79
古文辞学……………79
五倫（の道）…………79
ゴルギアス…………26
ゴルゴタ……………37
コルネイユ…………21
コンスタンチヌス帝……38
コント……………＝141
コンピューター－ネットワー
ク……………＝110
コンフリクト…………11
コンプレックス………11

ⓈⒶ

サーマ……………＝45
サイード……………168
最後の審判………37, 43
祭祀（祭り）…………63
祭政一致……………62
「最大多数の最大幸福」140
在宅ケア……………112
最澄……………＝66
サヴォナローラ………120
ザカート……………43
堺利彦……………＝95
坂口安吾……………102
坂本竜馬……………89
佐久間象山…………88
坐禅……………＝72
サチャグラハ………163
サドカイ人（派）………37
砂漠化……………＝115
砂漠型……………9, 100
さび……………＝86
サブ－カルチャー………15
さやけし……………63
サラート……………42
サルトル……………148

サン＝シモン…………151
サンガ……………＝48
僧伽……………＝48
産業革命…107, 140, 151
『三経義疏』…………65
産業構造の高度化……107
産業社会……………151
『産業者の政治的教理問答』
………………＝151
『山家学生式』…………66
三権分立……………134
『三教指帰』…………67
サンサーラ…………45
山上の垂訓…………37
『三酔人経綸問答』……92
酸性雨……………＝115
三蔵……………＝50
三段階の法則………141
三毒……………＝47
三宝……………＝65
三宝の奴……………65
三煩悩……………＝47
三位一体説…………38
三密……………＝67
三民主義……………162

ⓈⒾ

自愛と憐れみ………133
シーア派……………43
シーボルト…………88
『四運動の理論』………152
シェークスピア………120
シェーラー…………18
シェリング…………136
ジェンダー…………112
持戒……………＝49
四箇格言……………74
自我同一性…………14
志賀直哉……………99
自我のめざめ………10
時間芸術……………19
只管打坐……………72
時間的存在…………147
四苦……………＝47
四苦八苦……………47
持敬……………＝57
四元徳……………＝28

資源ナショナリズム… 113
自己愛と憐憫………… 133
志向…………………… 17
思考・感情・感覚・直観
　………………………… 169
自己外化…………… 139
自己犠牲…………… 37
自己決定権………… 116
自己実現………… 14, 17
自己充実感………… 17
自己喪失…………… 17
自己疎外……… 109, 153
仕事（work）……… 168
自己反省…………… 166
自己放下…………… 72
自己保存と欲求充足のため
に何でもできる権利… 132
自己本位…………… 98
子思………………… 55
時宗………………… 71
四種姓……………… 45
思春期……………… 10
四書………………… 57
市場のイドラ……… 126
辞譲の心…………… 55
私心………………… 63
至人………………… 59
四聖諦……………… 47
『自省録』…………… 31
自然権……………… 131
自然主義…………… 97
自然状態…………… 131
自然神……………… 62
自然世……………… 87
自然的制裁・道徳的制裁・
法律的制裁・宗教的制裁
　………………………… 141
自然哲学者………… 24
自然淘汰…………… 142
「自然に帰れ」……… 133
「自然に従って生きる」… 31
自然の生存権……… 116
自然の光…………… 39
自然美……………… 19
自然法……………… 131
自足………………… 32
持続可能な開発……… 115

自尊………………… 14
四諦………………… 47
士大夫……………… 54
自治・独立………… 163
十戒………………… 35
実学………………… 91
実験主義…………… 158
実験的知性………… 158
実証主義…………… 141
『実証哲学講義』…… 142
実世界……………… 97
実践理性…………… 135
『実践理性批判』…… 135
実存………………… 144
実存主義…………… 144
『実存主義はヒューマニズ
ムである』…………… 148
実存の交わり……… 147
実存の三段階……… 145
「実存は本質に先立つ」… 148
集諦………………… 47
実体………………… 127
質的功利主義……… 141
質料………………… 29
質料因……………… 29
私的所有…………… 151
史的唯物論………… 153
使徒………………… 38
始動因……………… 29
士道論……………… 78
『使徒行伝』………… 36
ジナ教……………… 45
『死に至る病』……… 145
『自然真営道』……… 87
自然法爾…………… 71
士の職分…………… 79
死の本能…………… 169
ジハード…………… 42
慈悲………………… 48
慈悲の実践………… 73
死への存在………… 147
四法印……………… 46
資本主義…………… 151
『資本論』…………… 153
島崎藤村…………… 98
市民革命…………… 131
市民社会…………… 139

『市民政府二論』…… 133
自民族中心主義…… 113
シモーヌ＝ヴェイユ… 162
四門出遊…………… 46
シャーマニズム…… 62
シャーム…………… 42
ジャイナ教………… 45
釈迦………………… 46
社会化……………… 8
社会学……………… 141
社会型……………… 18
社会契約説………… 131
『社会契約論』……… 133
社会主義…………… 151
社会主義革命……… 154
社会主義体制の崩壊… 157
社会進化論………… 142
社会的性格……… 18, 166
社会的欲求………… 11
社会の改良………… 156
社会民主主義……… 155
社会民主党…… 95, 156
釈迦族……………… 46
釈尊………………… 46
折伏………………… 74
写実主義………… 20, 97
シャハーダ………… 42
『ジャン＝クリストフ』… 161
自由……… 14, 135, 139
シュヴァイツァー…… 161
自由・平等で理性的である
がやや不完全………… 132
自由意志…………… 119
羞悪の心…………… 55
『自由からの逃走』…18, 166
習慣………………… 30
宗教改革…………… 120
宗教型……………… 18
宗教人……………… 8
宗教的寛容………… 134
宗教的実存主義…… 144
宗教的実存の段階… 145
宗教的信念………… 158
衆愚制……………… 30
修己治人…………… 54
十字架……………… 37
修辞学……………… 25

さくいん　191

十字軍………………… 118
『十七条憲法』…………… 65
柔弱謙下………………… 58
『十住心論』……………… 67
自由主義………………… 91
修身・斉家・治国・平天下
………………………… 54
修正社会主義……… 156
習性の徳………………… 29
重層的性格……………… 100
習俗……………………… 101
自由と責任……………… 148
十二縁起………………… 46
シューベルト…………… 21
自由放任………………… 140
終末観…………………… 37
終末期医療……………… 116
自由民権運動…………… 92
シュールレアリスム…… 20
儒家……………… 52, 53
受戒……………………… 49
主客未分………………… 99
主観主義………………… 26
朱熹……………………… 56
儒教……………………… 53
朱子……………………… 56
朱子学…………… 57, 77
修証一如（修証一等）… 72
種族のイドラ…………… 125
主体性…………………… 17
主体性の喪失…………… 144
主体的真理……………… 144
主知主義………………… 27
『出エジプト記』………… 36
出生率…………………… 112
『種の起源』……………… 142
シュプランガー………… 18
シュペングラー………… 166
荀子……………………… 56
春秋戦国時代…………… 52
純粋経験………………… 99
『純粋理性批判』………… 135
巡礼……………………… 43
恕………………………… 54
止揚……………………… 139
縦横家…………………… 53
昇華……………………… 12

生涯学習………………… 112
上下定分の理…………… 77
小国寡民………………… 58
上座部…………………… 48
尚歯会…………………… 88
「正直，倹約，勤勉」…… 86
小乗（南伝）仏教……… 48
精進……………………… 49
「上善は水の如し」……… 58
小ソクラテス学派……… 27
唱題……………………… 74
情緒の安定と社会性…… 14
聖道門…………………… 72
浄土教…………………… 67
聖徳太子………………… 65
浄土宗…………………… 70
浄土信仰………… 67, 70
浄土真宗………………… 70
「商人の買利は士の禄に同
じ」……………………… 86
情念……………………… 127
上部構造………………… 154
正法……………………… 67
『正法眼蔵』……………… 73
『正法眼蔵随聞記』……… 73
情報公開………………… 110
情報社会………………… 109
情報操作………………… 110
情報リテラシー………… 110
称名念仏………………… 68
唱名念仏………………… 68
常不……………………… 101
聖武天皇………………… 65
逍遥遊…………………… 59
剰余価値説……………… 154
ショーペンハウエル…… 146
『書経』…………………… 52
諸行無常………………… 46
職業観・人生観の確立… 14
職業召命観……………… 122
職業人…………………… 122
職業倫理………………… 122
贖罪……………………… 37
殖産興業………………… 91
贖宥符…………………… 121
『諸国民の富』…………… 140
助産術…………………… 26

女子（女性）差別撤廃条約
………………………… 112
諸子百家………………… 52
稷下の道家……………… 58
初転法輪………………… 46
諸法無我………………… 46
ジョン＝デューイ……… 158
シラー……………… 21, 137
白樺派…………………… 98
自力……………………… 72
自力解脱………………… 72
自力作善………………… 72
自律……………………… 135
思慮……………………… 29
知る権利………………… 110
信………………………… 54
仁………………………… 53
ジン－テーゼ…………… 139
親・義・別・序・信…… 55
仁・義・礼・智………… 55
仁・義・礼・智・信…… 56
身・口・意……………… 67
真・善・美……………… 17
真・善・美・聖………… 18
仁愛……………………… 79
神学……………………… 39
人格……………………… 136
人格主義………………… 136
『神学大全』……………… 39
進化論…………………… 142
仁義……………………… 55
『新機関』………………… 126
『神曲』…………………… 118
『慎機論』………………… 88
人権思想………………… 91
「信仰，希望，愛」……… 38
信仰義認………………… 121
信仰告白………………… 42
新国学…………………… 101
真言宗…………………… 66
心斎坐忘………………… 59
神裁政治………………… 121
真実無偽………………… 79
『新社会観』……………… 151
人種……………………… 104
真人……………………… 59
身心脱落………………… 72

心性……………………86
人生観……………………17
『人生に相渉るとは何の謂ぞ』……………………97
人生の感動や新しい創造19
神仙思想…………………59
深層心理学………………168
心即理……………………58
身体性……………………149
身体的変化への対応……14
『新大陸』………………126
信託………………………133
心的エネルギー…………168
神道………………………82
人道………………………87
『神統記』………………24
人道主義…………………161
シンパシー………………140
新バビロニア……………36
審美型……………………18
新婦人協会………………97
神仏習合…………………67
新プラトン主義（派）…32
人文主義…………………118
人民………………………133
新民主主義………………155
『新約聖書』……………36
親鸞………………………70
「真理であるから有用，有用であるから真理」…157
心理的離乳………………10
真理の有用性……………157
真理把持…………………163
真理を教えるのではなく，相手が真理に……………26
人倫………………………139
神話………………………23
神話的世界観……………24

す

垂加神道…………………77
推譲………………………87
枢軸時代…………………147
スードラ…………………45
スーパー－エゴ…………169
スコトゥス………………39
スコラ哲学………………39

スコレー…………………23
鈴木大拙…………………99
スターリン………………155
スチューデント－アパシー
……………………………15
『スッタニパータ』……47
ステップ－ファミリー 112
ステレオタイプ…………109
ストア派…………………31
ストレス…………………11
スピノザ…………………127
スプロール現象…………111
スペンサー………………142
スワデージ………………163
スワラージ………………163
スンニー派………………43

せ

性…………………………167
性悪説……………………56
性格………………………13
正義………………28, 30
清教徒……………………122
清教徒革命………………131
『聖教要録』……………79
『正義論』………………168
『省諐録』………………89
『省察』…………………127
生産関係…………………154
生産者……………………28
生産手段…………………154
生産力……………………153
『政治学』………………30
清浄・純潔………………163
聖書中心主義……………121
精神………………127, 139
『精神現象学』…………140
精神的快楽主義…………32
精神の向上や人生の指針19
精神美……………………19
精神分析…………………168
聖遷………………………42
聖戦………………………42
性善説……………………55
性即理……………………57
生態系……………………115
正直………………………83

『青鞜』…………………96
生得観念…………………127
青年海外協力隊…………113
青年期……………………10
青年期の延長……………11
青年文化…………………15
政府開発援助……………113
生命・自由・財産の所有の権利……………………132
生命工学………107, 116
清明心……………………63
生命の躍動………………166
生命への畏敬……………162
生命倫理…………………116
『西洋紀聞』……………77
性理学……………………57
生理的……………………14
生理的欲求………………11
ゼウス……………………24
世界観……………………17
「世界史は自由の意識の進歩である」………………139
世界宗教…………………38
世界人権宣言……………104
世界精神…………………139
世界内存在………………147
世界平和…………………161
世界理性…………………31
石門心学…………………86
「世間虚仮，唯仏是真」…65
世親………………………49
世代間倫理………105, 116
節制………………………28
絶対王政………131, 132
絶対主義………131, 132
絶対精神…………………139
絶対他力…………………71
絶対的服従………………132
絶対平和主義……………161
絶対無……………………99
絶対矛盾的自己同一……99
絶望………………………145
節用………………………53
セネカ……………………31
是非の心…………………55
セルバンテス……………120
セン………………………168

さくいん　193

善意志……………… 136
先王の道…………… 80
全孝説……………… 78
潜在能力…………… 168
繊細の精神………… 130
漸次的社会工学…… 165
禅宗………………… 72
僭主制……………… 30
専修念仏…………… 70
禅定………………… 49
禅譲………………… 52
煽情主義…………… 110
専制君主制………… 131
前成人期…………… 10
全性保真…………… 59
センセーショナリズム 110
戦争廃止論………… 94
先祖の話…………… 101
全体意志…………… 133
全体主義…………… 101
全体的正義………… 30
選択………………… 148
『選択本願念仏集』…… 70
善導………………… 70
戦闘的ヒューマニズム 161
善のイデア………… 28
『善の研究』………… 99
選民思想…………… 35

そ

想起………………… 28
臓器移植…………… 116
造型芸術…………… 19
総合芸術…………… 19
『総合哲学体系』…… 142
曾子………………… 55
荘子………………… 59
『蔵志』……………… 87
想世界……………… 97
創造………………… 14
創造的知性………… 158
相対主義…………… 26
曹洞宗……………… 72
宗法………………… 52
像法………………… 67
疎外………………… 153
惻隠の心…………… 55

即自存在…………… 148
即身成仏…………… 66
『即身成仏義』……… 67
即心是仏…………… 49
即心即仏…………… 49
則天去私…………… 98
ソクラテス………… 26
『ソクラテスの弁明』…… 27
ソシュール………… 167
祖先崇拝…………… 63
ソフィスト………… 25
ゾルゲ……………… 147
祖霊………………… 101
ソロモン…………… 36
尊貴族……………… 45
尊厳死……………… 116
「存在するとは知覚される
こと」……………… 126
『存在と時間』……… 147
『存在と無』………… 148
存在忘却…………… 147
存心持敬…………… 77
尊王攘夷論………… 88
孫文………………… 162

た

ダーウィン……142, 157
ダーザイン………… 147
ターミナル‐ケア… 116
第一次技術革新…… 107
第一次欲求………… 11
大義名分論………… 57
大逆事件…………… 96
耐久消費財………… 107
大憲章……………… 131
退行………………… 12
第三次技術革新…… 107
対自存在…………… 148
大衆社会…………… 109
大衆操作…………… 109
大衆部……………… 48
代償………………… 12
大乗戒壇…………… 66
大正デモクラシー… 96
大丈夫……………… 56
大乗（北伝）仏教…… 48
耐性………………… 11

「大道廃れて仁義あり」… 58
第二次技術革新…… 107
第二次性徴………… 10
第二次欲求………… 11
大日如来…………… 66
第二の誕生………… 10
第二反抗期………… 11
太母………………… 169
ダイモニオン……… 26
対話篇……………… 28
タオ………………… 58
たおやめぶり……… 82
高く直き心………… 82
高野長英…………… 88
高天原……………… 62
太宰春台…………… 80
他宗排撃…………… 74
ダス‐マン………… 147
他性………………… 167
脱亜論……………… 92
脱工業化社会……… 107
脱中心化…………… 14
タテ社会…………… 9
タナトス…………… 169
田辺元……………… 100
ダニエル＝ベル…… 107
他人指向型………… 109
ダビデ……………… 21
ダビデ……………… 36
タブラ‐ラサ……… 126
多文化主義………… 113
『玉勝間』…………… 83
魂…………………… 27
魂への配慮………… 27
ダランベール……… 134
他力易行…………… 70
ダルマ……………… 46
タレス……………… 24
単子………………… 128
断食………………… 42
男女雇用機会均等法… 112
ダンテ……………… 118
単独者……………… 145
『歎異抄』…………… 71
「端は本なり」……… 79

ち

地域社会……………… 109
知恵……………………… 28
智恵……………………… 49
知覚の束……………… 126
近松門左衛門………… 86
近道反応……………… 12
力への意志…………… 146
「地球規模で考え，地域か
ら行動する」………… 105
地球サミット………… 115
地球の温暖化………… 115
地球有限主義………… 115
『痴愚神礼讃』……… 119
竹林の七賢人………… 59
知行合一……27，58，78
知性……………… 8，28
知性人…………………… 8
知性的徳……………… 29
知足安分……………… 86
知的財産（所有）権… 110
知的直観……………… 28
地動説………………… 125
知徳合一……………… 27
「知は力なり」……… 125
チャーチスト運動…… 151
チャールズ2世 …… 132
忠……………………… 54
中間者………………… 130
忠恕…………………54，79
忠信…………………… 79
中道…………………… 47
中庸…………………30，54
『中論』……………… 49
中論…………………… 49
超越者………………… 146
超現実主義…………… 20
超国家主義…………… 100
超自我………………… 169
超人…………………… 146
調整的正義…………… 30
直接民主主義………… 133
直系家族……………… 111
致良知………………… 58
鎮護国家……………… 65

つ

『ツァラトゥストラはかく
語りき』……………… 146
ツヴィングリ………… 121
通過儀礼……………… 10
辻説法………………… 74
津田左右吉…………… 99
罪……………………… 37
「罪の文化」…………… 9
冷たい社会…………… 167
強さ・持続性・確実性・近
さ・豊かさ・純粋性・関係
者数………………… 141
『徒然草』……………… 75

て

デイ－ケア…………… 112
ディオニソス………… 24
定言命法（令）……… 136
抵抗権………………… 132
『帝国主義論』……… 155
ディドロ……………… 134
諦念…………………… 98
テーゼ………………… 139
テオクラシー………… 121
テオリア……………… 23
テオリアの生活……… 29
デカダンス…………… 146
『デカメロン』……… 118
デカルト……………… 127
適応…………………… 11
適者生存……………… 142
適法性………………… 135
デジタル－デバイド 110
『哲学』……………… 147
『哲学書簡』………… 134
『哲学の改造』……… 158
「哲学は神学の侍女」…… 39
哲人王の政治………… 28
哲人政治……………… 28
デモクラティア……… 23
デモクリトス………… 25
デュナミス…………… 29
テルトゥリアヌス…… 39
デルフォイの神託…… 26
天……………………… 52

天

天安門事件…………… 104
天使…………………… 42
天子…………………… 52
天台宗………………… 66
天地創造……………… 35
天帝…………………… 52
天道…………………… 87
伝統指向型…………… 109
天動説………………… 125
伝統理論……………… 165
「天は人の上に人を造らず
人の下に人を造らず」… 91
天賦人権論…………… 92
天命…………………42，52
『天文対話』………… 125

と

『ドイツ－イデオロギー』
……………………… 152
ドイツ観念論………… 135
『ドイツ国民に告ぐ』… 136
ドイツ農民戦争……… 121
ドイツ理想主義……… 135
トインビー…………… 166
同一化………………… 12
同一視………………… 12
東欧革命……………… 157
道家…………………53，58
投企…………………… 148
動機説（主義）……… 136
投企的存在…………… 148
道教…………………… 59
同行同朋……………… 71
道具主義……………… 158
洞窟のイドラ………… 125
洞窟の比喩…………… 28
道具的理性…………… 166
道元…………………… 72
東寺…………………… 66
『童子問』…………… 79
闘争状態……………… 132
道諦…………………… 47
統治者………………… 28
『統治二論』………… 133
董仲舒………………… 59
道徳感情……………… 140
道徳性………………… 135

さくいん　195

『道徳と立法の原理序説』
………………… 141
道徳法則……………… 135
逃避………………… 12
「東洋道徳・西洋芸術」… 89
ドーナツ化現象……… 111
『遠野物語』………… 101
トーラー…………… 35
時・処・位………… 78
徳………………… 27
特殊意志…………… 133
『読史余論』………… 77
特性論……………… 13
徳治主義…………… 54
徳富蘇峰…………… 93
独立自尊…………… 91
常世国……………… 101
都市化……………… 111
ドストエフスキー…… 149
ドナー……………… 116
『都鄙問答』………… 86
トマス=アクィナス… 39
トマス=ミュンツァー 121
トマス=モア……… 119
ドメスティック-バイオレ
ンス……………… 112
ドラクロア………… 21
ドルヴァック……… 134
トルストイ………… 161
奴隷の道徳………… 146
トレランス………… 11
貪・瞋・癡………… 47

な

ナーガールジュナ…… 49
内向性……………… 13
内的制裁…………… 141
内発的開化………… 98
内部指向型………… 109
『内部生命論』……… 97
中江兆民…………… 92
中江藤樹…………… 78
中島湘烟…………… 96
中村正直…………… 92
ナショナル-トラスト運動
………………… 105
「為すことによって学ぶ」

…………………… 158
夏目漱石…………… 98
「南無妙法蓮華経」…… 74
鳴滝塾……………… 88
南京大虐殺………… 104
「汝自身を知れ」…… 26
ナントの勅令……… 120
南都六宗…………… 65

に

新島襄……………… 94
ニーチェ…………… 145
ニカイア（ニケーア）の公
会議……………… 38
ニガンタ=ナータプッタ
………………… 46
『ニコマコス倫理学』…… 30
ニコラウス=クザーヌス 40
西周………………… 92
西川如見…………… 86
西田幾多郎………… 99
西田哲学…………… 99
西村茂樹…………… 93
『廿世紀之怪物帝国主義』95
日蓮………………… 73
日蓮宗……………… 74
『日本人』…………… 93
新渡戸稲造………… 94
二宮尊徳…………… 87
ニヒリズム………… 145
『日本』……………… 93
『日本永代蔵』……… 86
『日本書紀』………… 62
『日本道徳論』……… 93
『日本霊異記』……… 68
『ニュー-アトランティス』
………………… 126
ニュートン………… 125
ニューハーモニー村… 151
ニューメディア…… 110
如浄………………… 73
ニルヴァーナ……… 46
人間観……………… 8
人間環境宣言……… 115
人間疎外…………… 144
『人間知性（悟性）論』126
「人間の意識がその存在を

規定するのではなく，人間
の社会的存在がその意識を
規定する。」………… 153
『人間の学としての倫理学』
………………… 100
人間の尊厳…………… 8
『人間の尊厳について』119
「人間は考える葦である」
………………… 130
「人間は自由の刑に処せら
れている」………… 148
「人間は人間に対して狼」
………………… 132
「人間は万物の尺度である」
………………… 26
「人間はポリス（社会）的
動物である」…… 8，30
『人間不平等起源論』… 133
「認識が対象に従うのでは
なく，対象が認識に従う。」
………………… 135
忍辱………………… 49

ね

涅槃………………… 46
涅槃寂静…………… 47
ネルー……………… 163
念仏……………… 68，70

の

『ノヴム-オルガヌム』126
農家………………… 53
脳死………………… 116
能力………………… 13
ノーブレス-オブリージ
………………… 105
ノーマライゼーション 112
ノモス……………… 25

は

ハーヴィガースト…… 18
バークリー………… 126
パース……………… 157
パーソナリティ…… 13
パーソナル-コミュニケー
ション…………… 110
バーチャル-リアリティ

……………………… 111
パートタイマー……… 112
バートランド＝ラッセル
………………………… 161
バーナード＝ショウ… 157
ハーバーマス………… 166
バイオエシックス…… 116
バイオテクノロジー
…………………107, 116
バイシャ……………… 45
ハイデッガー………… 147
ハイドン……………… 21
配分的正義…………… 30
パウロ………………… 38
『葉隠』……………… 77
パグウォッシュ会議
…………………104, 161
白紙…………………… 126
派遣労働者…………… 112
「恥の文化」…………… 9
場所の論理…………… 99
パスカル……………… 130
ハッジ………………… 43
八正道………………… 47
八聖道………………… 47
発達課題……………… 14
発達段階……………… 14
バッハ………………… 20
覇道（政治）………… 55
バビロン捕囚………… 36
林家…………………… 77
林羅山………………… 77
祓（はらい）………… 63
パラダイム…………… 167
バラモン……………… 45
バラモン教…………… 45
パリ＝コミューン…… 153
パリサイ人（派）…… 37
バルバロイ…………… 23
パルメニデス………… 25
パレスチナ…………… 35
バロック派…………… 19
パンターレイ………… 25
「万国の労働者よ，団結せ
よ。」………………… 152
犯罪…………………… 167
蛮社の獄……………… 88

反宗教改革…………… 122
反証可能性…………… 165
『パンセ（瞑想録）』… 130
『判断力批判』……… 135
反動形成……………… 12
ハンナ＝アレント…… 168
万人直耕……………… 87
「万人の中で一番賢いのは
ソクラテスである」… 26
「万人の万人に対する闘争」
………………………… 132
万人への愛…………… 37
万能人………………… 118
反ファシズム闘争…… 161
万物斉同……………… 59
「万物のアルケーは水であ
る」…………………… 24
「万物は流転する」… 25

ひ

美……………………… 19
ピアジェ……………… 14
ピーターパン-シンドロー
ム……………………… 15
比叡山延暦寺………… 66
非営利組織…………… 113
非核三原則…………… 104
ピカソ………………… 21
非協力………………… 163
ピコ＝デラ＝ミランドラ
………………………… 119
非攻…………………… 53
非行非善……………… 71
美術…………………… 19
美術的関心…………… 65
ヒジュラ……………… 42
ヒジュラ暦…………… 42
聖……………………… 65
非政府組織…………… 113
ピタゴラス…………… 25
ビッグ・ファイブ…… 13
美的実存の段階……… 145
ひと…………………… 147
ヒナヤーナ…………… 48
批判主義……………… 135
批判的合理主義……… 165
批判哲学……………… 135

批判理論……………… 165
非暴力主義…………… 163
『百科全書』………… 134
百科全書派…………… 134
ヒューマニズム…118, 161
ヒューム……………… 126
ピューリタン………… 122
ピューリタン革命…… 131
ビューロクラシー…… 109
ピュシス……………… 25
ヒュレー……………… 29
開いた道徳（魂）…… 167
平賀源内……………… 88
平田篤胤……………… 83
平塚らいてう………… 96
ヒンドゥー教………… 46

ふ

『ファイドン』……… 27
『ファウスト』……… 136
ファシズム…………… 101
ファランジュ………… 152
不安…………………… 145
フィチーノ…………… 119
フィヒテ……………… 136
フィリア……………… 30
フィロソフィア……… 23
ブーアスティン……… 111
フーコー……………… 167
風土…………………… 9
『風土』……………9, 100
フーリエ……………… 152
フェビアニズム……… 156
フェビアン協会……… 156
フェビアン社会主義… 156
フォイエルバッハ…… 152
フォービズム………… 20
不飲酒戒……………… 48
不可触賤民…………… 162
福音…………………… 36
福音主義……………… 120
福音書………………… 36
複合家族……………… 111
福沢諭吉……………… 91
福徳一致……………… 27
不敬事件……………… 94
富国強兵……………… 91

さくいん　197

武士道‥‥‥‥‥‥‥‥77
『武士道』‥‥‥‥‥‥‥95
不邪淫戒‥‥‥‥‥‥‥47
プシュケー‥‥‥‥‥‥27
不条理‥‥‥‥‥‥‥149
藤原惺窩‥‥‥‥‥‥‥77
婦人矯風会‥‥‥‥‥‥96
フス‥‥‥‥‥‥‥‥120
布施‥‥‥‥‥‥‥‥‥49
不殺生‥‥‥‥‥‥‥163
不殺生戒‥‥‥‥‥‥‥47
二つのJ‥‥‥‥‥‥‥94
二葉亭四迷‥‥‥‥‥‥97
不偸盗戒‥‥‥‥‥‥‥47
復活‥‥‥‥‥‥‥‥‥37
仏教‥‥‥‥‥‥‥‥‥46
復古神道‥‥‥‥‥‥‥83
フッサール‥‥‥‥‥148
物心二元論‥‥‥‥‥127
仏祖正伝‥‥‥‥‥‥‥73
ブッダ‥‥‥‥‥‥‥‥46
仏陀‥‥‥‥‥‥‥‥‥46
物体‥‥‥‥‥‥‥‥127
仏典結集‥‥‥‥‥‥‥48
不動心‥‥‥‥‥‥‥‥31
『風土記』‥‥‥‥‥‥62
部派仏教‥‥‥‥‥‥‥48
不服従‥‥‥‥‥‥‥163
部分的正義‥‥‥‥‥‥30
普遍人‥‥‥‥‥‥‥118
普遍妥当性‥‥‥‥‥136
普遍的無意識‥‥‥‥169
不妄語戒‥‥‥‥‥‥‥48
プライバシーの権利‥110
プラグマティズム‥‥157
『プラグマティズム』‥157
フラストレーション‥‥11
プラトン‥‥‥‥27, 28
ブラフマチャリア‥‥163
ブラフマン‥‥‥‥‥45
フランクフルト学派‥165
フランクル‥‥‥‥‥18
フランシスコ＝ザビエル
‥‥‥‥‥‥‥‥‥122
フランス人権宣言‥‥133
ブルーノ‥‥‥‥‥‥125
ブルジョワ階級‥‥‥154

ブルジョワジー‥‥‥154
プレ成人期‥‥‥‥‥‥10
フロイト‥‥‥‥‥‥‥12
フローネシス‥‥‥‥‥29
プロタゴラス‥‥‥‥‥25
プロティノス‥‥‥‥‥32
プロテスタンティズム　120
フロム‥‥‥‥‥18, 166
プロレタリアート‥‥154
プロレタリア階級‥‥154
プロレタリア革命‥‥154
プロレタリア独裁‥‥155
フロン‥‥‥‥‥‥‥115
フロンティア－スピリット
‥‥‥‥‥‥‥‥‥157
文化‥‥‥‥‥‥‥‥‥9
『文学界』‥‥‥‥‥‥97
文化相対主義‥‥‥‥113
文化大革命‥‥‥‥‥155
分析哲学‥‥‥‥‥‥165
分度‥‥‥‥‥‥‥‥‥87
文明‥‥‥‥‥‥‥‥‥9
文明開化‥‥‥‥‥‥‥91
文明社会への懐疑‥‥144
『文明論之概略』‥‥‥91
分有‥‥‥‥‥‥‥‥‥28

（へ）

兵家‥‥‥‥‥‥‥‥‥53
平均化‥‥‥‥‥‥‥144
平均寿命‥‥‥‥‥‥112
『平家物語』‥‥‥‥‥74
平静心‥‥‥‥‥‥‥‥32
平民社‥‥‥‥‥‥‥‥95
平民主義‥‥‥‥‥‥‥93
平民新聞‥‥‥‥‥‥‥95
平和のための結集決議　104
ヘーゲル‥‥‥‥‥‥139
ベーコン‥‥‥‥‥‥125
ベートーヴェン‥‥‥‥21
ヘシオドス‥‥‥‥‥‥24
ヘジラ‥‥‥‥‥‥‥‥42
ベツレヘム‥‥‥‥‥‥36
ペテロ‥‥‥‥‥‥‥‥38
ペトラルカ‥‥‥‥‥118
ヘブライ人‥‥‥‥‥‥35
ヘラクレイトス‥‥‥‥25

ベラスケス‥‥‥‥‥‥20
ペリパトス（逍遙）学派　30
ベルクソン‥‥‥‥8, 166
ヘルマン＝ヘッセ‥‥‥18
ベルリンの壁崩壊‥‥105
ベルンシュタイン‥‥155
ペレストロイカ‥‥‥157
ヘレニズム‥‥‥‥‥‥31
ヘレニズム時代‥‥‥‥31
ヘレネス‥‥‥‥‥‥‥23
ベンサム‥‥‥‥‥‥140
弁証法‥‥‥‥‥‥‥139
弁証法的唯物論‥‥‥153
ヘンデル‥‥‥‥‥‥‥20
『弁道』‥‥‥‥‥‥‥79
弁論術‥‥‥‥‥‥‥‥25

（ほ）

ホイジンガ‥‥‥‥‥‥8
法‥‥‥‥‥‥‥‥‥‥46
防衛機制‥‥‥‥‥‥‥12
防衛者‥‥‥‥‥‥‥‥28
法王‥‥‥‥‥‥‥‥‥39
報恩感謝の念仏‥‥‥‥71
法家‥‥‥‥‥‥‥‥‥53
包括者‥‥‥‥‥‥‥146
奉仕者‥‥‥‥‥‥‥133
『方丈記』‥‥‥‥‥‥74
法世‥‥‥‥‥‥‥‥‥87
法治主義‥‥‥‥‥‥‥59
『法哲学綱要』‥‥‥140
報徳思想‥‥‥‥‥‥‥87
法と軍事力‥‥‥‥‥132
法然‥‥‥‥‥‥‥‥‥70
法の支配‥‥‥‥‥‥132
『法の精神』‥‥‥‥134
『法の哲学』‥‥‥‥140
放伐‥‥‥‥‥‥‥‥‥52
『方法序説』‥‥‥‥127
方法的懐疑‥‥‥‥‥127
暴力革命の否定‥‥‥156
暴力革命論‥‥‥‥‥155
ボーヴォワール‥‥‥149
ボーダレス社会‥‥‥113
ホームヘルプ‥‥‥‥112
墨子‥‥‥‥‥‥‥‥‥52
牧場型‥‥‥‥‥‥9, 100

『法華経』……………… 66
法華経………………… 73
法華経の行者………… 74
菩薩…………………… 48
ボシュエ……………… 131
補償…………………… 12
ホスピス……………… 116
墨家…………………… 52
ボッカチオ…………… 118
法華宗………………… 74
ボッティチェリ……… 118
ホッブズ……………… 131
仏・法・僧…………… 65
ポパー………………… 165
ホメロス……………… 24
ホモ－サピエンス…… 8
ホモ－ファーベル…… 8
ホモ－ルーデンス…… 8
ホモ－レリギオスス… 8
ボランティア活動…… 112
ポリス………………… 23
ホリングワース……… 11
ホルクハイマー……… 165
梵……………………… 45
ボン－サンス………… 127
梵我一如……………… 45
本覚思想……………… 66
本地垂迹説………67，82
ホンネとタテマエ…… 10
本然の性……………… 57
本能…………………… 8
煩悩…………………… 47
凡夫…………………… 65
ポンポナッツィ……… 119
本来あるべき姿へと変化・
発展する……………… 139

ま

マージナル－マン…… 10
マードック…………… 111
マイノリティ………… 113
『舞姫』………………… 98
マキャベリ…………… 119
マグナ－カルタ……… 131
マクルーハン………… 110
マケドニア…………… 29
真心…………………… 83

誠……………………… 79
マザー＝テレサ……… 162
マス－コミュニケーション
……………………… 110
マス－メディア……… 110
マスコミ……………… 110
ますらをぶり………… 82
マズロー……………… 14
松尾芭蕉……………… 86
マックス＝ウェーバー
………………109，122
末法…………………… 67
末法思想……………… 67
マディーナ…………… 43
マニエリスム………… 19
『マヌ法典』…………… 45
マハトマ……………… 162
マハヤーナ…………… 48
マホメット…………… 42
マルクーゼ…………… 166
マルクス……………… 152
マルクス＝アウレリウス
……………………… 31
マルクス・レーニン主義
……………………… 155
マルセル……………… 149
丸山真男……………… 102
まれびと……………… 101
「満足した豚であるよりは
不満足でいる人間の方がよ
い」…………………… 141
曼荼羅………………… 67
万人司祭説（主義）… 121
『万葉集』……………… 62
『万葉代匠記』………… 82

み

ミーイズム…………… 15
三浦梅園……………… 88
「見えざる手」………… 140
三木清………………… 100
ミケランジェロ……… 119
禊（みそぎ）………… 63
弥陀の慈悲…………… 70
弥陀の本願…………… 70
道……………………… 58
「道は先王の道」……… 80

密教…………………… 66
水戸学………………… 88
南方熊楠……………… 101
美濃部達吉…………… 96
三宅雪嶺……………… 93
宮沢賢治……………… 101
ミュトス……………… 23
ミレー………………… 21
ミレトス学派………… 25
ミレトスの三哲人…… 25
弥勒菩薩……………… 68
民会…………………… 23
民芸…………………… 101
『民権自由論』………… 93
民権主義……………… 162
民主社会主義………… 156
民主主義社会の実現… 158
『民主主義と教育』…… 158
民主制……………23，30
民生主義……………… 162
民族…………………… 104
民族解放闘争………… 155
民俗学………………… 101
民族自決主義………… 162
民族宗教……………… 35
民族主義……………… 162
民本主義……………… 96
『民約訳解』…………… 92

む

無……………………… 58
無意識………………… 168
無為自然……………… 58
無教会主義…………… 94
無差別平等の愛……… 37
無自性………………… 49
無着…………………… 49
武者小路実篤………… 99
無情念………………… 31
無償の愛……………… 37
無神論的実存主義…… 144
ムスリム……………… 42
無政府主義………95，156
無知の知……………… 26
ムハンマド…………… 42
無明…………………… 46
無名…………………… 58

さくいん　199

紫式部……………………68

め

名家………………………53
明治維新…………………91
名誉革命………………131
「明六雑誌」………………91
明六社……………………91
メガラ派…………………27
メサイア・キリスト……35
メシア……………………35
メソテース………………30
メッカ……………………43
滅諦………………………47
メディア–リテラシー　111
メディナ…………………43
メルロ=ポンティ………149
免罪符…………………121

も

孟子………………………55
毛沢東…………………155
モーセ……………………36
モーツァルト……………21
目的……………………136
目的因……………………29
「目的の王国」…………136
「目的の国」……………136
目的論的自然観………136
「モダン–タイムス」　107
本居宣長…………………83
モナド…………………128
『モナドロジー（単子論）』
………………………128
物自体…………………135
もののあはれ……………83
モラトリアム……………14
モラトリアム人間………15
モラリスト……………130
森有礼……………………92
モリエール………………21
森鷗外……………………98
モンスーン型……9, 100
問題解決学習…………158
モンテーニュ…………130
モンテスキュー………134
問答法……………………26

「門閥制度は親の敵で御座
る」………………………91

や

ヤーウェ…………………35
八百万神…………………62
ヤジュル…………………45
ヤスパース……………146
『野生の思考』…………167
ヤソ会…………………122
柳沢吉保…………………79
柳田国男………………101
柳宗悦…………………101
ヤハウェ…………………35
山鹿素行…………………78
山崎闇斎…………………77
大和心……………………83
大和魂……………………83

ゆ

唯円………………………71
唯識の思想………………49
唯物史観………………153
唯物史観の修正………156
唯物弁証法……………153
唯物論…………17, 152
友愛………………30, 43
優越感……………………11
勇気………………………28
遊戯人……………………8
幽玄………………………86
有神論的実存主義……144
ユース–カルチャー……15
『ユートピア』…………120
ユグノー………………120
湯島聖堂…………………77
ユダ王国…………………36
ユダヤ教…………………35
ユダヤ人…………………35
ユング……………………13

よ

洋学………………………88
陽明学……………58, 78
抑圧………………………12
善く生きること…………27
欲望………………………28

預言者……………35, 42
横井小楠…………………89
与謝野晶子………………97
吉田兼好…………………74
吉田松陰…………………89
吉田神道…………………82
吉野作造…………………96
欲求………………………11
欲求不満…………………11
予定説…………………121
予定調和説……………128
黄泉国……………………62
『夜と霧』…………………18
万朝報……………………95

ら

ラ=ブリュイエール…130
ラ=ロシュフーコー…130
『礼記』……………………56
来世………………………42
ライフサイクル…………15
ライプニッツ…………128
ラカン…………………169
ラシーヌ…………………21
ラッサール……………161
ラッセル–アインシュタイ
ン宣言…………104, 161
ラッダイト運動………151
ラファエロ……………119
ラブレー………………120
ラムサール条約………115
蘭学………………………88
『蘭学事始』………………88

り

リアリズム………20, 30
リースマン……………109
理一元論…………………57
『リヴァイアサン』……132
理観念仏…………………68
理気一元論………………57
理気二元論………………56
リグ………………………45
六経………………………56
陸象山……………………57
六道………………………45
利己主義………8, 140

理性…………………… 8, 28
理性的禁欲主義………… 31
「理性的なものは現実的で
あり，現実的なものは理性
的である。」………… 139
『理性と実存』………… 147
理想国家………………… 28
理想主義………… 17, 29
利他……………………… 48
『立正安国論』………… 74
立体派…………………… 20
リップマン…………… 109
律法……………………… 35
律法主義………………… 37
理念…………………… 139
リビドー……………… 168
リビング・ウィル…… 116
竜樹……………………… 49
リュケイオン…………… 30
良識…………………… 127
良心…………………… 136
良心の声……………… 136
両親や大人からの精神的独
立………………………… 14
良知……………… 58, 78
量的功利主義………… 141
理論型…………………… 18
理論理性……………… 135
臨済宗…………………… 73
隣人愛…………………… 37
リンネ…………… 8, 142
輪廻転生………………… 45
『倫理学』…………… 128
倫理的自覚……………… 17
倫理的実存の段階…… 145
倫理的德………………… 29

る

類型論…………………… 13
類的存在……………… 153
ルース＝ベネディクト… 9

ルクレティウス………… 32
ルサンチマン………… 146
ルソー…………… 10, 133
ルター………………… 121
ルネサンス……… 19, 118
ルノワール……………… 21

れ

礼…………………… 53, 77
例外者………………… 145
例外者意識…………… 145
礼楽（説）……………… 56
レイチェル＝カーソン 115
礼治主義………………… 56
礼拝……………………… 42
礼楽刑政………………… 80
レヴィ＝ストロース… 167
レヴィナス…………… 167
レヴィン………………… 10
レーニン……………… 154
レオナルド＝ダ＝ヴィンチ
……………………… 118
レギーネ＝オルセン… 144
『暦象新書』…………… 87
レジグナチオン………… 98
レッセーフェール…… 140
劣等感…………………… 11
劣等コンプレックス…… 11
蓮如……………………… 71
レンブラント…………… 20

ろ

老子……………………… 58
老人ホーム…………… 112
労働…………………… 153
労働（labor）………… 168
労働疎外……………… 153
労働力………………… 154
ローマ＝カトリック教
………………… 38, 120
ローマ＝カトリック教会 39

ロールズ……………… 168
六信五行………………… 42
六波羅蜜………………… 49
鹿鳴館時代……………… 93
ロココ派………………… 20
ロゴス…………………… 24
ロゴテラピー論………… 18
ロシア革命…………… 155
ロダン…………………… 21
ロック………………126, 132
ロバート＝オーエン… 151
ロマン＝ロラン……… 161
ロマン主義……………… 20
ロマンティシィズム…… 20
ロマン派………………… 20
ロマン（浪漫）主義…… 97
『論語』………………… 54
『論語古義』…………… 79
論理実証主義………… 159

わ

和……………………… 65
ワーグナー……………… 21
若者文化………………… 15
「和魂洋才」…………… 88
業……………………… 45
『私の個人主義』……… 98
渡辺崋山………………… 88
和辻哲郎……………… 100
わび……………………… 86
我……………………… 45
「われ思う，ゆえにわれあ
り」…………………… 127
「われ何を知るか」…… 130
「われは日本のため，日本
は世界のため，世界はキリ
ストのため，そしてすべて
は神のため」………… 94
湾岸戦争……………… 105

さくいん　201

G

G.H. ミード ……………14

J

J.S. ミル……………… 141

L

LSI ………………… 107

M

M. ミード ……………… 11

N

NGO ………………… 113
NPO ………………… 113

O

ODA ………………… 113

P

PKO ………………… 105

＜執筆・編集＞矢倉芳則

メモリーバンク　新倫理　問題集　最新第5版

1994年2月25日	第1刷発行 ©	定価はカバーに表示してあります
2005年2月10日	最新版第1刷発行	
2006年12月15日	最新第2版第1刷発行	
2014年12月10日	最新第3版第1刷発行	
2015年9月10日	最新第4版第1刷発行	
2021年3月15日	最新第5版第1刷発行	

　編　者　清水書院編集部
　発行者　野村久一郎
　印刷所　広研印刷株式会社
　発行所　株式会社　清水書院
　　〒102-0072　東京都千代田区飯田橋3-11-6
　　　　　　電話　03（5213）7151
　　　　　　振替　00130-3-5283　　　　ISBN978-4-389-21082-3

落丁・乱丁本はお取り替えします。　　　　　　　　　　　Printed in Japan

本書の無断複写は著作権法上での例外を除き禁じられています。複写される場合は、そのつど事前に、
（社）出版者著作権管理機構（電話03-5244-5088，FAX03-5244-5089，e-mail：info@jcopy.or.jp）の許諾を
得てください。